EL NATURALISMO EN LA NOVELA CUBANA

Sintia Molina

University Press of America,® Inc.
Lanham · New York · Oxford

Copyright © 2001 by
University Press of America,® Inc.
4720 Boston Way
Lanham, Maryland 20706

12 Hid's Copse Rd.
Cumnor Hill, Oxford OX2 9JJ

All rights reserved
Printed in the United States of America
British Library Cataloging in Publication Information Available

Library of Congress Cataloging-in-Publication Data

Molina, Sintia.
El naturalismo en la novela cubana / Sintia Molina.
p. cm
Includes bibliographical references and index.
1. Cuban fiction—History and criticism. 2. Naturalism in
literature. I. Title.
PQ7382 .M63   2001   863.009'97291—dc21   00-066606 CIP

ISBN 0-7618-1938-X (cloth: alk. ppr.)

∞™ The paper used in this publication meets the minimum
requirements of American National Standard for Information
Sciences—Permanence of Paper for Printed Library Materials,
ANSI Z39.48—1984

A Elizabeth y Cristina, mis hijas; a Consuelo y Félix, mis padres; a Pete, amigo, compañero y esposo.

Indice

Dedicatoria		iii
Agradecimiento		ix
Introducción		xi
Capítulo 1	Origen y desarrollo del Naturalismo	1
	El Naturalismo	2
	Naturalismo y Renacimiento	3
	Naturalismo e Impresionismo	5
	Naturalismo y Romanticismo	6
	Naturalismo y Realismo	9
	Naturalismo y Marxismo	12
	Factores Económicos, Históricos, Políticos y Sociales Determinates del Naturalismo	12
	Naturalismo y Cientificismo	15
	Notas	19

Capítulo 2	La Sociedad Cubana en el Siglo XIX	21
	Política y Economía	21
	La novelística cubana del siglo XIX:	
	La temática como definición de la	
	identidad nacional	28
	Costumbrismo y nacionalismo	30
	Notas	31
Capítulo 3	Cirilo Villaverde y *Cecilia Valdés*	33
	Indicos de un Naturalismo prematuro:	
	Características	35
	Colonialismo y esclavitud	38
	La mulatería: expresión socio-cultural cubana	41
	La industrialización	43
	Notas	46
Capítulo 4	Novela naturalista cubana	47
	Ensayos de novelas naturalistas:	
	Carmela y *Mi tío el empleado*	48
	Carmela	48
	Mi tío el empleado	51
	Sofía y *La familia Unzúazu*	58
	Leonela	70
	Notas	74
Capítulo 5	La Primera Generación Republicana	77
	A fuego lento	78
	Notas	92
Capítulo 6	El naturalismo en Miguel de Carrión	93
	Notas	112
Capítulo 7	Carlos Loveira y el Naturalismo	113
	La última lección	121
	Generales y doctores	129
	Los ciegos	141
	Notas	152

Capítulo 8	*Juan Criollo* novela naturalista	153
	Notas	165
Capítulo 9	El Naturalismo y los escritores cubanos	167
	Bibliografía	175
	Indice de nombres	189

Agradecimiento

Los consejos, las recomendaciones, las lecturas minuciosas y los comentarios de amigos, colegas y profesores resultó en este esfuerzo, *El Naturalismo en la novela cubana*. Gracias a todos. Gracias en especial a Johnny Frederick Otano por la ayuda técnica en el diseño de este libro.

Introducción

Este libro, *El naturalismo en la novela cubana*, tiene dos propósitos: examinar el movimiento literario llamado Naturalismo dentro de la dinámica socio-política y cultural que lo define, y mostrar la trayectoria y desarrollo de lo que ha sido el Naturalismo cubano, casi desconocido y poco estudiado, no sólo como corriente literaria sino como ideología que ha regido la narrativa cubana por décadas.

Apoyándome en los parámetros del Naturalismo con que inicio este estudio, pretendo establecer- condicionamientos que muestren, en Cuba, la aparición de un período nuevo, diferente, que supone un enfrentamiento con los anteriores –Realismo y Romanticismo- aunque mostrando estas influencias. Partiré de una actitud the ruptura, de una necesidad de establecer una manera cultural y estéticamente distinta, de un nuevo sistema de pensamiento que algunos reclaman -es más realista que el realismo. A este nuevo estilo llamaré Naturalismo cubano. Se entiende por tal no un período de un siglo sino un lapso que abarca desde los inicios de la novela cubana en la tercera década del siglo XIX, hasta el siglo XX. Esto supone el uso de una determinada designación y el estudio de novelas y autores poco estudiados dentro del cuadro cultural del Naturalismo hispano-caribeño que viene a insertarse en el cuadro general de la literatura latinoamericana.

El Naturalismo no se da aislado ni como término ni como tendencia literaria. El Naturalismo está enmarcado por tendencias y manifestaciones artísticas y filosóficas anteriores que contribuyen a su desarrollo estético, ideológico y literario. Una definición del Naturalismo no puede soslayar las motivaciones políticas y las consecuencias económicas y socials de las revoluciones de 1830 y de 1840, en Francia, y las guerras de independencia en las colonias españolas en el siglo XIX.

El Naturalismo es la manifestación sistemática de los fenómenos sociales, históricos y culturales de la segunda mitad del siglo XIX. Tiene su base en el cientificismo de la época, lo que le permitó determinar la realidad por medio del experimento. Como tendencia literaria el Naturalismo caló más hondo que las tendencias anteriores, a pesar de las características comunes que comparte con aquellas. Sin embargo, el Naturalismo sirvió a los escritores cubanos para expresar la inconformidad, el desengaño y la impotencia política de la nación y de los ciudadanos que luchaban contra el capitalismo colonial. Estos hombres y mujeres exigían reformas sociales y la autenticidad de la cultura en una sociedad que, todavía, estaba bajo el regimen colonial. El Naturalismo ayudó a la búsqueda de los valores auténticos de una sociedad desestructuralizada por los sistemas que la regían, en este caso Cuba.

La cronología que propongo marca el inicio de la estética naturalista en Cuba con la publicación de *Cecilia Valdés*, escrita por Cirilo Villaverde entre 1840 y 1850, y se extiende hasta finales del siglo XIX. El Naturalismo reaparece en la segunda década del siglo XX, entre 1917 y 1927.

Este ámbito histórico se presentará en el siguiente orden:

Un primer período 1800-1868 en el que diversos fenómenos políticos-sociales y económicos contribuyeron a la formación de una conciencia nacional que encontró expresión en la narrativa.

La irrupción, en la narrativa, de ciertos rasgos naturalistas provocados por diversos eventos y condiciones peculiares de la nación cubana como por ejemplo la extensión del colonialismo, lo tardío de la abolición de la esclavitud, la industrialización, mayormente azucarera, y la mulatería como símbolo de la cubanidad.

La aparición entre 1868 y 1903 de escritores que aportan a la literatura cubana caracteres históricos válidos de significación.

Siguiendo este orden, analizaré las novelas *Carmela* y *Mi tío el empleado* de Ramón Meza, *Sofía* y *La familia Unzúazu* de Martín Morúa Delgado, *Leonela* de Nicolás Heredia y *A fuego lento* de Emilio Bobadilla.

Un período de decadencia, frustración y vacio existencial, entre

1903 y 1930 que contrariamente da lugar al desarrollo del Naturalismo de influencia zolesca. Estudiaré entonces las novelas de Miguel de Carrión: *Las honradas* y *Las impuras*, y las de Carlos Loveira: *Los inmorales, La última lección, Generales y doctores, Los ciegos* y, por último, *Juan Criollo.*

Este estudio abarca la crisis social, política y económica que sufrió Cuba desde las luchas independentistas, la situación creada por la mediatización política de la República y se cierra con el gobierno de Zayas.

Para analizar las novelas y determinar la aportación de éstas a la corriente naturalista dentro del contexto literario hispano-caribeño, he seguido el análisis textual-semiótico propuesto por Carlos Reis, en cuanto aplique a las novelas naturalistas. Para el análisis de estas novelas se han combinado diversos códigos -temáticos, actanciales, ideológicos, narrativos y paraliterarios -que posibilitaron la dilucidación del Naturalismo en la dinámica cultural, social, estética y temporal cubana y una definición clara de sus postulados.

Capítulo 1

Origen y desarrollo del Naturalismo

El siglo XIX se caracterizó por levantamientos y revoluciones, como asimismo, por los ideales y las desilusiones que marcaron el devenir histórico y social de Europa Occidental y de América. Diversas tendencias políticas, artísticas y literarias, como respuesta al momento histórico, surgieron durante este siglo. El Naturalismo fue una de ellas. A diferencia de otras tendencias literarias anteriores, los fundamentos estéticos y los principios ideológicos del Naturalismo son estudiados, con interés, en los países en los que se dio este movimiento, principalmente en Francia.

El nacimiento del Naturalismo en Francia suscitó diversas polémicas: unas constructivas y entusiastas, otras severamente críticas; unas orientadas por la ideología predominante y otras por un incorrecto entendimiento de los fundamentos estéticos y literarios del movimiento. En la actualidad se ha reevaluado el Naturalismo. Recientes estudios, en los que se analizan las tendencias literarias anteriores y las posteriores al Naturalismo y la relación existente entre ellas, han permitido circunscribirlo a un momento histórico específico aunque amplio. Esto ha facilitado una definición precisa del término y un entendimiento más claro de su estética y de su ideología.

Al estudiar el Naturalismo nos enfrentamos con algunas incógnitas: el origen y definición del término; la relación entre Naturalismo, Realismo y Romanticismo; la diferencia entre ellos y, especialmente, la dilucidación de si el Naturalismo es un fenómeno exclusivo del siglo XIX. No existe una definición exacta de la designación que ayude a determinar qué es el Naturalismo, qué obras pueden clasificarse como naturalistas y qué es el Naturalismo literario. La confusión y la incomprensión del término, quizá, se deba a lo impreciso de su aplicación a las Bellas Artes. En este primer capítulo se tratará de definir el Naturalismo, de explicar su función en la literatura de diversas épocas y de establecer los factores determinantes de su origen y de su aplicación a la literatura.

El Naturalismo

El vocablo Naturalismo se relaciona con el vocabulario de la filosofía naturalista (Grant 1970), cuyo propósito era encontrar en el estudio de las ciencias la verdad. Como vocablo, el Naturalismo es falaz, controversial y poco concreto, por lo que se ha usado y definido de distintos modos. Por esta razón se califica de naturalista cualquier pasaje textual, elemento o representación que derive de lo inhumano, de lo escuálido o de lo sórdido. Haskell M. Block (1972)[1] considera que debido a los diversos usos dados al término, sería conveniente hablar de "naturalismos," para poder entender el significado (o significados) del vocablo en un determinado contexto.

La aplicación del término para definir algunos aspectos de la novela moderna ha permitido una mejor comprensión de su función literaria y de su definición. El naturalismo literario es un sistema ideológico y cultural producto del desarrollo histórico, económico y social del siglo XIX. El Naturalismo como tendencia literaria, según Roland Stromberg (1963), "debe ser definido por su contenido histórico"[2], y no sólo por su estética.

El vocablo Naturalismo fue utilizado antes del siglo XIX. Fue aplicado a conceptos e ideas relacionadas con la naturaleza, lo material, lo tangible y con lo epicúreo. La naturaleza era la fuerza física que gobernaba al hombre, los objetos y el universo. Aunque se apreció como idea filosófica, su relación con lo material data desde sus orígenes. Emile Zola (1972)[3], teórico de la escuela naturalista decimonónica, afirma que el término naturalismo se remonta a los primeros siglos: "Mi gran crimen sería el haber inventado una palabra nueva para designar una escuela vieja como el mundo." El término no fue asignado a escuelas estéticas, sólo se aplicó al pensamiento filosófico.

David Sauvegeot, otros historiadores y estudiosos, entre ellos Emile Zola, creen que los primeros naturalistas datan de los siglos XVI, XVII y XVIII. Zola va todavía más atrás cuando llama a Homero "poeta naturalista de su época." (1972, 110) Y Harry Levin (1963) dice de Rabelais que fue un "realista que predicaba una ética naturalista." Esto prueba que el Naturalismo, como término, como concepto, no se limita estrictamente al siglo XIX. En cambio, durante el período comprendido entre 1860 y 1890 adquiere sentido, forma y contenido literario, debido a la evolución sistemática que había venido sufriendo por varios siglos.

La filosofía naturalista se proponía encontrar la verdad en el estudio de las ciencias. Se creía que en la observación del comportamiento (Grant 1970) y en el estudio de la materia se hallaba la verdad sobre la existencia humana. Filosóficamente, la materia se percibió como un fenómeno concreto y factual. Los fenómenos naturales fueron observados de un modo libre, sin conferirles trascendencia metafísica alguna. De ahí que la incapacidad para mostrar por medio del análisis de la materia y de los fenómenos naturales la existencia de Dios, permitió a los naturalistas negar su existencia y los llevó a creer en la naturaleza como única fuerza que domina el universo (33). La filosofía naturalista se convirtió, entonces, en el fundamento de los ateos y en la base del materialismo. Los naturalistas fueron, al decir de Lilian Furst (1971), "áquellos que no aceptan a Dios pero creen en la materia."

Por varios siglos el Naturalismo se asoció con el pensamiento filosófico y con el mundo material. En el siglo XIX la tendencia naturalista se apoyó en el materialismo positivista y racional, consecuencia de la revolución científica e intelectual de este período. Sus efectos están plasmados en las manifestaciones artísticas más importantes del siglo. A pesar de la evolución del término, se ha mantenido el sentido materialista adquirido desde sus inicios hasta hoy (Furst 1971, 3).

Naturalismo y Renacimiento

A finales de la Edad Media y a principios del Renacimiento se produce un vuelco en el estilo y en el sentido de la representación de la pintura medieval. Los pintores jóvenes renacentistas empiezan a identificarse con su arte. Se introducen nuevas formas en la pintura, se buscan otros motivos; especialmente aparece otra perspectiva visual. Tanto la perspectiva visual como la óptica se sostienen en la apreciación humana de los seres y en la material de los objetos. Se inicia la imitación del mundo material y tangible en la pintura, y esa técnica repercutiría en todas las artes. Este nuevo estilo que se llamó naturalismo en la pintura, se basó en colores oscuros y en contrastes de luz. Estos elementos añadían vida, objetividad y hasta cierta realidad a la pintura. Los pintores renacentistas -si pensamos en Leonardo de Vinci y su *Mona Lisa*- creaban una imagen que proyectaba energía, expresividad y, ante los ojos del espectador, la imagen ofrecía cierta espiritualidad, cierta vida. Era una figura natural con características humanas. En estas peculiaridades de la pintura renacentista se basa David Summers (1941) cuando afirma que las imágenes renacentistas eran como "fotografías por ser una igual a otra"[4] y no una creación artística nacida de la imaginación.

La imitación objetiva del mundo material -idea que viene de Aristóteles- en la pintura obedeció al influjo naturalista que permitió imitar la naturaleza en su expresión más simple. Los pintores naturalistas copiaban de modo objetivo los paisajes naturales, los objetos cotidianos, las personas simples en sí, la vida en su más primaria expresión. Esta corriente naturalista permitía a los pintores identificarse con sus obras. Por medio de la pintura el artista expresaba su sentir y la visión del mundo natural que representaba artísticamente. La pintura naturalista representó el mundo real del hombre y su medio, concebido a través de la relación del artista con el ambiente.

La vida y la espiritualidad que trasmite la obra, significó el despertar a la realidad, fue la toma de conciencia de los pintores renacentistas frente al mundo material. Si la Edad Media había sido teocéntrica, el Renacimiento introdujo en las artes la valoración del hombre y de la naturaleza; el estilo y la forma adquirieron sentido humano, objetivo y real. La obra de arte reflejó la espiritualidad y el sentir de su creador. El arte renacentista fue arte de conciencia en el que la naturaleza se concibe como elemento físico, tangible y no como una abstracción mental o imaginaria. La naturaleza adquiere sentido material y real; es un ente físico que llega a los sentidos -tacto, vista- y se "expresa con toda su naturalidad" (Summers 1941, 311). El término naturalismo inicia, así, su incursión en las Bellas Artes, sin perder ni el sentido material ni su función mimética.

Si en la pintura el Naturalismo se relacionó con los sentidos y se propuso mostrar la naturaleza y su relación con el hombre y la vida cotidiana, esta idea no se diferencia de la concebida por la crítica literaria del siglo XIX. La imitación de la realidad y la importancia del sentido óptico con el que se adquiere esa realidad, caracterizó la pintura renacentista y fue acogida, también, por los naturalistas del siglo XIX. Emile Zola visitaba los lugares que inspiraban sus novelas e imitaba las escenas familiares y cotidianas de modo que el lector pudiera identificarlas. La reciprocidad entre el uso de los sentidos y la imitación es inherente a la escuela naturalista, aun cuando la realidad expresada sea la percibida por la óptica del artista. El Naturalismo se propone ser fiel a la realidad y a los elementos que la componen. La realidad que se percibe con los sentidos y que puede ser identificada por el lector en una determinada obra de arte:

> El naturalismo provee al arte de los elementos que se presume coinciden con áquellos de la experiencia óptica. (Summers 1941)

La experiencia óptica recreada en la obra de arte y la imitación del mundo observado, obedece al principio aristótelico de la mímesis que se entiende como el principio moral del arte. En este fundamento se apoya la escuela naturalista zolesca y propone que:

> Toda crítica desde Aristóteles a Boileau ha anunciado el principio de que toda obra se debe basar en la realidad. (Zola 1972, 109)

Naturalismo e Impresionismo

Los pintores naturalistas del Renacimiento contribuyeron a la evolución semántica del vocablo y lo introdujeron en las Bellas Artes. A partir de 1850 y 1860, el término adquirió un sentido más concreto en la pintura con la aparición del movimiento impresionista. Los pintores impresionistas utilizaron la técnica naturalista en sus cuadros mas, a diferencia de los renacentistas, no crearon una fotografía de la realidad sino una impresión momentánea en la que expresaban sus sentimientos y la influencia del medio (Ballester 1988). Los impresionistas escogían objetos y escenas comunes como motivos de su creación. Su interés residía en la observación de los cambios que sufrían los objetos cuando eran sometidos a una variedad de luces y de colores. Esta técnica, fundamentada, primero, en la impresión que recibe el artista de un objeto y segundo, en la transformación que sufre el objeto cuando se lo somete a diferentes ambientes, no se diferencia de la utilizada por Zola en sus novelas. Zola conoció a algunos pintores impresionistas personalmente (Shift 1984), entre ellos a Monet y a Cézanne, y fue influido por la calidad de este movimiento y por la ideología que lo motivó. Si el arte renacentista fue arte de conciencia; por su parte, el impresionista es arte de liberación individual, de rompimiento, de experiencias personales y de originalidad creativa. El impresionismo coincide con la evolución científica del siglo. En el cuadro de Cézanne, *Vista de Auver*, inspirado en uno de los barrios de París, los objetos simples, los colores y la objetividad en la representación se unen para manifestar la reacción del artista frente a la realidad que expresa. La originalidad artística se manifiesta por el estilo que adopta el creador. Así, Cézanne, Monet y Zola fueron originales en sus respectivos géneros. Lograron una escisión entre los convencionalismos artísticos y lo que ellos consideraban su responsabilidad moral como artistas. Para ellos la originalidad creativa se funde con el principio moral que no es más que la fidelidad de la representación artística del mundo.

Aunque el significado del término y su uso ha ganado tanto en la pintura renacentista como en la impresionista, la idea de la imitación de la realidad sirvió de parámetro a los escritores empeñados en este propósito. Con este objetivo el Naturalismo se integra a las Bellas Artes, especialmente, a la literatura. Como término, al Naturalismo se le asignó valor filosófico, artístico -en la pintura y en la literatura- y, a partir de 1860, científico.

Naturalismo y Romanticismo

En la tercera década del siglo XIX, antes del Impresionismo, surgió el Romanticismo. Como movimiento artístico exaltó, en la pintura la naturaleza, la belleza natural y la individualidad con la que el hombre expresa su rebeldía en contra de los convencionalismos sociales. El Romanticismo fue la rebelión artística que rechazó tanto la cultura como la ideología neoclásicas. El manifiesto romántico contribuyó a que la naturaleza y la sociedad empezaran a ser valoradas como parte de un organismo viviente cuyos elementos eran indispensables para su buen funcionamiento. La naturaleza empieza a perder su carácter preciosista y decorativo y se convierte en un fenómeno mutable, que se interrelaciona con el hombre y cuyas transformaciones lo afectan negativa o positivamente. También, la sociedad pierde la inercia que la caracterizó por varios siglos para convertirse en un organismo activo que recibe su energía de los elementos que la constituyen. Estos elementos pueden ser observados en sus distintos estados.

El culto a la naturaleza, que proclaman los románticos, sirvió de estímulo a la observación de los fenómenos naturales. Aunque los románticos no se propusieron esta finalidad, la naturaleza empezó a ser estudiada en relación con los efectos, negativos y positivos, que ejercía sobre los seres humanos. En otras palabras, la naturaleza empieza a ser sentida como una parte determinante de la vida del hombre, de su comportamiento y de su convivencia. El paisaje y la naturaleza adquieren valor real y el hombre se identifica con ellos. Esta idea se mantiene durante las décadas que anteceden al movimiento naturalista de los años 1860-1870, convirtiéndose en una de las características de dicha escuela. A pesar de que la naturaleza, como fenómeno, adquirió otro sentido y se entendió como parte de un organismo, el término naturalismo siguió siendo rechazado por la sociedad tradicionalista. El influjo de la investigación científica, iniciada en el siglo XVIII, contribuyó a mejorar la percepción negativa del vocablo. Pero, no es hasta finales del siglo XIX y principios del XX cuando el término experimenta una recepción positiva por parte de la crítica.

El movimiento romántico, rechazado y criticado por los escritores naturalistas por su retórica inflada, la fanfarronería preciosista, la subjetividad y el pintoresquismo, fomentó una tradición cultural, literaria e ideológica que caracterizó los movimientos artísticos posteriores tanto en Europa como en Hispanoamérica. El Romanticismo introduce en la literatura la preocupación social, que no fue más que el compromiso moral del arte y del artista y, por ende, del Naturalismo, y el afán de ruptura con los convencionalismos sociales y el reconocimiento de una cultura propia. Principios todos muy característicos de la tendencia naturalista. El Romanticismo en sí aparece como "el principio lógico del Naturalismo" (Zola, Carta a la juventud, 1972) porque introduce la idea de la sociedad como elemento de estudio y de la literatura como fenómeno social, cultural e histórico. El Romanticismo inicia la búsqueda de lo original, de lo auténtico. A este próposito romántico se unen las tendencias posteriores. El Romanticismo, a pesar de sus contradicciones internas -vuelta al pasado, clasicismo, retoricismo-, acogió los primeros amagos de la novela naturalista. Estos elementos -originalidad, verdad-, desde el Romanticismo, son tratados como fuentes temáticas y caracterizan, particularmente, el movimiento naturalista. De modo que, si estos elementos son tratados en las obras románticas y continúan caracterizando los movimientos artísticos treinta años después, no se pude negar que el Naturalismo conserva en su estructura interna algunas influencias de la tradición romántica. En definitiva: el Romanticismo no fue más que "una etapa temprana del movimiento realista que evolucionó en Naturalismo." (Levin 1963, 30)

Emile Zola fue admirador y seguidor del ideal y de la poesía romántica (Zola alors plongé dans le romantisme à la Musset) (Beauchat 1949) y reconoce la deuda de los realistas y los naturalistas para con el Romanticismo:

> Todos nosotros, escritores de la segunda mitad del siglo, somos, pues, en cuanto a estilistas, los hijos de los románticos. (Zola Carta 98)

La influencia romántica es estilísticamente persistente y se manifiesta en la sobriedad, la perfección sintáctica y en el simbolismo que tienen eco en las novelas naturalistas. El Romanticismo también legó a estos escritores un instrumento de lucha: la idea de la sociedad como elemento de estudio, de observación, cuyos componentes podían conocerse y entenderse por medio del arte. De ahí, la lucha agónica e incomprendida de los románticos, su afán de ruptura, de desprendimiento y el desprecio por el orden establecido. También se observa su intención de reforma social y la búsqueda de unos valores reales y de una cultura auténtica. Este instrumento de lucha es social y culturalmente sistemático y está insertado en la tradición literaria de Europa y de Hipanoamérica. La intención reformadora que caracteriza a la tendencia naturalista tiene su origen en la tradición romántica. El Naturalismo es la evolución sistemática, natural del idealismo romántico, pero circunscrito a un momento preciso de la historia y determinado por las circunstancias político-sociales del momento, como es el caso del Naturalismo hispanoamericano. En *Carta a la juventud* (1972,72), Zola reconoce la importancia ideológica y cultural aportada por el Romanticismo a las nacientes tendencias y habla del principio lógico del Naturalismo porque inició la ruptura ideológica entre los grupos en pugna y significó para el arte cambios, entusiasmos y pensamientos libres. Fue, particularmente, el compromiso socio-político del artista lo que se reflejó en la obra de arte. La actitud de compromiso es responsable por el nacimiento de la novela moderna, la novela de compromiso que exaltó al hombre, a la individualidad creativa y a la libertad. La novela moderna enseñó que el hombre vivía en un mundo material con un sentido y con un propósito. La evolución paralela del hombre y la sociedad, y los cambios experimentados, conducen al desarrollo ideológico y cultural de los individuos. Tanto así, que los cambios socio-históricos proveen al hombre de motivos, héroes vivos, estructuras y sentimientos. Estas circunstancias actuales constituyen los contenidos temáticos, son los forjadores de la creatividad, de la individualidad que distinguió al movimiento romántico.

Los románticos establecieron su propio orden basado en el yo y en el lenguaje clasista determinado por unas convenciones propias que lo caracterizaron. También elaboraron un programa estético que determinó las nacientes tendencias literarias: Realismo y Naturalismo. Esto fue debido a lo gradual de su desarrollo y a su adaptación a los cambios sociales. Esta flexibilidad determinó su entroncamiento con las tendencias artísticas posteriores. Así, podríamos afirmar que los rasgos fundamentales de la novela romántica están injertados en la novelística hispanoamericana desde la primera novela, *El Periquillo Sarniento*, de Lizardi, y caracterizaron casi toda la novelística del siglo XIX.

Entre 1800 y 1848, Europa sufrió cambios bruscos en su estructura.

Se desarrolló la revolución social y artística en la que filósofos y pensadores -Saint-Simon-, por ejemplo, proclaman las ideas socialistas y democráticas (Stromberg 1966). Con el Racionalismo se distinguió entre la razón, los sentimientos y la epistemología. Además, la jerarquía social, la desigualdad ante el derecho y la propiedad son conceptos propuestos durante este período. El Romanticismo inició la liberación artística del siglo XIX y la sociedad y sus problemas empezaron a formar parte de la ficción literaria. Con el Romanticismo "la ficción inició su detallado y controlado análisis de la sociedad." (Levin 1963, 30)

Naturalismo y Realismo

El reaccionarismo extremo, la severa jerarquía social y el absolutismo burgués que caracterizaron el gobierno de Luis Felipe (1830-1848), en Francia, motivaron la oposición de los obreros, intelectuales y republicanos. A cambio, ellos demandaban justicia, igualdad y libertad. Estas ideas y su recepción motivaron un tipo de Romanticismo más comprometido, menos individual que el que hasta el presente se había dado. El Romanticismo social introdujo temas de la realidad cotidiana, pero en colectividad. El entusiasmo y aceptación del nuevo estilo provocó, de cierto modo, la Revolución de 1848. Esta revolución estuvo amparada por la publicación de *Les misérables* de Victor Hugo y por las poesías románticas de Lamartine. Ambas obras fueron manifiestos románticos en los que se proclamaba justicia, amor, igualdad y libertad. En ellas se representaba la realidad actual, la realidad de un héroe del presente.

La Revolución de 1848 fue la base ideológica de la época. Y originó la búsqueda de autenticidad en un momento en que se habían perdido los valores, la fe en las instituciones y la libertad. La búsqueda de los valores auténticos permitió al hombre enfrentarse a la realidad sin miedo y sin tabúes. Pudo, así, reconocer las circunstancias y cómo ellas lo afectaban ya no como individuo sino como grupo social. Con el sentido de solidaridad y de colectividad que introdujo el Romanticismo Social, se inició el fervor realista. Entre 1850 y 1855 la corriente romántica estaba en boga en Hispanoamérica. Sin embargo, la hostilidad de los románticos hacia el neoclasicismo; la valoración de la naturaleza y de los héroes de la Edad Media, el sentido de colectividad y la intención reformadora y de ruptura con los convencionalismos sociales, anticiparon el movimiento realista. Esto lo muestran ciertas características románticas que las obras realistas conservan. Por ejemplo, se recurre a la caricatura para ridiculizar y deshumanizar a los personajes y para destruir todo lo que resulte de imposiciones sociales, culturales e ideológicas. De este modo, la literatura se tornó expresión propagandística porque puso al descubierto la realidad social. Una de las obras que principia el ciclo realista, *Madame Bovary* de Gustave Flaubert, escandalizó a la sociedad tradicional de entonces por el por el tema expuesto. Básicamente, la obra trata de la relación marital entre un médico de pueblo y su mujer. La soledad, el ocio y la poca intimidad con el marido empujan a la mujer a los brazos de un amante. La relación causal planteada en la obra y la aparición del personaje de la mujer adúltera, puede ser considerada como precursora de los personajes de los bajos fondos -adúlteras, prostitutas, arrivistas y otros- de la novela naturalista. También, las descripciones detalladas de los hechos son una característica de la técnica naturalista. Por otro lado, el positivismo, aunque fue un fenómeno del cientificismo de la época, influyó tanto en el movimiento realista como en el naturalista. El rechazo positi-vista de la subjetividad y del sentimentalismo además de su exaltación de la materialidad y de la objetividad, permitió a los autores realistas crear una literatura real y material, humana y crítica cuyos temas nacían de la realidad inmediata. El hambre, el dolor, el desengaño, la explotación y la miseria se convierten en la preocupación de los artistas y son la fuente del realismo. El positivismo fue el elemento de solidaridad que recibió la literatura para dar entrada a los problemas sociales de un modo racional y objetivo. De ahí que lo repulsivo, lo ordinario y lo asqueante sean tratados artísticamente con propósito didáctico. Los escritores, siguiendo la actitud de rebeldía y de rompimiento con el tradicionalismo iniciado por Flaubert, se acercaron a la literatura con "con una actitud severamente objetiva y científica" (Stromberg 1966, 271), en cuanto a los temas, los personajes y el punto de vista del autor. La rebeldía contra el orden establecido, la búsqueda de los valores auténticos, la crítica social y la visión objetiva de la realidad son rasgos que caracterizan, indistintamente, las corrientes realista y naturalista. Estas dos corrientes se asociaron con otras que surgieron durante el siglo XIX: decadentismo y simbolismo. Ambas, aunque tomaron formas distintas, coincidieron con el Realismo y el Naturalismo en un objetivo: la destrucción de los valores y las normas impuestas por la sociedad burguesa. Estas corrientes reconocieron que sólo "tratando el ambiente sórdido con toda su realidad" (356) lograrían este propósito. El Realismo no fue la excepción sino una continuación de esta tradición. El Realismo, como tendencia literaria, al decir de Harry Levin, "está, así, implícito en el pensamiento tradicional francés."(1963,77)

En sus inicios, el Realismo se entendió como consecuencia del momento histórico que enfrentaba la sociedad europea. Pero se entendió de manera ambigua, contradictoria. Fue aceptado, en parte, por la burguesía por sus rasgos románticos: tipificación, jerarquía social y cierta subjetividad. El Realismo significó para la burguesía el medio para conocer la realidad del momento, el sentir de la sociedad para manipularla y utilizarla como mecanismo de fuerza (Oleza 1984). La aceptación del Realismo fue un objetivo, mayormente, político. Esto se observa en el sutil rechazo de que se lo hace objeto al considerarlo "un síntoma artístico producto del creciente radicalismo de la época" (Levin 1963, 68), por los temas sociales, la aparición del vulgo en la literatura y el lenguaje simple que se lleva al relato. El radicalismo que lo caracterizó lo convirtió en un término vulnerable e inestable cuyas ramificaciones -realismo social, sicológico y naturalista- (Grant 1970, i), lo proveen de significación. El término realismo por sí solo no significa nada. El movimiento Realista, consecuencia del fracaso socio-político de las revoluciones por sus contradicciones ideológicas, se entiende en todo su contenido si se comprenden los hechos sociales, históricos y culturales que lo motivaron. Las descripciones de estos hechos corresponden a la realidad de la época y determinan la vida, la existencia de los individuos. Las circunstancias y los hechos dan sentido y contenido a la obra convirtiéndola en documento histórico. La sistematización cultural es responsable por la inestabilidad del vocablo y permitió que la tendencia realista se ampliara y adquiriera significación propia en cada una de sus modificaciones. Si la sistematización "nunca permitió que el concepto se estabilizara ni que la palabra ofreciera un significado propio"(6), la inestabilidad permitió los distintos tipos de realismos, convirtiéndolo en un movimiento amplio que enseñó al mundo la verdad -social, física y síquica- sin temores.

Paradójicamente, el Realismo intenta objetividad en sus descripciones. Pero la realidad transcrita es la percibida por la óptica del autor con una intención social, consecuencia de una ideología, que pone en duda su total objetividad. Su intención era mostrar la situación moral y social del momento. Así, los temas de la etapa romántica, fueron sustituidos por otros más humanos y reales: la miseria urbana, el hombre y sus problemas. Esto provocó que los realistas fueran acusados de pesimistas por los tradicionalistas: "los realistas han sido siempre considerados como pesimistas... ellos subrayan lo bestial e ignoran lo bello."(Levin 1963, 53) Técnicamente, el Realismo creó imágenes fotográficas, describió tipos sociales, situaciones inhumanas y espacios y, en cada uno de ellos, sólo resaltó la descripción detallada y minuciosa. Lo que nos lleva a afirmar que los realistas crearon una literatura 'fotográfica'. Se describe la realidad exterior sin ahondar en la problemática socio-económica y política. Por tanto, el

Realismo se entiende como una fórmula descriptiva utilizada por el arte para demostrar la realidad percibida por una óptica individual. No es de extrañar que si el Realismo se consolidó como una fórmula descriptiva, sus seguidores más fieles lo hayan rechazado para crear una literatura más concreta y social.

Naturalismo y Marxismo

Emile Zola, uno de los primeros que llama maestros a Balzac y a Flaubert, criticó fuertemente la tendencia realista acusándola de haberse "tornado muy burguesa" (Zola 1972, 72) y de carecer de objetivos precisos. Zola creía que las descripciones no eran suficientes, había que ahondar. El proponía desarrollar un tipo de literatura en la que los problemas sociales, políticos, ambientales y sus efectos en los individuos, fueran evidentes. Reconoció la necesidad de valorar a los héroes del presente, al hombre urbano, al obrero. Para Zola las descripciones eran importantes pero secundarias; había que llegar al fondo de la problemática para lograr este objetivo. En esta actitud artística de Zola, se nota la influencia definitiva de la teoría marxista. No obstante, la influencia marxista no se consagra totalmente en sus obras, debido a la utopía social y de clase de la que nunca pudo desprenderse. En Zola la ideologia de su clase social estaba hondamente arraigada en su pensamiento, en sus principios y en su método creativo aunque su aguda conciencia critica a la sociedad nunca fue floja (Lukács 1972). Sin embargo, el propósito de desarrollar una literatura que reconociera las causas socio-históricas y sus efectos en los individuos, especialmente en los obreros, circunscribe la tendencia naturalista dentro de la dialéctica marxista. Zola crea la literatura naturalista la cual difiere ligeramente de la realista aunque ambas están hermanadas.

Factores Económicos, Históricos, Políticos y Sociales Determinates del Naturalismo

La Revolución Francesa de 1789 significó para el mundo la libertad, la igualdad y la justicia. Los escritores, los obreros y los intelectuales rebeldes se acogieron a estos postulados y rompieron con los convencionalismos sociales, religiosos y políticos que habían amedrentado a los individuos y habían sometido a las naciones al colonialismo y la esclavitud. Se empezó a reconocer al hombre como un ser capaz de gobernarse y valorarse por sí mismo. Esta actitud fomentó otro fenómeno que "no fue absolutamente nuevo," argumenta Strom-

menta Stromberg (1966), pero que cobró fuerza en la tercera década del siglo XIX con el movimiento romántico. A este fenómeno se le llamó nacionalismo. El nacionalismo dos posturas imposibilitó el reconocimiento de valores ajenos y sirvió para crear solidaridad entre los grupos que luchaban por la legitimación de su nación y de su cultura. Esta actitud, un tanto materialista, apareció con la Revolución Francesa y caracterizó la tendencia romántica de 1830 y, quedó consolidada con el triunfo del republicanismo.

La apertura de los puertos y el comercio con América y la navegación por nuevos mares, especialmente los africanos, contribuyeron al progreso económico durante el siglo XIX (Marx 1971). Nuevos productos entran a formar parte de la competencia mercantil -carne, azúcar, especies- y, sobre todo, la mano de obra esclava de la que se nutre el desarrollo económico y comercial del siglo.

A mediados del siglo XVIII, se introducen pequeñas máquinas en el sistema de producción de Inglaterra y de Norteamérica, que satisfacían la demanda del mercado exterior. El hombre empieza a sentirse desplazado por la fuerza mecánica que alteró la vida social, moral y económica de estos países. La sociedad se afectó en formas diversas: la división de clases fue cada vez más marcada y la migración del campo a la zona urbana se acrecentó. Hambre, miseria y desolación caracterizaron este período de la historia. John R.Turner sintetiza la situación de los trabajadores y de la sociedad en estos términos:

> Fue un cambio de la casa a la fábrica, del trabajo manual al trabajo mecánico, de vida rural a vida urbana, de mercado local a mundial, de una simple a una compleja división del trabajo (Turner 1919, 41-42)

La Revolución Industrial del siglo XIX, al decir de Turner, no fue más que "la modernización de los medios de producción del sistema feudal."(1919)

Para los países Hispanoamericanos, la Revolución Industrial fue un fenómeno que pasó inadvertido. Aunque se integraron al comercio mundial, lo hicieron como proveedores de materia prima y con una exportación limitada de productos. Progresos tecnológicos, descubrimientos de recursos naturales explotables, y un nuevo grupo de trabajadores, mujeres y niños, que siguieron a la esclavitud, cambiaron la fábrica de la vida. En la novela *Germinal*, Zola muestra esta mísera clase asalariada.

La industrialización de Europa y Norteamérica fue próspera, pero, irónicamente, en medio de la prosperidad y de la riqueza la situación de los trabajadores fue alarmante. Miseria, degradación, pobreza espiritual, marginación y explotación frente a abundancia, riqueza y bienestar también fueron consecuencias de la Revolución Industrial del siglo XIX. En general, la situación de las diversas clases sociales sirvió de tema a los escritores. Ellos se rebelaron contra el sistema establecido y lo criticaron.[5]

A pesar de los efectos negativos, la Revolución Industrial provocó un enfrentamiento con la realidad. Las injusticias y los abusos motivaron las fricciones entre patrones y obreros, quienes exigían justicia e igualdad. Aunque no siempre estas fricciones fueron beneficiosas, lograron llamar la atención de la clase intelectual europea, de los rebeldes y de los opositores al sistema gubernamental. Con el apoyo y la solidaridad de estos grupos se iniciaron reformas laborales y surgieron los sindicatos obreros entre 1844 y 1848 (Turner 46).

La aparición del *Manifiesto comunista*, de Carl Marx, en 1848, propone un programa de reforma socio-económica en el que los obreros controlen los medios de producción, se puedan abolir las contradicciones de clase y se logre "la conquista de la democracia."(1971)

Estos elementos, que constituyen tanto el lado positivo como el negativo de la Revolución Industrial, sirven de pre-texto histórico, ideológico y económico a la novela naturalista francesa a la que se acerca mucho la novela naturalista cubana. La lucha de clases, el poder adquisitivo y político y la expansión económica son los temas tratados en novelas naturalistas como *L'argent* de Zola, *La bolsa* del argentino Julián Martel, *Juan Criollo* del cubano Carlos Loveira y *Las honradas* de Miguel de Carrión. La rebelión de los obreros en contra del sistema de explotación y las injusticias, las huelgas laborales, los levantamientos armados y la lucha por la sobrevivencia se ejemplifican en *Germinal* de Zola, en *Los ciegos* y en *Los inmorales* de Loveira. El lujo, el exhibicionismo de las riquezas, el despotismo de la pequeña burguesía y, a su vez, la decadencia, la prostitución y la corrupción a todos los niveles, son temas peculiares de la novela naturalista.

En el siglo XIX no hubo tópico más discutido que los problemas sociales (Tolman 1967). Los intelectuales de la época y, especialmente los franceses, veían la solución de estos problemas sólo en la transformación de las instituciones sociales y, radicalmente, en el sistema de distribución de los bienes. Ellos atacaron y criticaron severamente el gobierno de Luis Felipe y, a su vez, a la burguesía dominante (Hemings 1978). Creían que los cambios en el sistema tradicional darían lugar a una sociedad justa. En realidad, la proclamación de los derechos humanos en 1789 que demandaba igualdad, libertad y justicia no se puso en práctica hasta bien entrado el siglo XIX, cuando los escritores y los liberales divulgaron la realidad apremiante y demandaron justicia. Las proposiciones y los razonamientos, productos de la Revolución Francesa, originan la doctrina político-social del siglo: el socialismo. El socialismo propone las ideas de igualdad, libertad, derecho al bienestar que dominaron todo el siglo y coincidieron con la idea materialista de la democracia propuesta por Carl Marx. Lograr una sociedad justa y democrática estaba en manos del pueblo. El objetivo democrático residía en el control absoluto de los medios de producción por los obreros (Tolman 20). Para los escritores del siglo, aun aquellos identificados con las causas sociales, las ideas democráticas les servían para expresar su oposición al sistema dominante, pero no manifiestaron su creencia en que la solución de los problemas estuviera en manos de la revolución popular como lo concebía Marx. Ellos buscaban la liberación intelectual como un medio para educar a los grupos marginados y de hacerles ver su realidad. El conocimiento de la realidad existente lograría la democratización de las instituciones y la libertad de los ciudadanos.

Los postulados de la Revolución Francesa -1789- y de la Revolución Industrial del siglo XIX alimentaron las ideas sociales, políticas e intelectuales de la novela decimonónica. Esto permitió el desarrollo y acogida de la novela naturalista en Europa y en Norteamérica. El Naturalismo, como tendencia literaria, se apoyó en los efectos negativos y positivos de la Revolución Industrial para elaborar sus temas. En definitiva: los fundamentos temáticos de la novela naturalista europea y norteamericana son análogos a los efectos socio-históricos, sicológicos y fisiológicos causados por la Revolución Industrial en la sociedad (Furst 1972, 12). Por el contrario, aunque la novela naturalista hispanoamericana adopta la misma temática de la novela francesa, los motivos difieren de los de la europea, como demostraremos más adelante.

Naturalismo y Cientificismo

Así como la Revolución Industrial sirvió de estímulo temático a la novela naturalista, el apogeo científico de esta época, resultado del mecanicismo, fue el fundamento teórico de esa novela. Durante esta época, el ambiente europeo se plagó de ideas científicas. Tanto las ciencias naturales como las sociales tuvieron gran repercusión. Esta motivación se debió, mayormente, a la necesidad de avance técnico que demandaba la rápida modernización del sistema económico de producción. Esto permitía, a su vez, que se reconociera en las ciencias su objetividad, su capacidad para determinar la verdad, y, especialmente, la racionalidad. De todas las ciencias, la biología fue la más destacada y sirvió tanto al campo científico como al intelectual y literario del siglo. El ambiente mundial se plasmó de teorías científicas.

Estas teorías tenían un mismo propósito: descifrar la verdad sobre la existencia del hombre, de su origen, las causas de sus problemas y las razones de su comportamiento. En fin, el hombre y su problemática fueron la base del cientificismo de la época.

Aunque los estudios científicos se remontan a siglos anteriores con las observaciones de Nicolás Copérnico, de Galileo y de Kepler, es en el siglo XVIII, cuando en realidad se empieza a sentir un mayor interés por los mismos y se los acepta con seriedad. También, la tecnología y la industrialización cobraban significación y no es de extrañar que en el siglo XIX el ambiente intelectual exprese su preocupación por los efectos que ambas pudieran causar en la sociedad.

Indudablemente, los descubrimientos geológicos fueron básicos en el desarrollo consecuente de las teorías científicas que caracterizaron el siglo. Lamarck y Hutton desarrollaron la teoría sobre la evolución y creación del mundo por medio del estudio de las rocas. Esta teoría puso en duda la afirmación religiosa acerca del origen del mundo. Las evidencias científicas causan indignación a la sociedad tradicionalista y religiosa. Pero, por otro lado, las dudas y la desconfianza se van apoderando de los grupos hasta perder la fe en las diferentes instituciones. En 1859, la publicación de *Origin of Species by Means of Natural Selection*, de Charles Darwin, convulsiona al mundo con la exposición de su teoría sobre las especies, los cambios que sufren, su desarrollo sistemático y su similitud con los cambios que experimenta el hombre. En 1871, Darwin publica *Descent of Man*, en el que explica que el desarrollo del hombre es análogo al de las especies, las cuales luchan por sobrevivir en un medio apto para los más fuertes. Esta teoría complementó y sustentó, aún más, las hipótesis de Lamarck sobre el origen y desarrollo del mundo. De este modo, las creencias religiosas fueron reducidas a meros fundamentos insípidos y el derrumbamiento de la fe fue inminente. A partir de estos descubrimientos se creyó y se confió en la ciencia como medio para entender y solucionar los problemas apremiantes del momento.

La teoría de Darwin sostiene que las especies poseen ciertas características que les permiten adaptarse o no a un determinado ambiente. Pero existen algunas especies que son inadaptables a ciertos ambientes y, por tanto, son eliminadas. La teoría de Darwin viene a ser la ampliación de la teoría de Lamarck (Wells 1929), quien primero clasificó a los animales y las plantas para demostrar su proceso evolutivo. Lamarck demostró que las especies, para adaptarse a un determinado ambiente, sufren modificaciones en sus estructuras. También explicó que el desarrollo de los órganos depende de su uso continuo y abordó la idea de la trasmisión de las características genéticas entre los descendientes de una misma especie (14).

En definitiva, la publicación de *Origin of Species* dio lugar al nacimiento de nuevas teorías biológicas y además, influyó en gran forma en la teoría naturalista de Emile Zola (Furst 1972, 12). Para Zola el hombre es producto tanto de su fisiología como de su ambiente. La impotencia que experimenta frente al medio que lo rodea lo debilita y lo hace fatalista. La visión del hombre como un ser vacío, sin esperanzas, que plantea la novela naturalista, tiene su origen en las ideas de Darwin sobre la evolución y desarrollo del hombre. En ambas teorías se percibe cierto desdén para con el hombre común, a quien se caracteriza como débil e incapaz de su propio desarrollo y de su liberación. Precisamente en esta actitud reside la limitación de la teoría naturalista decimonónica.

Influido por el ambiente científico, Prosper Lucas publica su *Tratado de filosofía y fisiología sobre la herencia y las enfermedades nerviosas*, en 1850. En él explica el proceso hereditario y la trasmisión de los genes entre generaciones. La idea de la herencia, su función en el proceso evolutivo de los órganos y de los instintos, los que están regidos por el sistema nervioso, y el comportamiento de los individuos, se amplía con la aparición en 1866 de *Ensayos de crítica e historia* de Hipólito Taine. En estos ensayos Taine se manifiesta partidario del darwinismo, sobre todo en cuanto al papel que juega la herencia y el pasado en la vida y en el comportamiento de los individuos. Pero, a estos factores, Taine añade otro que es externo y social (Levin 1963, 8) el medio, como determinante del comportamiento tamiento del hombre. Con Hipólito Taine el estudio científico introduce otros elementos vitales para la comprensión del hombre: el aspecto social, pero asimilado al cientificismo positivista. Lo social se convirtió en elemento de estudio, de análisis. Taine elaboró una teoría sociológica de la evolución, tomando el *milieu* como determinante del comportamiento y las actitudes. Es importante señalar que el medio social, como factor predominante del comportamiento, sirvió a los escritores de "enlace entre la crítica literaria y las ciencias sociales." (Turner 1919) Los escritores aceptaron la teoría sobre el medio social como responsable del comportamiento de los individuos, sometiendo sus personajes a un ambiente determinista. Esto sirvió de medio para el análisis social y sicológico de los personajes y de su ambiente. La literatura, aparte de sus principios artísticos, adquiere una dimensión social y científica. Los elementos sociales -medio y pasado histórico- predominan en las nacientes teorías cuyo objetivo fue la observación, la racionalización y el análisis científico. Las teorías socio-biológicas fueron aplicadas a otras disciplinas: filosofía, sicología y literatura, con las que se interrelacionan para responder al ambiente intelectual de la época.

Filosóficamente, Augusto Comte aplicó la idea científica de Darwin al pensamiento humano. La vieja creencia religiosa acerca de la creación del mundo fue desplazada por el pensamiento positivista-racionalista, consecuencia del estudio y la experimentación científica. La filosofía positivista de Comte se basó en la concepción determinista del universo (Epple 1980). La filosofía propone que el conocimiento verdadero sólo se obtiene por medio de la observación objetiva de los fenómenos, los que mantienen una relación de causa y efecto. La observación de los fenómenos permite llegar a ciertas conclusiones acerca del origen del universo. La concepción trascendental del universo adquiere una acepción, un sentido materialista y racional. La filosofía se adhiere a la ciencia para determinar, por medio del análisis de los fenómenos, las leyes físicas, químicas y geológicas que gobiernan el universo. La doctrina naturalista zolesca se adscribió a la idea materialista, determinista y racionalista de la filosofía positivista comteana para elaborar su tesis. El concepto sobre el determinismo biológico se desarrolló (154) con la publicación de *Lecciones sobre la fisiología experimental aplicada a la medicina* y *La medicina experimental*, ambas de Claude Bernard.

En sus trabajos, Bernard insiste en la invalidez de las teorías siempre que carezcan de una adecuada observación y de un minucioso análisis, porque el resultado de los hechos se sobrepone a cualquier teoría:

> Deben aceptarse los hechos y abandonarse las teorías que no tienen el apoyo de la prueba experimental, aun cuando dichas teorías sean defendidas por grandes científicos (1964, 236)

La teoría determinista de Bernard fue determinante en la concepción del arte como ciencia. Y *La medicina experimental* fue el modelo del manifiesto naturalista, *La novela experimental*. Emile Zola adoptó las ideas de Bernard acerca de la medicina experimental y la función del médico en la literatura. Su propósito era hacer de la literatura un experimento científico para llegar a la verdad de un determinado fenómeno. Zola formuló los postulados de la escuela naturalista basándose en las ideas científicas de Bernard. En *La novela experimental*, Zola comentó la relación entre medicina y literatura:

> Puesto que la medicina que era un arte, se ha convertido en una ciencia ¿por qué la literatura no ha de convertirse también en una ciencia gracias al método experimental? (1972, 51)

La idea causalista del mundo, aplicada a la concepción del hombre como un ser determinado por leyes socio-biológicas, conforman un ser vacío, sin voluntad, sin sentimientos. Es un ser mecánico que obedece a las leyes que lo dominan. Esta concepción determinista de la teoría naturalista limita y contradice el propósito de reforma social de la escuela zolesca. El hombre no es un ser limitado, ni puede convertirse en un objeto de experimento al que se observa objetivamente dentro de su medio social, con sus características genéticas y enmarcado en su momento histórico. Al hombre se le debe confiar el desarollo social, personal y el porvenir de la nación sin limitaciones. La imagen del hombre, determinado por leyes causales contradice el sentido democrático que surgió con la Revolución Francesa, el social propuesto por Carl Marx y el de Emile Zola y su escuela naturalista.

Resultado de la industrialización y el cientificismo, el Naturalismo literario debe entenderse como positivista, cientificista, determinista y racional. Rechaza el idealismo romántico, el pintoresquismo burgués y la subjetividad. Su finalidad fue denunciar los males que afligían a la sociedad. Los escritores naturalistas confiaban en las ciencias para solucionar los problemas apremiantes. Sus novelas son testimonios de la situación histórica, social, política y económica de una época, a la que someten a un análisis para llegar a la verdad de la problemática que critican. La teoría naturalista, apoyada en el determinismo comteano y en las ideas de Bernard, es nihilista. De ahí el fatalismo, el pesimismo y la inercia que caracteriza a los personajes de las novelas naturalistas. El derrumbamiento de la fe, la crisis social, política, religiosa y económica, la industrialización y el cientificismo del siglo XIX -tal como hemos tratado de mostrarlo en las páginas anteriores-, son reponsables por el nacimiento del Naturalismo en Europa y en Norteamérica. La aparición del Naturalismo en Hispanoamérica obedece al proceso socio-político y cultural similar y distinto, a la vez, por el que atravesaron las colonias españolas en el siglo XIX. A diferencia del Realismo y del Romanticismo, el Naturalismo tuvo una existencia prolongada. Y, en la América Hispánica el Naturalismo adoptará características propias, como trataremos de demostrar en los capítulos que siguen.

Notas

1. Según Block el témino "naturalismos" sugiere la multiplicidad de significados que el vocablo puede expresar ya que se usa indiscriminadamente.
2. La traducción es mía.
3. Emile Zola rechaza la idea de creador del movimiento naturalista y se remonta a los tiempos antiguos para demostrar que no merece el título.

4. La traducción es mía.
5. Este periodo se caracterizó por la destrucción del trabajo laboral, la alienación, la pobreza de la mayoría y la cantidad de nuevos ricos que surgieron.

Capítulo 2

La sociedad cubana en el siglo XIX

Política y Economía

La tradición cultural que nació con el Romanticismo y el Realismo social se manifiesta en la literatura cubana del siglo XIX de un modo único. El colonialismo, el sistema de esclavitud y el subdesarrollo económico arrojaron a la sociedad cubana en un estado alienante, de sordidez y de degradación. Mientras los países hispánicos -rotas las ataduras coloniales- se proponían la búsqueda de la identidad nacional, de la independencia, Cuba quedaba al margen de este intento colectivo. Aunque la situación social, política y económica de los países hispánicos, a mediados del siglo, fue abrumadora y compleja, los productores de cultura, ante tal situación, se propusieron, por medio del arte, documentar y denunciar el estado actual de estos pueblos. Esta circunstancia permitió a los escritores, en su mayoría, expresar su preocupación, aunque de distintos modos: unas veces por medio del escapismo y exotismo romántico, reconociendo el valor autóctono de las distintas razas y, otras, por medio de las descripciones bruscas de los hechos históricos que determinaron la identidad hispánica. Hacia finales del siglo la desesperación, la inestabilidad socio-política y económica y la frustración los llevó a adoptar una actitud crítica y rebelde. Denunciar la realidad no bastaba, había que encontrar la causa. El Naturalismo sirvió el propósito de los escritores que, con la finalidad de corregir los males sociales, denunciaron la realidad, de modo objetivo. Los hechos históricos y políticos que experimentó Cuba delimitaron el desarrollo de los movimientos literarios en la Isla, especialmente, del Naturalismo zolesco.

A partir de estas reflexiones, se intentará demostrar la función socio-histórica y cultural del movimiento Naturalista y cómo sirvió a los escritores cubanos en la búsqueda de la identidad nacional. Para lograr este objetivo se aferraron a los valores que sostienen la idiosincracia cubana o cubanidad, en un lenguaje propio de esa cubanidad y en una ideología revolucionaria.

La formación histórico-social de la sociedad cubana en Nación, se origina a partir de sus luchas: por la sobrevivencia -indios frente a colonizadores, criollos frente a españoles, esclavos frente a sus amos, cubanos frente a españoles, ingleses y norteamericanos-, por la emancipación. Sin embargo, con la Guerra de los Diez Años[1], en 1868, el proceso político e histórico definió la suerte de Cuba, en muchos sentidos muy distinta del resto del continente.

La isla de Cuba -con denso territorio, variada población, suelo fértil y excelente posición geográfica- sufrió la vejación de limitar, por imposición del gobierno colonial, su producción económica al consumo local y de la metrópoli. Como consecuencia no se desarrolló una economía sólida y estable que estimulara el avance técnico e industrial. Para España, Cuba sólo sirvió de puerto de flotas en el que se descargaban y cargaban mercancías y cuyas riquezas ornamentaron y desarrollaron otros virreinatos y enriquecieron las arcas de los reyes y la metrópoli. El atraso económico e industrial de España imposibilitó el desarrollo en las colonias de un sistema de producción capitalista, aunque burgués, a la par con los países europeos. Cuba quedó al margen de la Revolución Industrial, la que ocurre un poco tarde y mediatizada por el control económico extranjero, en el siglo XIX. La corona imponía restricciones e impuestos a los pocos productos cubanos que podían exportarse evitando la competencia en el mercado internacional. Esto causa el empobrecimiento de la Isla y la ruina de la economía por estar impedida de participar en el libre comercio. Cuba no participó del intercambio económico y comercial con sus principales productos -café, azúcar y tabaco-, por ser objeto de una política represiva, que retrasó su desarrollo económico.

En el siglo XVIII diferentes acontecimientos aislados favorecieron la economía cubana, especialmente la producción azucarera. Durante los primeros siglos de la colonización, Brasil fue el más importante productor de azúcar (Galeano 1980), pero los descubrimientos auríferos del siglo XVIII despertaron interés y la producción azucarera mermó. Esta declinación incentivó a los productores cubanos, quienes iniciaron el cultivo y la producción masiva del producto. Es importante señalar que, por primera vez, Cuba experimentó la comercialización del azúcar con el exterior la que, por bien o mal, definirá su destino. La ocupación del puerto de La Habana, en 1762, por las fuerzas británicas cambió el espectrum de la economía rural y de la sociedad cultural que existía en Cuba. Introdujeron el cultivo en masa de la caña de azúcar para abrir el comercio exterior con miras expansionistas y utilizaron la mano de obra esclava y chinos para trabajar en el corte de la caña. Los ingleses iniciaron, en Cuba, las relaciones comerciales con el exterior, especialmente con los Estados Unidos (Furtado 1974). Fue un tipo de mercado libre sin imposiciones ni restricciones aduaneras y con beneficios cuantiosos para la Isla. Así se iniciaron las relaciones comerciales entre Cuba y Norteamérica (Chilcote y Edelstein 1974), aún en la época colonial. De las islas del Caribe, Haití fue la principal productora de azúcar. Hacia 1791, con la rebelión de los esclavos al mando de Toussaint Louverture y la proclamación de la independencia, la economía haitiana sufrió una baja en el mercado internacional. Como muestra de rebeldía las plantaciones, los cañaverales y los ingenios fueron saqueados y quemados. Situación que benefició la economía cubana.

El auge alcanzado por el mercado azucarero incentivó a los agricultores a la producción masiva. Grandes extensiones de tierras se convirtieron en cañaverales. Irónicamente, el negocio azucarero fue rentable pero las consecuencias fueron penosas. Otros productos- café, cacao y tabaco- fueron poco cultivados y limitados al consumo local. Cuba se halló, así, a merced de un único producto exportable. La conversión de las tierras en cañaverales desplazó a los agricultores menores de sus áreas de cultivos. También, la inversión de capital norteamericano y la creación de los ingenios significó la desestructuralización de la sociedad rural-agrícola cubana. De este modo, el auge económico que experimentó Cuba a finales del siglo XVIII sólo benefició a los norteamericanos cuyo capital invertido los convirtió en mayores accionistas. Para los criollos terratenientes, que confiaron en las condiciones comerciales norteamericanas e inglesas, las inversiones extranjeras, que facilitaron el control económico de la isla y la modernización del sistema de producción, fueron el inicio de la humillación y el aislamiento. Esta situación de marginación dio lugar al rechazo, por parte de los criollos, del sistema colonial. Reconocieron que España no había fomentado un poder político, económico que ayudara a los cubanos a enfrentar sus problemas. En otras palabras, no se había desarrollado una política económica nacional que permitiera el avance industrial.

Contradictoriamente, esta situación no disminuyó las simpatías de los criollos por los Estados Unidos, y reconocieron que no sólo fueron "... un gran mercado para el azúcar cubana sino también el mejor recurso de productos manufacturados, de trabajadores capacitados y de ideas varguandistas, las que faltaban en la isla." (Knight 1970)

La ocupación inglesa de 1762 y las reformas comerciales realizadas por el gobierno liberal de Carlos III contribuyeron a la transformación y al desarrollo social, cultural y económico de Cuba. Estas reformas, entre otras cosas, apoyaron el libre comercio (el que fue expandido), la exportación de otros productos, pero la compra y trata de esclavos se mantuvo intacta. El puerto de La Habana abrió sus puertas al mundo y por él empezaron a desfilar lo nuevo y moderno: barcos extranjeros, turistas, productos, periódicos internacionales y, sobre todo, las ideas estéticas desarrolladas en Europa y la cultura internacional que había transformado el vivir en otros puntos (Lizazo 1949), pero que fueron vedadas en las colonias. Estos hechos motivaron el desarrollo socio-cultural y económico de Cuba pero, las ideas independentistas, puestas en práctica en otros países americanos, no fueron aceptadas por los criollos terratenientes y los peninsulares. La independencia significaba la abolición de la esclavitud, en otras palabras, la decadencia económica y las insurrecciones negras. Los criollos no querían sufrir lo que Haití en momento tan próspero y se resistían a la integración racial. Las diferencias entre criollos y peninsulares se borran al coincidir con el mantenimiento del sistema esclavista. Ambos grupos se beneficiaban, indistintamente, de dicho sistema: "... la esclavitud ... fue más vital para los criollos que para los españoles, porque los criollos terratenientes se beneficiaban de los trabajos de los esclavos, mientras que los españoles eran sólo intermediarios del mercado mundial." (Chilcote y Edelstein 588) Los intereses creados en torno a este sistema paralizaron el proceso independentista y tendieron a unificar, por interés económico, a criollos y peninsulares.

Adviértase que el sistema esclavista en Cuba tuvo su origen en el capitalismo inglés y norteamericano y su política librecambista y expansionista. Los cubanos se acogieron a esta política para desarrollar tanto su capacidad productiva como su expansión comercial. Sin embargo, los efectos de dicha política se manifiestan en la permanente situación colonial y en la fragmentación del sistema económico. Los criollos y cubanos creyeron que independizándose de España y manteniendo el comercio libre con los Estados Unidos garantizaría la estabilidad social y económica.

Los primeros años del siglo XIX, en Hispanoamérica, se caracterizaron por las insurrecciones y levantamientos armados, pero éstos no fueron apoyados por la oligarquía cubana,[2] aunque no pudieron impedir la entrada de ideas liberacionistas en la Isla. Muestra de esto son los brotes de rebelión de negros que surgen en 1809, los cuales fueron aplastados por el gobierno colonial apoyado por los terratenientes. Hacia 1851, con el frustrado levantamiento de Narciso López, la lucha independentista-abolicionista fue encaminada a evitar las ejecuciones y fusilamientos de los rebeldes. Otro factor beneficioso para la lucha fue la posición adoptada por Gran Bretaña de abolir el sistema esclavista. En Cuba, el esfuerzo abolicionista de los ingleses se enfrentó a la oposición de España, de la oligarquía cubana y de los Estados Unidos. La resistencia del gobierno colonial y sus aliados, quienes se enriquecían a base de la producción mercantil de los esclavos, no impidió que las ideas inglesas fueran aceptadas por algunos jóvenes criollos -Saco, Luz y Caballero y Félix Varela- para quienes era necesaria la reforma del sistema. España inició el proceso anexionista de la isla a los Estados Unidos con el fin de aplastar el movimiento abolicionista. A este proceso se unió la oligarquía que vio en el mismo un medio de librarse del absolutismo español, del pago de los impuestos exigidos por la Metrópoli, y de formar parte de una democracia sustentada en el desarrollo industrial, lo que le proporcionaría un nivel económico y una vida política estable.

Paradójicamente, el movimiento anexionista, aunque sólido, se enfrentó a la posición económica a la que los Estados Unidos empezaban a someter a la isla. La penetración de capital norteamericano fue absoluta y resistente. Así, la economía cubana iba pasando a inversionistas extranjeros. Los peninsulares y criollos ricos entendieron las desventajas del anexionismo, las intenciones del gobierno norteamericano y el desastre económico que enfrentarían los terratenientes cubanos. En Cuba, la economía flaqueaba y se debilitaba, la aparición del azúcar de remolacha provocó la crisis económica que desestabilizó la existencia del pueblo en la mitad del siglo XIX. La economía entró en una etapa de intensa depresión y merma.

La escasez de capital, la competencia económica y la represión española, que no se aliviaba, determinaron el desarrollo y estallido del enfrentamiento armado entre los oligarcas capitalistas, la llamada Guerra de los Diez Años (1868-1878). La incapacidad técnica y la falta de capital impidió a los criollos terratenientes modernizar el sistema de producción. Ya en este periodo la mano de obra esclava estaba siendo reemplazada por la fuerza mecánica y la caña de azúcar no era negociable. Esta situación intensificó el rechazo al colonialismo. De modo que las diferencias entre terratenientes -criollos y españoles- afectó el movimiento revolucionario que inició la guerra, transándose, después, en lo que se denominó La Paz del Zanjón (Portuondo 1962).

Con el advenimiento revolucionario de 1868 se inició una fase distinta en el desarrollo económico, social, cultural y político de Cuba. Los fundamentos antiesclavistas, anticolonialistas e independentistas que forjó el movimiento hasta llegar a la Guerra de los Diez Años, se mantuvieron intactos. Contradictoriamente, el capitalismo norteamericano seguía penetrando en la Isla, modernizando los ingenios, construyendo ferrocarriles. El capital norteamericano dominaba la economía y fragmentaba los grupos sociales. La caída del precio del azúcar y la falta de capital causó la conversión de los criollos terratenientes en colonos. Es decir, los terratenientes trabajaban para suplir de materia prima a los grandes industriales. Económicamente Cuba estaba sumergida en un caos y el hecho de que "... muchos importadores norteamericanos preferían completar el proceso de refinamiento del azúcar en los Estados Unidos" (Knight 1970), fue devastador para la economía. Así, se frustraron las intenciones nacionalistas de industrialización moderna con capital criollo, y coincidieron con la depresión económica, el alza de nuevos impuestos y el fracaso, en las cortes de Madrid, de la delegación cubana que pedía la abolición de los impuestos. A este fracaso se unió un incremento en el absolutismo y la represión española contra los revolucionarios. Esta actitud se manifestó en la fuerza del movimiento anexionista apoyado por la clase alta cubana, compuesta por españoles ricos. Adviértase que en Cuba no existía una clase industrial y capitalista nacional. En cambio, había una fuerza económica extranjera apoyada por la clase alta, la que dependía del capital extranjero y a la cual servía para mantener su condición social y económica.

Durante este periodo la situación en Cuba se tornó alarmante. Como consecuencia, el movimiento revolucionario se intensificó. Esta vez, los criollos, latifundistas, pequeños terratenientes, los negros libres y también los esclavos resentidos por la política opresiva del gobierno colonial, se unieron al movimiento independentista bajo el liderazgo de Carlos Manuel de Céspedes. El 10 de octubre de 1868 con el "Grito de Yara", los revolucionarios proclaman la independencia de Cuba y la libertad de los esclavos. Se establece la primera República bajo el gobierno provisional de Céspedes, y se declara la Guerra de los Diez Años. Franklin Knight define esta guerra como "...un levantamiento esencialmente nacionalista en contra de España, cuyos rebeldes fueron predominantemente libres, blancos y de la zona rural." (158) Es decir que el espíritu nacionalista cubano y revolucionario motivó, en parte, el enfrentamiento armado entre cubanos y españoles. Carlos M. Céspedes fue electo presidente y, según Knight "...porque Céspedes era más aceptado por los criollos ricos..." (164), a quienes representaba como nacionalista pero no como revolucionario. Céspedes no favoreció la abolición de la esclavitud y, de los esclavos que poseía, sólo algunos fueron libres. Esta actitud se entiende por su política moderada y clasista. Céspedes se opone al movimiento insurreccional con el que se cambiarían las instituciones coloniales. El fue un nacionalista conservador que favorecía el orden colonial, que le beneficiaba como miembro de la clase aburguesada esclavista. También, fue seguidor de la ideología anticolonialista que caracterizó a los liberales hispanoamericanos del siglo XIX. El nacionalismo lo llevó a ocupar la presidencia de la república en 1868. En 1879, por decreto, se declaró la ley abolicionista pero fue en 1886 cuando se llevó a efecto. En los años ochenta, José Martí fundó el movimiento autonomista-independentista. Aunque hacia finales de los años ochenta y principios de los noventa, hubo cierta estabilidad políticosocial en Hispanoamérica (Henríquez Ureña 1975), en Cuba no se dieron las mismas condiciones. La formación y establecimiento de una clase media, burguesa y conservadora, en Cuba, no cambió el curso de los acontecimientos. La inestabilidad política, el caos económico, el descontento, los abusos y el despotismo español continuaron. Esta situación fortaleció el moviemto independentista-autonomista.

A diferencia de otras naciones hispánicas en las que la lucha independentista fue librada por los criollos, en Cuba el movimiento liberador fue llevado a cabo por negros libres, esclavos y mulatos apoyados por algunos criollos. Esta lucha se entiende, no sólo como lucha por la independencia política sino también por la libertad racial y económica, y en ella los negros fueron fundamentales. Primero, por ser el elemento económico esencial y por su contribución étnico-cultural. Así lo entendió José Martí, para quien la independencia sólo se lograría con la unidad de todos los cubanos.

En 1895 con el Grito de Baire[3] se proclamó a Cuba, por segunda vez, República soberana. La muerte de Martí en mayo de 1895 estimuló el movimiento revolucionario, desestabilizando el gobierno colonial. La incapacidad del gobierno para controlar la rebelión incrementó la represión y el maltrato contra la ciudadanía. El miedo de la burguesía a perder su poder, debido a la revolución social que se preveía fue la causa de la intervención norteamericana en 1898 y el inicio de la guerra Hispanoamericana. Consecuentemente, España, débil frente al enemigo, perdió sus posesiones. Los Estados Unidos impusieron un gobierno militar en La Habana y en 1901 proclamaron la República de Cuba pero, por imposición de la Enmienda Platt, la

Isla quedó sometida al control de Washington. Esta situación incitó el descontento, la desesperanza y la humillación de los revolucionarios. El sistema de esclavitud había creado en los individuos envilecimiento y alienación, pero con la seudo-República la situación se agravó. Los efectos que ambos sistemas causaron no difieren. Con la República mediatizada se llegó a la degradación socio-sicológica, racial y política. La condición alienante que vivió Cuba -colonialismo, esclavitud y mediatización del estado político-, en el siglo XIX es el factor que sustenta la novela naturalista cubana.

La novelística cubana del siglo XIX: la temática como definición de la identidad nacional

El desarrollo de la prosa narrativa cubana es tardío. Surge como producto del enfrentamiento del narrador con una situación socioeconómica y política agobiante: el colonialismo español y el sistema esclavista. Esta situación sirve de fondo y de tema a la narrativa iniciada, aproximadamente, en la tercera década del siglo XIX.

A finales del siglo XVIII -1790-1791- se publicó el *Papel Periódico de La Habana*, se fundó la Sociedad Económica Amigos del País y se empezaron a organizar círculos de estudios, tertulias literarias en las que se estudiaban y discutían temas: filosóficos, políticos y literarios. Es el inicio del desarrollo intelectual y cultural de la Cuba del XIX. Los temas que inquietan a los jóvenes cubanos y que se discuten en las tertulias serán los mismos tratados antes. Temas como son la exaltación de la tierra, del campesino y su realidad nutren la prosa y la poesía. Por otro lado, la obra política y filosófica del padre Félix Varela, *Misceláneas filosóficas* y *Lecciones de filosofía*, en las que se respira el espíritu del militante, la actitud de ruptura con lo escolástico y lo empírico, la creencia en la necesidad del estudio científico por ser el mejor medio de llegar al conocimiento racional y al progreso, y el reconocimiento de que la libertad y la formación ideológica son importantes para el desarrollo de las naciones, influyeron en la actitud y en el pensamiento de los jóvenes cubanos (Lizazo 1949).

Las manifestaciones literarias de los primeros años del siglo XIX fueron, predominantemente, poéticas. Pero el mérito de esta literatura inicial, es su temática. En los textos se percibían ciertos rasgos particulares, que determinaron la acogida positiva que tuvieron esos temas. En sí, fue una modalidad literaria llena de sentimientos nacionalistas, de realidad nacional y de conciencia revolucionaria. La novela cubana, desde su aparición, fue manifiesto de una realidad única, producto del dolor, de la inconformidad y del desaraigo social. Con razón Salvador Bueno afirma que "[t]oda Cuba está en su novela." (1961)

La novela fue vehículo para expresar, en momentos de severa censura, las consecuencias del régimen colonial-esclavista y sus efectos. La libertad, el amor patrio, el colonialismo y el sistema de esclavitud fueron los temas a que se acogieron los jóvenes coetáneos con el *Papel Periódico de La Habana* y los que dominaron la naciente narrativa. La sensibilidad de los escritores -criollos en su mayoría- les permitió entender, plantear y tratar temáticamente la realidad social, la que no fue oscurecida por la prosperidad económica. Por tanto, la novela cubana desde sus inicios es social, antiesclavista, revolucionaria, de compromiso y en ella se vislumbra la conciencia nacional, "relativamente avanzada, " al decir de Roberta Salper (1986). Para los escritores de este periodo fue un deber el planteamiento de la aquejante existencia en Cuba. Así, los temas nacieron del diario vivir, de la realidad histórico-social, convirtiéndose en una constante literaria. Esta actitud significó, dentro de la alienación persistente, la vía hacia la identificación nacional. Identificarse como cubanos, dando a conocer su historia, su fisonomía, fue reconocer la Isla como estado, como nación. Con acierto, Fernández Retamar (1975) considera que la concretización de la identidad nacional es posible si se reconoce la verdad histórica. De modo que los temas que conforman la novela cubana, consecuencia del devenir histórico, tienden a concretizar y definir la identidad nacional porque

> [l]os temas que aparecen en nuestra novela están ligados a la misma fisonomía de nuestro pueblo, a su devenir histórico. Aunque los temas literarios de tipo universal -el amor, la muerte, la soledad, etc- surgen en la novela cubana, mayor persistencia y carácter propio revelan otros más arraigados en esta tierra, influidos por las circunstancias históricas y políticas. Cada época histórica influye con sus preocupaciones sobre el nove-lista cubano en forma absorbente. La temática narrativa en Cuba está entrelazada estrechamente con el devenir nacional. Le sirve de espejo. (Bueno 1964)

La novela cubana, desde sus orígenes, está entrelazada con la problemática nacional que la motivó y que impidió el desarrollo y la espontaneidad individual. En ella se trataron asuntos sociales, deseos insatisfechos, la determinación ambiental y social, las injusticias, la corrupción del regimen colonial y los vejámenes del sistema esclavista, todo esto encuadrado dentro del ambiente nacional, urbano y rural, cubano.

Costumbrismo y nacionalismo

Fracasados los intentos separatistas durante el primer tercio del siglo, Cuba sufrió una de sus crisis económicas más severas. Los criollos, que de latifundistas se convirtieron en colonos, intentaron reformar el sistema. El estado de colonos favoreció, de cierto modo, la naciente narrativa como también la lucha social. La demanda de reformas, aunque no alivió la situación represiva colonial, permitió que este grupo social reconociera la diferencia étnico-social que los separaba de los peninsulares y, por otro lado, pudieran definir su identidad cultural y nacional. El rechazo del estado social, de colonialismo y el reconocimiento de sí mismos como criollos cubanos, los motivó a denunciar los atropellos, los abusos y el terrorismo cometido por el régimen. Durante este período, el *Papel Periódico de La Habana*[4] gozaba de popularidad por sus artículos descriptivos de la moda, parodiando ciertas situaciones políticas y sociales y comentando, perspicazmente, todo el acontecer nacional. Entre sus artículos se encuentran *¿Qué ha hecho La Habana para su Fomento, para su Lustre? (Papel Periódico* no.8, 1792). Esta modalidad de la prosa influyó sobre los jóvenes, quienes se inclinaron hacia la narrativa describiendo lo que ocurría en el ambiente urbano y rural: escenas familiares en que se satirizaba la clase acaudalada y se criticaba sutilmente la situación nacional. Se inicia, así, la modalidad costumbrista cubana, aunque no se descarta la influencia de Mariano José de Larra y de Mesonero Romanos, como tampoco la de los periódicos ingleses[5] que llegaban a La Habana desde 1762. El Costumbrismo literario fue el estandarte agitado por los nacionalistas cubanos defensores de la cubanidad que se advierte en la narrativa inicial.

La novela costumbrista es subestimada porque se la considera simple, sin problemática, localista; porque su intención es exaltar el paisaje y las costumbres. Contradictoriamente, la novela costumbrista cubana aunque se vale de descripciones del paisaje local, de la flora y la fauna, inserta en sus descripciones los problemas sociales, económicos y políticos que afectaban a la Isla. El costumbrismo sirvió para tratar la problemática nacional dentro de la naciente narrativa. Estudiando la modalidad costumbrista, se deduce que coincide con el Romanticismo hispanoamericano -llega a Cuba entre 1830 y 1850- y sus temas son morales, sociales y políticos; abarcan las luchas independentistas y la concientización nacional que motivó la abolición de la esclavitud. Dentro del costumbrismo, como variante romántica, la exaltación del paisaje y de los elementos autóctonos se convierte en deber moral: interpretar la realidad nacional de los pueblos utilizando sus fundamentos vernáculos para fomentar una tradición cultural e ideológica. Esta tradición había sido vedada por el gobierno colonial en Cuba. El costumbrismo dio impulso nacionalista a la cultura nacional cubana en el siglo XIX. Su nacimiento coincide con las revoluciones independentistas y, en Cuba, con la concientización nacional. De ahí que la sociedad colonial y sus problemas fueran los referentes temáticos los que, a su vez, fundamentaron la novela costumbrista-romántica, y luego la realista y naturalista. El costumbrismo fue el instrumento crítico con el que se describió la sociedad colonial cubana y con el que esta generación de jóvenes insistió y demandó reformas sociales, económicas y políticas, literariamente. (Portuondo 1962)

Las primigenias novelas cubanas – *Cecilia Valdés*, de Cirilo Villaverde y *Francisco*, de Suárez y Romero- son expresiones de la vida, de la existencia del pueblo cubano esclavo y colonizado. Son muestras de una verdad concebida dentro de escenas pintorescas, descripciones costumbristas que pintan y denuncian situaciones de la vida rural y urbana. Estas escenas, semejantes a tomas fotográficas, van sumándose una a una hasta penetrar en la problemática que se critica o se denuncia. El tratamiento de la problemática existente convirtió estas narraciones en historias sociales y las descripciones costumbristas de la realidad existente demostraron la decadencia del colonialismo, la ineptitud del régimen y la crueldad de sus instituciones (Obaya, Barredo y Ricardo 1978).

El costumbrismo epitomizó el espíritu nacionalista de la primera generación de narradores que se acogió a la novela para expresar, artísticamente, la realidad nacional surgida del colonialismo-esclavista.

Notas

1. La Guerra de los Diez Años (1868-1878) fue el enfrentamiento armado entre oligarcas capitalistas en Cuba.
2. La oligarquía cubana estaba compuesta por criollos terratenientes y peninsulares ricos. También por algunos colonos españoles que se habían asentado en Cuba desde el siglo XVI, convirtiéndose en importantes hacendados.
3. Se conoce por Grito de Baire el levantamiento revolucionario-independentista más sangriento que se registra en la historia cubana. Librado entre peninsulares y cubanos revolucionarios.
4. *El Papel Periódico de La Habana* se fundó en 1790. En 1793 cambió a *Aviso*; pasó a ser *El Diario* en 1805 hasta 1810. Pero a partir de 1846 apareció como *La Gaceta de La Habana* publicado por la Capitanía General de la Isla de Cuba. De este último conserva la Biblioteca Pública de Nueva York

algunos números correspondientes a los años 1960-1968 y en ellos se distingue una variedad de artículos literarios, filosóficos, económicos, políticos y sociales. Otro periódico importante de la época, *El Regañón de La Habana* fue publicado entre 1800 y 1802. Se distinguió por los artículos satíricos de costumbres y de la vida diaria de la sociedad cubana de entonces.

5. Ha sido difícil constatar, específicamente, qué periódicos ingleses llegaron a La Habana en 1762 y si se conservan algunos números. Los que existen estarán en el Archivo de Indias en Sevilla, en Londres o en la Biblioteca Nacional de La Habana. Pero la importancia de los periódicos británicos en la formación de la corriente costumbrista en América, especialmente *The Tatler* y *The Spectator*, ha sido determinada por Gioconda Marún en su libro *Orígenes del Costumbrismo ético-social Addison y Steele: antecedentes del artículo costumbrista español y argentino*. Miami: Ediciones Universal, 1983.

Capítulo 3

Cirilo Villaverde y Cecilia Valdés

El Costumbrismo romántico que caracterizó las primeras novelas cubanas fue el inicio de la sistematización estético-cultural que definirá las nacientes tendencias artísticas en Cuba. Las generaciones posteriores a Villaverde se han acogido al Costumbrismo literario como fundamento esencial de la narrativa. Esto se debe al modo de expresar la realidad, y por la valoración de los elementos auténticos -el campo, el hombre y sus problemas, los cultivos-. Esencialmente, el Costumbrismo literario no es espacial ni temporal (Obaya, Barredo y Ricardo 1978). En sí, fue una modalidad amplia con la que se valoró la naturaleza; coetánea de las revoluciones, forjó la ideología independentista y reconoció la autenticidad cultural que dio lugar al nacionalismo, al cubanismo. De ahí que su temática no se limite a escenas pintorescas de costumbres regionales ni a un determinado tiempo histórico.

En Cuba, el Costumbrismo literario sirvió para despertar la conciencia nacional, reconociendo la naturaleza del suelo, la constitución natural y social del ambiente y fue, literariamente, el primer eslabón de la cubanidad. El primer signo de concientización nacional, explícito en las obras costumbristas, se afirmó como expresión originaria del género (Sánchez 1968). Sus elementos característicos lo diferencian del cultivado por Pereda, en España. La narrativa cubana no sólo se inspiró en circunstancias históricas y políticas sino raciales, sexuales y sicológicas. Cirilo Villaverde es el propulsor de esta ideología cultural que insertó el costumbrismo y que encontró en la novelística de los siglos XIX y XX su expresión definitiva.

Considerada como la mejor novela, lograda temáticamente mas no estilísticamente, *Cecilia Valdés*[1] (1841-1880) ha sido definida y caracterizada de distintos modos. Jean Franco la denomina "novela de amores contrariados de modalidad romántica," (1981) y en *Valoraciones sobre temas y problemas de la literatura cubana* es definida como "[...] la historia de la esclavitud en Cuba." (Obaya, Borredo Y Ricardo 1978) *Cecilia Valdés* es una mezcla, una fusión de todas estas caracterizaciones y si creemos, como Salvador Bueno (1988), que "toda Cuba está en su novela," añadiríamos que es la historia social, política y económica de la isla de Cuba. Los temas y subtemas que conforman esta novela son muestras de la concientización socio-cultural y de la formación política de esta generación, que fructificará en la unicidad estético-cultural de la literatura cubana.

La trama argumental en *Cecilia Valdés* se teje alrededor de escenas pintorescas, situaciones criollas del ambiente isleño -bailes, cuentos de brujas, amores platónicos y no platónicos-. Pero el elemento social está siempre presente. El sistema esclavista, como condición económica dominante, y la situación colonial, fueron motivos temáticos de los que se valió Villaverde para denunciar toda la problemática nacional. Aunque el argumento está concebido al estilo convencional romántico, la novela tiende a rechazar los modelos europeos, especialmente, en cuanto al tema tratado y a la caracterización de los personajes. El elemento racial y la aparición del hombre negro con todas sus características, como parte importante de la obra literaria, fue consecuencia de la concientización nacional que forjó la ideología revolucionaria y el repudio a los valores impuestos a una sociedad cuya formación étnica estaba, también, compuesta por negros. La aportación étnico-cultural de este grupo social a Cuba fue responsable por la concepción estético-cultural plasmada en las primeras obras. En esta concepción se apoyan los escritores para expresar el devenir histórico, enmarcado dentro de una ideología definida y caracterizadora de la novelística cubana. Esta ideología, revolucionaria y liberal, implícita en el texto, denota la concientización y el afán por romper con el dominio colonial. Ruptura que se manifiesta en todos los códigos impuestos por el colonialismo -lenguaje, tema, personajes, estado político, cultura y otros- y que aparecen en *Cecilia Valdés*.

Cirilo Villaverde, motivado por la ideología generacional, muestra en su novela las causas y consecuencias de la relación incestuosa entre Cecilia, mulata, y Leonardo Gamboa, criollo blanco. Ambos son víctimas de la sociedad esclavista, cuyos fundamentos se manifiestan en la rígida estratificación social y en el valor económico que adquieren las personas, factores que destruyen las más nobles aspiraciones y sentimientos. Don Cándido Gamboa, padre de ambos jóvenes, peninsular casado con criolla rica, terrateniente y esclavista, se vale de su poder para mantener relaciones con las esclavas. Una de ellas fue la madre de Cecilia, a quien nunca reconoció como hija. Igualmente Cecilia, destinada a la tragedia, se enamora de su medio hermano del que concibe un hijo. Leonardo muere trágicamente, cuando intentaba casarse con una mujer de su clase.

Se ha señalado que *Cecilia Valdés*, tiene fallas estilísticas. Pero sus descripciones y la linealidad del relato -aunque fue escrita en dos partes con una diferencia de casi cuarenta años- son aciertos realistas (Bueno 1988), por la minuciosidad descriptiva y la precisión objetiva de sus cuadros del ambiente nacional, donde se reescribe la historia de toda Cuba. Cirilo Villaverde denuncia, con propósito reformista, la descomposición del colonialismo aún en la época colonial, el sistema esclavista y sus efectos, y la estratificación socio-racial, en un momento en el que se iban consolidando la ideología cultural y las corrientes artísticas. El sistema de esclavitud y el colonialismo fueron las problemáticas fundamentales de la Isla. También dominaron, temáticamente, la narrativa, la historia social y la política económica de Cuba en el siglo XIX, y sus efectos se analizan en la novelística posterior.

Indicios de un Naturalismo prematuro: Características

La producción novelística cubana fue escasa durante los primeros años del siglo XIX. En cambio, impulsó la tradición estético-cultural basada en la denuncia de la infamia vivida, en la degradación y en la actitud reformista de los autores. Actitud que ha evolucionado sistemáticamente influyendo sobre las generaciones modernas. Cirilo Villaverde se valió de la existencia trágica y degradante de la sociedad cubana como elemento novelesco. Sus descripciones del ambiente, exactas, vigorosas y revestidas de objetividad lo adelantan a su tiempo. Aparecen en *Cecilia Valdés* ciertos rasgos que llevan a considerarla como una primicia, un primer embrión de novela naturalista cubana porque en ella hay elementos -social, político, económico, histórico, ambiental y racial- caracterizadores de dicho movimiento.

Las raíces de la novela cubana se advierten en la reproducción del ambiente criollo-nacional. La representación objetiva de la realidad muestra las costumbres rurales y urbanas, las relaciones socio-culturales y los efectos de la economía azucarera. Sobre todo, hay una fuerte tendencia a criticar el materialismo vigente (Salazar 1934). En síntesis, se demostró el triunfo de la ideología revolucionaria sobre la europea que tendía a "... excluir o a excluir parcialmente algunos grupos sociales de la producción y consumo literario...."(Eagleton 1976) Esta ideología fue forjando la concepción del movimiento naturalista. En el mundo ficcional de Villaverde se notan los hilos que mantienen su unidad y que convierten la novela en documento de época. En él se rechaza la materialidad perniciosa, que destruye la individualidad porque convierte a los seres en objeto de exhibición y de lujo, tal como se caracterizó a los ricos habaneros. El valor material adquirido aniquila y envilece a unos -esclavos, obreros o asalariados- y corrompe y prostituye a los amos. El Naturalismo se opone a este tipo de valoración individual porque no ofrece satisfacción ni triunfan los sentimientos. Ciertamente, los sentimientos son transformados en objetos de valor y están determinados por la abundancia. Los individuos son metamorfoseados por la abundancia y se valoran por lo que adquieren y tienen. Contradictoriamente, esta condición no provee placer ni satisfacción, sólo la atracción que paulatinamente lleva a la tragedia. Don Cándido Gamboa, símbolo del poder de un rico hacendado, impone su poder de blanco potentado por encima de señá Josefa, abuela de Cecilia. El compra el silencio del doctor Montes de Oca y la legalidad del juez Fernando O'Reilly. De igual modo, doña Rosa Gamboa controla e impone el amor a Leonardo, manipula sus decisiones y sentimientos a cambio de satisfacerlo en sus gustos y gastos. Cecilia, vigorosa, fuerte y decidida, entrega su amor a Leonardo Gamboa porque está enamorada. Para la gente de la condición social de Cecilia, ese amor es el medio de mejorar su raza y de ascender socialmente. Cecilia escucha el razonamiento de su abuela de que "... blanco aunque pobre sirve para marido; negro o mulato, ni el buey de oro." (*CV* 1979) Esta frase refleja el sentir, el rechazo de la raza negra y fortalece el mito de la superioridad de la raza blanca. Es la necesidad de ser aceptados por alguien importante de la sociedad. Queda claro que hay una relación de intercambio -étnico-comercial- entre los personajes, cuyo valor responde a la moral capitalista desarrollada por la industrialización esclavista azucarera.

En la novela se oponen la moral capitalista y la individual. Estas fuerzas no logran equilibrarse porque no llegan a la satisfacción mutua sino al dominio de una sobre otra. Es una especie de darwinismo económico en el que siempre triunfa el poder material del grupo, la abundancia sobre la moral, sobre el individuo. Por tanto, los personajes son infelices porque no satisfacen ni sus deseos, ni sus sentimientos. El amor no existe y, cuando llega, es destruido por la fuerza material. Por consiguiente, los matrimonios son contratos comerciales: el de doña Rosa, rica criolla y propietaria de esclavos, con Gamboa, peninsular y dueño de un aserradero. Juntos logran una gran fortuna pero a base de la conveniencia y la infelicidad conyugal. La falta de amor, intercambiado por la abundancia material, causa la tragedia. El desamor de Leonardo por Cecilia es causado por el egoísmo de doña Rosa de imponer su voluntad y de complacer en todo a su hijo. Leonardo después de haber disfrutado, como acostumbraba, de un regalo más que le ha hecho su madre, se cansa de él, porque el objeto ha perdido su novedad. Más adelante, otro capricho le llamará la atención. La satisfacción del deseo, el derroche y la abundancia provocan la tragedia de los amantes. De nuevo, el amor, los sentimientos puros son impotentes frente al egoísmo, el tener para controlar e imponer y el dar en abundancia para dominar, tal es el caso de los Gamboa. Su riqueza causa la desgracia de María de Regla, de Dionisio y de Cecilia y Leonardo, porque triunfa y se impone sobre los sentimientos. Adviértase que en *Cecilia Valdés* ya se expresa el rechazo por la sociedad capitalista y por el capitalismo. Esto fue debido a la división socio-económica y las míseras condiciones que creaba, tal y como lo hizo el Naturalismo decimonónico.

La tesis de Villaverde expone en detalle que "mucha riqueza es perniciosa para la felicidad." (Michaels 1987) En *Cecilia Valdés* nos acercamos a un mundo en el que no existe la felicidad sino sólo las ambiciones. Esto, incluso, se manifiesta en las relaciones amistosas. Tal es el caso de Nemesia, amiga de Cecilia, quien incide sobre los sentimientos de la amiga porque le interesa Leonardo. El intento de matrimonio entre Leonardo e Isabel fracasa por el contraste entre la sensibilidad y los sentimientos puros de ella y la personalidad materialista de él. Los amores verdaderos sucumben, aplastados por la superioridad material. Dionisio y María de Regla son separados por el egoísmo de doña Rosa. El amor que siente José Dolores Pimienta por Cecilia lo impidió la pasión egoísta de Leonardo. El amor no se realiza porque la moral capitalista domina los sentimientos de los individuos.

El Naturalismo literario se opone y critica la abundancia, el poder adquisitivo y el desarrollo del capitalismo por los efectos sociales y morales que causa en los individuos y en la sociedad. Desde el primer tercio del siglo XIX, Villaverde expone en su obra las consecuencias del capitalismo azucarero en Cuba. A finales del mismo siglo, Emile Zola describe, tomando por escenario a Francia, los efectos de la Revolución Industrial y la realidad de los trabajadores. En ambos autores se nota -a pesar de los años de diferencia- la preocupación por las consecuencias de los excesos y del derroche que impiden la armonía entre los niveles espiritual y material. La desarmonía provoca la desigualdad, la caída de los individuos -Gervaise en *La taberna*, de Zola- y la tragedia -la muerte de Leonardo, en *Cecilia Valdés*-.

Colonialismo y esclavitud

La familia Gamboa está concebida dentro de un ambiente opulento, un tanto grotesco y exagerado: abundantes esclavos, lujos, diversiones y comida. Durante las vacaciones de Navidad en el ingenio, la familia y sus amigos disfrutan a plenitud de todo lo que el dinero puede brindar. En cambio, a los esclavos sólo les sobra dolor y sufrimientos.

En el ingenio La Tinaja, propiedad de los Gamboa, la convivencia y las comodidades abundan; aún más, el valor del ingenio supera a otros, representando un capital de "medio millón de duros." (*CV* 195) Valor que ha costado la destrucción, el aniquilamiento de una raza y la decadencia social. Es precisamente al contraste entre el valor real del trabajo -dignidad, moralidad, desarrollo intelectual- y el precio pagado y por el que es vendido -embrutecimiento, envilecimiento y esclavitud-, a lo que se opone el Naturalismo. La transformación de la Isla de Cuba de almacén en colonia benefició la introducción de la economía azucarera esclavista. El centro de producción de esta industria fue el ingenio. Aunque su legado ha sido doloroso -"[r]acismo, odio, escisión social, alienación de blancos (colonos) y negros, violencia secular; deformación económica, monopolio azucarero, dependencia, desempleo, hambre, latifundio· mediatización; burocratismo, oportunismo político... " (Sosa 1978) -, en él se conjugaron las dos culturas: la blanca y la negra. En el ingenio también nació un nuevo lenguaje, una nueva actitud sicológica. Allí se dio el hombre cubano con toda su problemática y sus preocupaciones. Así, la problemática y las preocupaciones se expresan en estas primeras novelas que tienen por escenario la vida del ingenio. Para los escritores el origen del mal nacional estaba en los ingenios. Estos ingenios que pudieron imponerse al transcurrir de la historia, como fueron la imposición inglesa y el repudio mundial del sistema de esclavitud que había sido abolido en las naciones avanzadas y en casi toda América, y cuya vigencia en Cuba violaba los preceptos de la constitución francesa.

El desarrollo industrial azucarero no forjó una política de beneficios mutuos, sino de desestructuralización y de desigualdad. La economía capitalista cubana rompió las estructuras de la sociedad agraria de convivencia recíproca, y creó una sociedad mediatizada en la que los beneficios no eran compartidos ni disfrutados por todos. La economía cubana fue creada para remunerar a unos pocos, desequilibrar las estructuras sociales que iniciaban su desarrollo y establecer la jerarquía social étnica que dominó a todo lo largo del siglo. El desequilibrio y la desigualdad étnico-social -amo-esclavo- halló su asiento en el ingenio. Los esclavos trabajaban en condiciones inhumanas e infernales y, a cambio de ello, las remuneraciones eran mínimas y sólo beneficiaban a los amos para quienes el valor del trabajo significaba enriquecimiento a base de la explotación humana. El capitalismo fue la base de la desigualdad porque "en una economía en la que los bienes fueran intercambiados por "su verdadero valor " el trabajo del hombre sería siempre bien remunerado." (Michaels 1987) Esto no ocurrió en Cuba. El comercio azucarero, hemos visto anteriormente, benefició a los oligarcas cubanos pero su valor monetario fue más provechoso para los Estados Unidos. Cuba aportaba el producto y la mano de obra, mas el valor del producto no era repartido equitativamente, de modo que no benefició, igualmente, a los dos países. La abolición de la esclavitud en los Estados Unidos motivó su interés en el mantenimiento del sistema por los beneficios que rentaba, los cuales no significaron lo mismo para Cuba.

Las fábricas, las minas, el ingenio y los prostíbulos constituyeron el mundo de la novela naturalista. Fueron la materia novelable, el espacio en el que se desarrolló la acción principal de la novela cubana del XIX. El ingenio es como el epítome en el cometido de envilecer, mecanizar y destruir la moral de los esclavos y asalariados. Obsérvese esta descripción del ingenio La Tinaja, propiedad de los Gamboa:

> Bajo más de un concepto era una finca soberbia el ingenio La Tinaja; calificativo que tenía bien merecido por sus dilatados y lozanos campos de caña miel, por los trescientos o más brazos para cultivarlos, por su gran boyada, su numeroso material móvil, su máquina de vapor... (*CV* 195)

Esta descripción deja en el lector la sensación de mecanización y cosificación que sufren los individuos. Por otra parte, la caracterización del ingenio en la novela *Sofía*[2], de Martín Morúa Delgado, resulta diabólica, infernal:

> [a]quella finca, como casi todas por aquellos tiempos en Cuba, era un infierno terrenal, un lugar de tormento, donde los gritos de las víctimas se confundían con las imprecaciones de los victimarios, donde los juramentos de los condenados eran amortiguados por el ruido de los hierros que les aprisionaban y los estallidos del fuete sobre sus laceradas espaldas. (Morúa 1972)

Con acierto, Enrique Sosa (1978) compara los ingenios con el infierno por ser estos los centros aniquiladores, testigos del holocausto de la raza negra en el siglo XIX y la raíz económica del mal nacional, la que "... estuvo en el ingenio-infierno donde se conjugaron el blanco "miedo al negro" y el negro "miedo al ingenio blanco triturador de vidas." (43) El aspecto agreste, lúgubre y oscuro de los ingenios es homólogo de la personalidad de sus dueños. Ellos se caracterizan por ser incultos, fríos, inhumanos y viles a quienes la riqueza mal habida -negreros, esclavistas y timadores- endurece y deshumaniza. Doña Rosa es mujer de personalidad recia, y cuando se trata de los esclavos sus decisiones son inquebrantables e inhumanas. Don Cándido es un ser frío, codicioso y mezquino a quien sólo le importa acumular dinero, tras el cual se ampara para realizar sus metas -sobornar y explotar-. El narrador lo describe como

> ...hombre de negocio, más bien que de sociedad. Con escasa o ninguna cultura, había venido todavía joven a Cuba de las serranías de la Ronda, y hecho caudal a fuerza de industria y economía, especialmente de la buena fortuna que le había soplado en la riesgosa trata de esclavos de la costa de Africa. . . . Era reservado y frío en el trato de su familia, teniéndole de ella alejado la naturaleza de sus primitivas ocupaciones y el afán de acumular dinero que se apoderó de su espíritu. . . . no había sido ejemplar su conducta, ni digna de servir de guía a Leonardo. . . . Por uno y otro motivo, quizás por su ignorancia supina, no se ocupaba de la educación de sus hijos, mucho menos de su moralidad. (*CV* 56)

La fisonomía característica de los oligarcas de la caña es reflejo del tratamiento que estos dan a sus esclavos. Aparte de los castigos, de los abusos físicos y sexuales -de las esclavas- y de la explotación, los esclavos vivían en condiciones insalubres. Sus viviendas consistían en barracones donde eran echados como bestias. El trabajo desfallecedor y mecanizado era realizado por todos, incluyendo las mujeres y los niños a quienes, "[a] partir de los seis años se le[s] asignaba . . . alguna responsabilidad laboral y no cesaba[n] de trabajar hasta su muerte, generalmente, premature." (Sosa 1978) Para los niños la esclavitud era casi un determinismo biológico. Los hijos de los esclavos nacían esclavizados por su origen, por el medio y por las imposiciones político-sociales. El destino de estos niños estaba marcado desde su nacimiento. Coincidimos con otros críticos, Guillermo Ara (1965), por ejemplo, cuando argumenta que Villaverde no hizo un experimento de su novela: sólo intentó demostrar una realidad social dolorosa y degradante, en la que el drama que envuelve a los hermanos (unidos en una relación biológica-sanguínea) no deriva en consecuencias fisiológicas ni sicológicas sino sentimentales. Los sentimientos de Cecilia fueron heridos. El engaño, la humillación y el desprecio que sufrió trajo consecuencias trágicas, las que estaban anunciadas desde el inicio de la relación. Por lo que nos atrevemos a decir que hay indicios, en *Cecilia Valdés*, de un determinismo socio-ambiental que domina la trama.

En una sociedad fundamentada en estrictos convencionalismos -de raza y de clase- y regida por una economía esclavista, la clase baja, los esclavos están determinados por las condiciones socio-étnicas y económicas. Para Cecilia, por su origen bastardo, su fortuna estaba en el amancebamiento con un blanco porque "[e]n concepto del vulgo (las negras o mulatas) nacen predestinadas para concubinas de los hombres de raza superior. Tal, en efecto, parece que es su destino." (*CV* 279) Esto significa que Cecilia estaba destinada a la miseria y al dolor. Víctima de la crueldad del medio, con un futuro incierto, se entregará a Leonardo como medio de salvación. De igual modo, Pimienta, asesino de Leonardo, ve destruidas sus nobles aspiraciones. Dionisio, el esclavo cocinero de los Gamboa y compañero de María de Regla, intenta su liberación denunciando el secreto del nacimiento de Cecilia, pero termina en la cárcel. Estos seres están determinados por la fuerza del sistema vigente que no ofrece salidas y para liberarse, de él hay que matar, sublevarse o huir, tal y como lo hace Pimienta.

La huida de Pimienta simboliza la liberación de la raza negra. El mata a Leonardo, el blanco rico, hijo de esclavistas. El que no haya indicios de su paradero deja a discreción del lector la suerte que el personaje ha corrido. La huida de Pimienta pone al descubierto que hacia la época en que ocurren los hechos narrados -1812-1831- y bajo el gobierno del general Francisco Dionisio Vives, el poder de la raza blanca y la economía esclavista estaban en decadencia. Durante siglos, la raza blanca dominó. La negra, a su vez, fue adquiriendo fuerza, haciendo su aporte al desarrollo político, social y cultural y, al mezclarse con la blanca, se reconoció doblemente abusada y se rebeló. Por consiguiente, la esclavitud es económica y social con implicaciones morales y humanas. Como sistema es totalizador y afecta a los hombres en todos los niveles, determinándolos en su medio social. La hermeticidad del sistema no ofrece alternativas: se logra sólo mediante el alzamiento o el suicidio. Pimienta simboliza la liberación y la venganza: destruye la raza que explota y abusa de las mujeres, y huye de la justicia condicionada por los esclavistas.

La mulatería: expresión socio-cultural cubana

La transformación que experimentó Cuba -de almacén a colonia- causó, entre otras cosas, el reconocimiento de la simbiosis étnico-cultural que se iba desarrollando. Al calor de las luchas revolucionarias del continente (1800-1840) se plantea el problema de la identidad nacional y cultural. El criollo es definido y tratado en la literatura con identidad propia y con toda su problemática. El simboliza el rechazo al colonialismo. Su desprecio al sistema militar español, por usurpar la soberanía cubana, refuerza su nacionalismo y Leonardo lo expresa de este modo: "[e]s que mi odio no es ciego mamá, ni general contra los españoles, sino contra los militares. Ellos se creen los amos del país, nos tratan con desprecio a nosotros los paisanos...." (*CV*59) Paralelamente al criollo, nace otro individuo, el mulato quien, superado el proceso de transculturación -africana y europea- y de adaptación, se identifica como cubano. La integración racial en Cuba dio lugar a que los mulatos, a mediados del siglo XIX, constituyeran un sector considerable de la población. Ellos, aunque diferentes racialmente al resto de la población, pudieron determinar su realidad y definir su lugar en la sociedad. Su fisonomía identifica las características de un grupo socio-racial mayormente del área del Caribe. Obsérvese la descripción de Cecilia en la que se destacan los rasgos específicos de su fisonomía, de su hibridez y Cecilia como el resultado final:

> ¿A qué raza, pues pertenecía esta muchacha? Difícil es decirlo. Sin embargo, a un ojo conocedor no podía esconderse, que sus labios rojos tenían un borde o filete obscuro y que la iluminación del rostro terminaba en una especie de penumbra hacia el nacimiento del cabello. Su sangre no era pura y bien podía asegurarse que allá en la tercera generación estaba mezclada con la etíope. (*CV*7)

En *Cecilia Valdés* aparece el mulato no como resultado biológico sino dentro del horizonte étnico-cultural, en su contribución al desarrollo socio-económico de la Isla. El mulato no fue el resultado de la simbiosis de las dos razas sino el elemento definitorio de todos los ámbitos de la autenticidad cultural. En la música, por ejemplo, Pimienta integra la orquesta del pueblo y compone piezas musicales. Este grupo étnico no siente con tanta fuerza como los negros el rechazo racial. Los mulatos comparten los ideales independentistas, la lucha por ser aceptados por la oligarquía y las ansias de libertad con los blancos-criollos y con los negros. También, socialmente comparten las fiestas vecinales y nacionales y sus méritos son reconocidos. Leonardo y sus amigos socializan en la fiesta de la amiga de Cecilia, porque su intención es disfrutar de la compañía de las mulatas del barrio. También se visten en la sastrería del mulato Uribe. En un diálogo entre Leonardo y su hermana Carmen, escuchamos lo siguiente:

> Uribe tiene más gracia, si no más hábil tijera. -No saques a Uribe, que es un sastre mulato de la calle de la Muralla y no sabe jota de las modas de París ni de Londres- dijo Carmen con marcado desprecio.

A lo que Leonardo contestó:

> -No piensa así la gente principal de La Habana-. . los Montalvo, los Romero, los Valdés Herrera de Guanajay, el conde de Reunión, Filomeno, el marqués Morales, Peñalver, Fernandina... no se visten con otro sastre.(*CV* 60)

Los blancos empezaban a reconocer la capacidad artística y la laboriosidad de los mulatos en la confección de trajes, de las composiciones musicales y poéticas. El reconocimiento y aceptación de estas cualidades, por parte de los blancos, es responsable por el surgimiento de la mulatería que es, en sí, la relación armoniosa entre los tres grupos: negros, criollos y mulatos. La mulatería no es un hecho biológico sino "un acoplamiento espiritual, religioso, expresivo, musical, caractereológico, una simbiosis cultural, en fin, por encima del hecho biológico y que incluye al blanco y al negro tanto como al mulato." (Sánchez 1971) Mulatos y criollos están unidos por una ideología y por una nacionalidad. Ambos grupos rechazan el colonialismo y se reconocen como cubanos verdaderos.

Los mulatos, aparte de ser un grupo con características únicas, aportaron a la sociedad cubana individualidades que definirán la cultura y la estética de la nación. Estas cualidades se ejemplifican en la novela cubana posterior a Villaverde.

La industrialización

Antes se observó que el desarrollo industrial, en Cuba, fue tardío. En *Cecilia Valdés* hay indicios de que la primera máquina de vapor llegó a Cuba hacia 1830, siendo el primer signo de la Revolución Industrial cubana. Los Gamboa convidan a sus amigos para celebrar no sólo las fiestas navideñas sino la adquisición de su máquina de vapor. Villaverde apunta el hecho de que los Gamboa adquirieron la máquina en los Estados Unidos para elaborar la caña. Durante las Navidades se reúnen los Gamboa -azucareros- y los Ilincheta -cafetaleros- para inaugurar la nueva maquinaria que sustituirá a un porcentaje razonable de mano de obra esclava y elaborará con rapidez la caña miel. Villaverde señala que

[e]l motivo de la ... reunión de las dos familias en el ingenio de La Tinaja, tenía por objeto presenciar el estreno de una máquina de vapor para auxilio de la molienda de la caña miel, en vez de la potencia de sangre con que hasta allí se venía operando el primitivo pesado trapiche. (*CV* 174)

Paradójicamente, el inicio del desarrollo mecánico-industrial cubano coincide con la crisis económica de la tercera década del siglo. Esta crisis afectó la producción industrial, especialmente, la cafetalera. A pesar de que la industria del café no fue tan próspera como la del azúcar, rindió suculentos beneficios a sus cultivadores. Pero a consecuencia del monopolio azucarero norteamericano y de la modernización mecánica, empezó a desestabilizarse hacia los años treinta y cuarenta. El persoanje de Isabel Ilincheta, propietaria de cafetales, en una escena dialogada con el mayoral de la finca observa la merma en la recolección del café:

"conoci[endo] que no había sido abundante la recolección, y así se lo dijo al esclavo", a lo que éste explica que "la safra va de vencía, no queda café mauro en la mata, ni pa remedia. Brujuliando po' aquí y po' allí se ha llenao 25 barrí." (*CV* 174) El peso de la crisis empezaba a sentirse.

Existen marcadas diferencias entre los hacendados cafetaleros y los de la caña. Aunque ambos son esclavistas y capitalistas, difieren en cuanto al trato de los esclavos, el estilo de vida y la formación espiritual e intelectual. Las descripciones del cafetal La Luz, de los Ilincheta, transpiran un ambiente distinto, acogedor, sereno y elegante. El lector siente de cerca la belleza natural del paisaje tropical que invita al regocijo, a la paz y al amor. Los cafetales están situados en las áreas montañosas, de ahí que la frescura del clima contribuya a la constante vegetación. Villaverde, al trazar los rasgos del cafetal La Luz, hace alusión al paisaje, a la flora y a la fauna cubanas.

La diferencia entre el cafetal y el ingenio se advierte no sólo en sus localidades sino en el trato a sus esclavos. A pesar de la relación amo-esclavo, de las sublevaciones y alzamientos, no existe el maltrato oral, moral ni físico y los castigos no tienen la magnitud ni la aberración que tienen en el ingenio. Hay cierta valoración de la dignidad de los esclavos. No se les humilla ni degrada del modo infernal con que lo hicieron los azucareros. La orden dada por Isabel Ilincheta al mayoral muestra el trato que los cafetaleros daban a los esclavos:

[N]o quiero que se levante el látigo para nadie [t]ú sabes que papá botó al mayoral en abril porque daba mucho cuero. (*CV* 176)

Económicamente, la industria cafetalera, descuidada hasta finales del siglo XVIII, se convirtió en un mercado importante en los primeros años del siglo XIX. A diferencia de la industria de la caña, su cultivo estuvo en manos de cafetaleros extranjeros que habían emigrado de las islas del Caribe, en su mayoría de descendencia francesa. A pesar de que la industria no fue estable, les permitió vivir con elegancia y *comfort*. Estos emigrantes se refugiaron en Cuba después de la Revolución Haitiana, trayendo consigo sus conocimientos sobre la industria y el comercio, el arte y la moda. Ellos introducen, en Cuba, las influencias francesas a las que se acoge la juventud habanera, y Villaverde las destaca en los diferentes niveles. Las haciendas cafetaleras simbolizan la elegancia y serenidad de sus dueños. La vivienda del cafetal, La Luz, muestra trazos de la arquitectura y el arte francés que empezaban a influir sobre el ambiente virgen del trópico. Villaverde describe la arquitectura, minimizando detalles y señala su importancia para la cultura cubana:

La casa vivienda del cafetal La Luz estaba hecha a la francesa, es decir, conforme al sistema que, para habitaciones tales, se seguía en las fincas de igual naturaleza por los criollos de la Guadalupe y Martinica; pues de hecho la había trazado y dirigido un arquitecto natural de una de dichas islas. (176)

Otros elementos franceses que se destacan están relacionados con el comercio habanero. Indudablemente, la emigración de los cafetaleros caribeños a Cuba contribuyó al desarrollo comercial de la Isla y fueron aceptados por la clase alta cubana. Leonardo pide a la madre un reloj de la joyería de Dubois:

-¿Sabes una cosa, mamá? -Si no me lo dices -contestó ella como distraída.
. . . -Pues al pasar ayer tarde por la relojería de Dubois en la calle del Teniente Rey, me llamó para enseñarme.... -Nada. Unos relojes de repetición que acaba de recibir de Suiza. Son los primeros que llegan a La Habana, según me dijo, directamente de Ginebra. (*CV* 63)

Y las niñas visitan a Madame Pitaux quien tiene lo último en materia de moda: "-Vamos a la tienda de Madame Pitaux, que ahora vive en la calle de La Habana 153. Hace poco que ha llegado de París y, según dicen, ha traído mil curiosidades." (60) Las revistas de modas, la alta costura parisiense influyen sobremanera en la juventud habanera. En amena conversación, los Gamboa discuten sus preferencias por los distintos centros de la moda, destacándose París con mayor acogida:

Sobre que se ha empeñado Federico en vestirnos a la inglesa y nosotros estamos mejor hallados con las modas francesas.... (*CV* 60).

La acogida de los productos extranjeros, especialmente franceses, es consecuencia de la penetración cultural que experimentó Cuba. Su rechazo de los productos ingleses y españoles, obedece al dolor causado por el colonialismo en los jóvenes criollos. El hecho de que se aluda a un tipo de aceptación de lo francés sobre cualquier otro, significa que Francia fue el patrón democrático y cultural al que se adhirieron las naciones que buscaban su independencia y una definición de la identidad nacional.

La penetración cultural sirvió, entre otras cosas, para valorizar lo nacional, el individuo y la naturaleza. Cirilo Villaverde, con cuidadosos detalles y en hermoso tono, rinde tributo a la naturaleza cubana., Exalta la variada producción de frutos, los tubérculos y el paisaje. Al describir el contorno de las viviendas del cafetal, Villaverde honra la agricultura cubana y destaca el nacionalismo criollo que caracterizó el arte y la cultura. En la descripción del estilo de vida del cafetal observamos que

Sus ostentosas y cómodas viviendas no caían a las anchas calles o calzadas que separaban entre sí los diferentes predios. Más bien buscaban la reclusión y el sombrío que brindaba el interior, como que crecía ahí frondoso el mango de globos de oro, el limonero indígena y exótico, el mango y la manga de la India, el árbol del pan de ancha hoja, el ciruelo de varias especies, el copudo tamarindo de ácidas vainas, el guanábano de fruta acorazonada y dulcísima, la gallarda palma, en fin, notable entre la gran familia vegetal, por su tronco recto, cilíndrico, liso y grueso, como el fuste de una columna dórica, y por el hermoso cerco de pencas con que se corona perennemente. (*CV* 176)

Esta exaltación nacionalista intenta desarrollar conciencia sobre la agricultura de Cuba, ya que su producción estaba limitada a la caña de azúcar y al café. También, rechaza la importación de productos extranjeros que iba agudizando la dependencia de la economía cubana y fortaleciendo el sistema esclavista.

Las condiciones socio-históricas y, fundamentalmente, la transformación económica determinaron el nacimiento del Naturalismo en Europa en el siglo XIX. Asimismo, el sistema esclavista y sus efectos socio-económicos acentuaron la corriente literaria naturalista, quizás no la más importante pero sí definitoria de la realidad cubana, y la que inocentemente se adelanta, en ciertos rasgos, a la difundida por Zola. Los trazos característicos del Naturalismo, que hemos delineado, aparecen en *Cecilia Valdés* antes de haberse conocido como movimiento literario. Lo que nos permite definir la novela como primicia del Naturalismo cubano, o como un Naturalismo *avant-la-lettre*. El sistema que dominó y determinó la existencia de la sociedad cubana no amendrentó a los escritores de los siglos XIX y XX, quienes hallaron en la economía esclavista las causas del mal nacional. Los escritores ficcionalizaron esa realidad sin excluir su preocupación humana que la ha hecho, verdaderamente, perdurable (Catá 1929). Los orígenes del Naturalismo cubano que, ya en 1830, expuso Cirilo Villaverde, se encuentran en el sistema de esclavitud y en el capitalismo.

Notas

1. Cirilo Villaverde, *Cecilia Valdés: novela de costumbres cubanas* (México: Ed. Porrúa, S.A., 1979) 14. Todas las referencias a *Cecilia Valdés* se harán por esta edición con las iniciales *CV*.
2. Martín Morúa Delgado, *Sofía* (La Habana: Instituto Cubano del Libro, 1972) 22. Esta novela se estudia en el siguiente capítulo.

Capítulo 4

Novela naturalista cubana

Para finales del siglo XIX la novela ganaba terreno y se imponía sobre otros géneros en Cuba. Los escritores jóvenes continuaron la tradición ideológica-cultural iniciada por Villaverde y se acogieron al Realismo social: denunciar con actitud crítica y reformista los abusos del sistema colonial, la esclavitud, el racismo y el latifundio. Denunciaban, asimismo, a los emigrantes peninsulares que se volvían millonarios valiéndose de abusos y engaños de la población. Ellos estaban protegidos por leyes injustas que benficiaban al régimen en el poder. El colonialismo esclavista fue si no la problemática esencial, la antinomia fundamental de la sociedad cubana decimonónica. Por otra parte, la inestabilidad creada a partir de 1898 y la proclamación de la República mediatizada en 1901 se convirtieron en la preocupación, en la lucha de esta generación de escritores o generación republicana. La Guerra de los Diez Años -1868-1878- determinó el horizonte político, social e ideológico. La guerra motivó en las nacientes generaciones la visión crítica de la realidad con la que se propusieron delinear la posición de Cuba y romper con el coloniaje. La generación republicana -generación que media entre la guerra del 68 y la República y, a la vez, comprende dos grupos de escritores- fue testigo y víctima del colonialismo español de los últimos años y del norteamericano de principios de siglo. Consecuentemente, se inició una literatura nueva, fruto de la ideología divulgada por la guerra:

> Aquella guerra no sólo repercute, alimenta, decide el pensamiento y la palabra del mayor de nuestros hombres, José Martí, sino que produce entre otros escritores una literatura nueva infrecuente. (Fernández Retamar 1975)

Esta generación enfrentó, literariamente, los problemas del país con criterios positivistas-spencerianos y manifestó en el reformismo confianza para lograr la independencia.

Ensayos de novelas naturalistas: *Carmela* y *Mi tío el empleado*

La corriente costumbrista-romántica salpicada con rasgos realistas penetraba cada vez más la narrativa cubana de finales de siglo. El nacionalismo patriótico, el autonomismo que repudia el colonialismo esclavista constituía el fundamento que, con ironía trágica, intentaba destruir la nueva generación de escritores. Entre 1886 y 1887 -abolido el sistema esclavista mas no el colonialismo- aparecen dos novelas: *Carmela* y *Mi tío el empleado* ambas de Ramón Meza y Suárez.

Carmela

Carmela es una narración breve cuya trama -un tanto similar a la de *Cecilia Valdés*- envuelve la relación interracial de dos jóvenes. Carmela y Federico. La acción se desarrolla en un mundo donde las diferencias raciales se manifiestan no sólo entre negros y blancos sino entre mulatos y negros -Carmela y Tocineta-, blancos y mulatos -Carmela y Joaquín- y asiáticos y mulatos -Assam y Carmela-. Carmela, fruto de los amores de la mulata doña Justa con un peninsular blanco, es, a su vez, menospreciada por la familia de Joaquín, don Julián y doña Mariana Fernández. Los Fernández están arruinados económicamente debido a la baja en la venta de azúcar y por el monopolio de las compañías norteamericanas. Pero ellos mantienen la apariencia de su clase. Paradójicamente, abolido el sistema esclavista y estando el colonialismo en decadencia por la condición económica, los valores de clase y la discriminación racial todavía seguían vigentes. Doña Mariana Fernández expresa claramente su visión de clase y racial cuando le dice al hijo: No vuelvas más allá. Eso no te conviene; es gente que no te iguala (54).

Carmela, al igual que su madre, doña Justa, quien por apariencia socio-moral esconde el origen de su hija, tiene un hijo con Joaquín, al que llama el Nené, su sobrino. Joaquín, obligado por conveniencias familiares a contraer matrimonio con su prima Luisa, abandona a Carmela luego de haberla deshonrado. Carmela reconoce que ese abandono es por su origen étnico y en profundo soliloquio llega a la conclusión de que: "Joaquín la despreciaba por una cosa, !sólo por una cosa! porque la consideraba de inferior raza." (151)

Ella decide vengar la infamia de Joaquín la noche de la boda de éste dando a conocer al Nené. Aunque este suceso pasó inadvertido por el desmayo de Carmela, quien despierta en su casa, encontramos en Carmela a una mujer decidida y más objetiva que Cecilia. Un personaje que, abatido y vencido por la sociedad tradicional, intentó romper con el patrón convencional de la mujer sumisa e ingenua, revelando la existencia de su hijo. Es un intento de justicia que no logra Cecilia porque ella no conoce su origen. La temática del hijo bastardo, hijo de la violencia de los patrones para con las esclavas o de los blancos con mulatas, es una constante de la novelística de este período. Asimismo, esta temática es tratada en la novela naturalista-realista en su valoración abolicionista y, hasta cierto punto, feminista. Los abusos, maltratos e injusticias, a todos los niveles, de que son víctimas las mujeres se han convertido en *leit motiv* de la novela naturalista. Y caracteriza, también, la novela cubana del siglo XIX desde *Cecilia Valdés*.[1] En *Carmela*, aunque no clasifique como novela naturalista, el tema de la deshonra y del hijo bastardo aparece como principal.

Los hechos narrados son contemporáneos a la fecha de publicación (1886). Sin embargo, la sociedad sigue atada a la realidad del pasado y no expresa una perspectiva futura. Para Meza, la sociedad cubana ha sufrido una detención en el tiempo por causa del colonialismo esclavista, que le impidió desarrollarse social y culturalmente. El pasado domina los actos de los personajes, sus pensamientos, sus actitudes. En las reuniones se habla del pasado como de una época mejor, se recuerdan los viajes y las fiestas, y doña Justa alude al pasado de Tocineta y al suyo propio. La narración, aunque lineal, depende para su total presentación de cuadros o episodios muchas veces simbólicos, mezcla de sátira, ironía y objetividad que tiende a quedar inconclusa. Por ejemplo, el relato de la vida de Tocineta con el que se rompe la cronología de la historia de Joaquín y Carmela; el final abrupto de la descripción de la vida amorosa de doña Justa; el desmayo de Carmela en la iglesia que le impide realizar su propósito. Desgraciadamente, cuando Carmela despierta se encuentra en la acera y la ceremonia ha concluido. Finalmente, doña Justa muere al saber que Carmela había revelado el secreto de su hijo. Estos finales dejan en el lector un vacío, de algo no logrado. El elemento satírico es fundamental porque muestra una realidad absurda por medio de la representación de dos mundos distintos y similares a la vez. Ambos mundos, residuos de un pasado que no desaparece, son caricaturizados. En las fiestas que celebran doña Justa y los Fernández, los personajes son animalizados. La caricatura animal de los músicos de la orquesta que animó la fiesta de los Fernández, se asemeja al zoológico que rodea a doña Justa:

> Era preciso tener acostumbrados ya los oídos a aquella Babilonia de cantos, gritos, aleteos, graznidos, gorjeos y charlas, para no darse a todos los diablos y estrellar unas jaulas contra otras. (61)

Esta animalización es un recurso estilístico efectivo porque crea una realidad absurda y trágica. Otro elemento innovador -desde el punto de vista étnico y sico-social- es la aparición del asiático en la literatura cubana. Para finales del siglo XIX, la población asiática, especialmente china, era numerosa en Cuba. Su integración social fue reservada y limitada a unos pocos. Pero su aparición en la literatura es escasa. Meza se vale del personaje Assam, bautizado en la fe católica, y muestra la situación económico-social de esta comunidad, marginada por su idiosincrasia y aceptada por su exotismo. Sin embargo, la comunidad asiática está, sin duda, vinculada a la dinámica socio-racial y económica de Cuba. Este elemento nuevo intercalado en la narración -chinas, plumas de cisnes, abanicos de varillas de sándalo, marfil, nácar- anuncia el inicio de la corriente modernista que caracterizará la literatura cubana de finales de siglo.

El despliegue de cuadros episódicos, la caricaturización de los personajes, especialmente, la brusquedad de Tocineta debido a su condición, la animalización satírica de los músicos y el cultismo simbolista del lenguaje evidencian el propósito del autor. Ramón Meza busca por medio de su arte revolucionar, reconciliar a la sociedad cubana con el mundo actual. Y es a través del lenguaje simbólico, de las metáforas, que logra enseñar la realidad de la sociedad postesclavista, cuyo resultado ha sido la creación de una sociedad no de seres humanos sino de tipos, de caricaturas que niegan el presente y el futuro. El zoológico de doña Justa y la orquesta de músicos representan una cárcel en la cual se espera con inquietud el consuelo de un amigo o una satisfacción física o espiritual. El comportamiento de los animales de doña Justa es representativo de esta idea:

> Aquella mañana andaba el arca de Noé activa, revuelta, como si tratase

de promover una insurrección para protestar contra la tardanza de Carmela y la supresión de la visita de doña Justa. (61)

El mundo caricaturesco, mezcla de símbolos, sátira e ironía, que intentó Meza en *Carmela* se logra espléndidamente en su novela, *Mi tío el empleado*.

Mi tío el empleado

La caricatura de una época, en la que se combina lo hiperbólico, lo grotesco, lo satírico y lo abominable, como radiografía de una sociedad a la que se rechaza, es lo que expresa *Mi tío el empleado* (1887), de Ramón Meza. La novela es la narración burlesca, satírico-realista de la función y suerte de los españoles que llegan a La Habana en busca de fortuna. En ella se cuenta, según José Martí,

La historia del poblano don Vicente Cuevas, que llegó a Cuba en un bergantín, de España, sin más seso, ciencia ni bienes que una carta en que el señor marqués de Casa Vetusta lo recomendaba a un empleado ladrón, y con las mañas de éste y las suyas, amparadas desde Madrid por los que participaban de sus frutos, paró el don Cuevas de las calzas floreadas y las mandíbulas robustas en el señor conde Coveo, 'a quien despidieron con estrépito de trombones y lujo de estandartes y banderines los buenos patriotas de La Habana', cuando se retiraba de la ínsula, del brazo de la rica cubana Clotilde. Esta es la vergonzosa historia, dicha con sobrio ingenio, cuidado estilo y varonil amargura. (1975)

"La varonil amargura" induce a Meza a llevar al absurdo la burocracia incompetente que, amparada en el poder, roba, esquilma y explota a la ciudadanía. La sociedad cubana es víctima de esa burocracia y aparece simbolizada en la persona de don Benigno que, despojado de su cargo, es arrojado a la mendicidad y a la miseria. La novela está dividida en dos partes: *Cómo llegó a Cuba mi tío* y *Cómo salió de Cuba mi tío*, compuestas por capítulos *en los* que se relatan las travesuras y las travesías de Vicente. Este peninsular llegó a Cuba con un propósito y no descansaría hasta lograrlo: "seré algo". Vicente Cuevas había de ser algo y lo fue: el simbólico conde de Coveo. Esta historia es similar a la de otros muchos peninsulares que amasaron fortuna a costa de los abusos permitidos por el gobierno colonial contra las familias cubanas. Pero, nunca antes se había puesto tan en evidencia como en esta novela.

Ramón Meza describe la realidad de Cuba con la minuciosidad descriptiva, el detallismo y la objetividad novecentista de la novela francesa y española, con lo que se invalida cualquier intento de de-

desatender un hecho, un detalle o una condición. La narración lineal sufre ciertos cambios de voces. Se inicia con un relator omnisciente que introduce el origen, procedencia y destino de Vicente y su sobrino, Manuel:

> En los primeros días del mes de enero, uno de esos días hermosos, espléndidos, después de largo tiempo de lenta navegación llegó a vista del puerto de La Habana el bergantín Tolosa. . . . la ciudad de La Habana, con sus casas de variados colores, con sus vidriadas almenas, con las torres de sus iglesias, con su costa erizada de verdinegros arrecifes ceñidos por blanca línea de espuma . . . !ah! todo esto se presentaba a la contemplación de dos viajeros, que venían abordo del bergantín, con cierto maravilloso atractivo de que no le era posible sustraerse. (Meza 1960)

El narrador omnisciente que inicia el relato se transforma en primera persona, en el mismo capítulo:

> Quien mirase fijamente a estos dos viajeros podría tomarlos por hermanos; pero mejor informado, puedo asegurar al lector, que aquellos dos viajeros no eran otros que mi tío y yo. (9)

El narrador se identifica como Manuel Cuevas; afirma estar "mejor informado" sobre la identidad de los pasajeros que el lector, con lo que justifica la veracidad de su relato y su papel de testigo de la historia. Este relator participa de la acción del relato pero como personaje marginal, como testigo (Anderson Imbert 1979).

La primera parte narra la llegada de los Cuevas a La Habana, sus vicisitudes, el logro del puesto prometido por el marqués de Casa Vetusta y su salida de La Habana hacia México, debido a la caída del partido en el poder -desconocido para el lector pues nunca se nombra-. A su vez, se han descubierto las acciones criminales de don Genaro, primo y patrón de Vicente y jefe de la oficina de colecturía, y son arrojados a la cárcel como víctimas de las manipulaciones de éste. La irritabilidad de Vicente, su incapacidad y sus pretensiones son características que aprovecha el autor para presentar el poder burocrático que domina la nación. Así enseña cómo funciona y se distribuye el poder, y cuáles son sus objetivos. Valiéndose de una narración detallada y utilizando un lenguaje gracioso y sardónico, se ridiculiza tanto la lengua burocrática como a los funcionarios peninsulares de las oficinas públicas de La Habana. Don Genaro ordena a Vicente enviar un informe, el cual debe estar escrito "con todo estilo galano, florido y castizo; esto da mucho realce a los informes."(71) Pero de inmediato, don Genaro manifiesta su indiferencia para con el contenido del informe: "por este tema diréis cuanto se os ocurra."

(71)
Este lenguaje domina la prosa, intercalándose convencionalmente en la narración a manera de informes. Es el lenguaje impuesto a empellones en las colonias hispánicas y no manifiesta la realidad de éstas. En Cuba, este lenguaje persistía ya entrado el siglo XX y caracteriza el habla de los funcionarios burócratas peninsulares de quienes lacónicamente se burla Meza. El sistema burocrático fue para esta generación de escritores una preocupación constante. Y contra él se dirige la más severa crítica: por ser totalizador como el sistema esclavista, por imponer condiciones sociales y culturales y por estar amparado en criterios explotadores. Para los jóvenes era necesario destruir este sistema y todas sus ramificaciones, incluyendo el lenguaje. La persistencia del burocratismo consolidaba cada vez más la mentalidad esclavista como continuación del sistema abolido en 1886. Así, los negros aparecen como sirvientes, mientras que los mulatos y los criollos pobres eran los asalariados o cesantes. Algunos españoles de las clases bajas se dedicaban al libre comercio: Domingo Tejeiro era propietario de un bote y González dueño del hotel León Nacional. Era el tipo de jerarquía social que todavía dominaba en Cuba a finales del siglo XIX.

El modo narrativo revela la herencia de la novela del Siglo de Oro español, la Picaresca y el Quijote. Las travesuras de Vicente y sus actitudes se asemejan a algunas de las de don Quijote. Por ejemplo durante la celebración del día de Reyes sirvió de bufón, escena un tanto similar a la de don Quijote y los galeotes. Vicente se parece físicamente a don Quijote: tiene grandes mandíbulas, es muy delgado y está mal vestido. Pero es colérico, irritable, con pretensiones sociales y un platonismo ridículo. Estas características lo llevan a convertirse en triunfador. A diferencia de don Quijote, Vicente logró todo, hasta [ser] esposo de Clotilde (Martí 757). Y se burló de todos aun siendo considerado como "un buen hombre, un verdadero inocentón; cualquiera lo engañaba. El más romo era capaz de empujarle al abismo tocándole ciertas teclas que lo arrastraban a un entusiasmo de todo punto quijotesco." (100) Precisamente, es el entusiasmo desmedido, convertido en ambición inescrupulosa, el que lo lleva a "ser algo", a convertirse en el conde Coveo que encontramos en la segunda parte.

Vicente Cuevas, el empleado casi iletrado de don Genaro, mal vestido y presumido de la primera parte, logra ser conde en la segunda, donde la bonanza y la vida espléndida que disfruta se presentan de modo onírico. Existe una relación causalista entre las dos partes. La primera parte es un relato en el que se unen símbolos que anuncian no sólo un propósito sino el resultado. El juramento de Vicente: "oh juro que seré algo" (27), aparece en forma de estribillo y expresa el objetivo del personaje. Además, el símbolo trasmite la visión de América como la tierra del porvenir en la que los inmigrantes se enriquecían. A su llegada a La Habana, Vicente, se encuentra con Domingo Tejeiro y le pregunta el por qué de su humilde condición de botero, si lleva tanto tiempo en Cuba. Domingo le responde irónicamente: "¿Y qué demongo querías? ¿que me hiciese un conde, no?" (13) El narrador refiere que el cura del pueblo creía que en América Vicente tendría mejor futuro: "si le mandáramos a América podría hacérsenos allá un virrey." (35) Las frases lacónicas y sarcásticas de don Genaro, pronosticando a Vicente bienestar y holganza sin mediar escrúpulos, aparecen constantemente en el relato: "Te pronostico que llegarás a ser algo." (49) El matrimonio con una mujer rica asegura movilidad social y económica y don Genaro convence a Vicente de que debe casarse. Vicente, satisfecho de sus logros, emprende la conquista de la rica Clotilde y se lo anuncia a su protector. De nuevo, don Genaro afirma que "pronto haría fortuna." (94) La noche de la huida hacia México, el botero los trata como iguales y Vicente siente desprecio y vergüenza "al verse tratado con tanta llaneza, en mitad del arroyo, por un hombre del pueblo, de aquel mismo pueblo en que iba a ocupar tan gran destino." (146) En la segunda parte, el juramento es sólo un flashback porque Vicente Cuevas volvió y "[e]ra ya algo." (213) Estas frases, repetidas por todo el relato de distintos modos, constituyen el eje de la narración y son presentadas como cápsulas narrativas que mantienen la acción de la trama y al lector en expectativa del desenlace. Irónicamente, estas imágenes son caricaturas que sirven para mover la trama y expresar el propósito del autor de crear una visión grotesca, repugnante, de la realidad que describe.

Otro elemento, que en la primera parte se muestra como una consecuencia más del absolutismo burocrático, es la destitución de don Benigno. Se dice que el anciano renunció pero no los motivos. En la segunda parte aparece don Benigno convertido en mendigo. Se presenta, como mendigo, el día del festín en que se celebraba la llegada del conde. Al final de la fiesta, un grupo de trabajadores entra al teatro y parodian la fiesta, escenificando burlescamente lo sucedido en la celebración. La llegada del mendigo en ese momento intensifica la ironía de la escena "Un desarrapado mendigo, apoyado en un bastón de nudoso leño, entró también en el salón. Las bujías prolongaban fantásticamente la sombra del pordiosero que a ratos parecía andar en zancos. El mendigo se agachaba bajo la mesa, recogía las migajas de pan y las sobras." (166) Las apariciones del mendigo, cuatro en total, contrastan con los momentos más importantes en la vida del conde, los que celebra con ostentación. El día de la boda del conde con Clotilde, al llegar a la iglesia en su calesa, el conde, vestido con suma elegancia, divisa la figura del anciano apoyado, como siempre, en su bastón. La imagen del mendigo se proyecta ante los ojos del conde como una sombra acusadora que cala hondo en la conciencia del nuevo rico. La figura del mendigo se percibe como gigantesca y en la conciencia del conde se intensifica aún más. El semblante del anciano, se transforma en algo monstruoso cuando se ve a través del cristal:

> Aquella negra silueta, cuyos contornos se destacaban distintamente sobre la clara pared y que hería la retina, como candentes alambres de platino, se fue agrandando poco a poco. (244)

La transformación de mendigo en gigante causa malestar al conde. La nueva figura es como un grito que repercute en su interioridad con el que se anteponen dos realidades: la opulencia de uno y la miseria de muchos. La descripción hiperbólica de la condición física del mendigo, agudiza la realidad exterior, tal como la ve el conde:

> El bastón se volvió enorme; la mano que lo sostenía inmensa; y la cabeza del mendigo, mal cubierta con un despedazado sombrero, casi llegó a cubrir todo el hueco del arco. (244)

También lo afecta anímicamente:

> Entonces vio el conde cerca de sí la descarnada mano que producía aquella gran sombra y que se le tendía humildemente implorando una limosna. Esta pobre mano amarillenta y flácida [sic] que tan cerca de él veía, y aquella otra negra y monstruosa que se dibujaba más allá, le causaron muy mala impresión. (244)

La emoción que experimenta el conde al choque con la persona del mendigo, le causa un acaloramiento insufrible. El conde, colérico e impulsivo, se irrita al enfrentar la realidad que su conducta y la de los suyos han provocado en la Isla. Esa realidad, simbolizada por la persona de don Benigno, se torna insoportable:

> El feliz aristócrata, al contemplar aquellos harapos desde su lujosa carretela, sintió en su pecho violento escozor, como si los brillantes que adornaban su camisa se hubieran fundido y le quemaran la carne. (244)

Y, para tranquilizar su conciencia:

> Más de una vez sintió vehemente deseo de arrancárselos y ponerlos en el

hueco de aquella mano empolvada y mugrienta. Si lo hubiera hecho así, habría acallado aquel remordimiento repentino de su conciencia. ¡Nunca le había conmovido tanto la imagen de la miseria! (244)

La imagen del mendigo atormenta al conde al corporizar no sólo su antítesis sino también como expresión, como efecto de su culpa. De ahí que el conde sienta el peso de su responsabilidad. Sin embargo, el anciano no era, únicamente, una figura antitética sino un ser conocido, una de sus víctimas a la que no podía ubicar ni recordar:

> Había visto aquel semblante alguna vez; pero no recordaba cuándo ni dónde. No era aprehensión suya; no le quedaba duda; aquella cara tan triste y humilde, tan desfigurada por la miseria, que con su frío hálito todo lo marchita, no le era enteramente desconocida. (245)

No se engañaba el conde: la figura del mendigo lo acusaba, era el espejo de sus hurtos y de sus ambiciones aprendidas de su protector, don Genaro. Su malestar espiritual y sicológico aumenta durante la ceremonia nupcial. Preso de remordimientos y de recuerdos, sufre una especie de colapso sicológico. La ceremonia se le figura como una de sus hazañas cuando despojaba a las familias de sus bienes. Era, en sí, una estocada más a la nación porque le hurtaba una de sus hijas. Por eso, la gran cadena de orocon con la que estaba atado a Clotilde le parecía un castigo. El castigo de su culpa que le recordaría constantemente su antítesis y su complicidad que llevó a la miseria a este viejo. El recuerdo del mendigo lo atormenta hasta enloquecerlo:

> [A]umentaba tan penosas sensaciones, estremeciéndole a su pesar, el recuerdo de la negra y enorme sombra de aquella mano que había visto dibujada en la plazuela sobre la pared del fondo del soportal: figurábasele volver a ver aquella mano oscureciendo como una gran nube el altar, el sacerdote, a D. Mateo, a Clotilde, a la concurrencia. (246)

Todos los personajes eran culpables también. Por eso, el conde los veía, en su delirio, abrazados por la mano negra. Estas apariciones del mendigo son como perennes pesadillas que intensifican tanto la acción de la trama como la relación causalista-efectista, creando en el lector la idea de un desenlace fatal.

El conde disfrutaba su vida de holganzas y lujos, y sólo la presencia del mendigo entorpecía su paz y satisfacción. Era la sombra que le recordaba su conducta de victimario:

> Sólo le causaba extraña impresión un mendigo, siempre de pie, arrimado a una columna, con los dedos unidos, y dispuestos siempre a recoger la

limosna que entre ellos se depositase. (267)

El día en que el conde rico y poderoso se marcha, advierte, aunque con indiferencia, que el mendigo a quien dio la moneda, era el viejo don Benigno. La moneda de oro que le tiende causa la muerte del anciano quien muerto "sostenía en sus crispadas manos el bastón en que se apoyaba." (296) El anciano don Benigno era una de sus víctimas. Como también lo era Cuba, abusada y explotada por aventureros como el conde y don Genaro. Pero, al igual que el anciano, Cuba estaba sostenida por aquéllos que, todavía, confiaban en su reconstrucción, manteniendo la digna esperanza de verla libre de toda imposición extranjera y sin recoger las migajas que dejaban los otros, como lo hizo don Benigno.

Estas situaciones, convertidas en imágenes, son descritas rigurosamente, logrando la objetividad que tanto caracteriza la novela. Tanto la objetividad como la exactitud descriptiva se observan en cuadros que representan la vida, los lujos, el exhibicionismo, los festines, los alimentos, los vestidos del conde, y el mobiliario de su casa, todo pintado hiperbólica y detalladamente hasta llevarlo a un plano grotesco. Los excesos que rodean al conde también intensifican la acción del relato y al describirlo van deshumanizando al personaje. Esta técnica crea una imagen irreal, deformada, a la vez que, da mayor relieve a los defectos del carácter del personaje. Y si estos constituyen la vida, el estado de una persona, ésta por igual, presenta una imagen absurda de sí misma. Así, el conde come en demasía y vive lujosamente pero rodeado de la extrema pobreza de los otros. La realidad absurda del conde, contrastada con la realidad de los cubanos, es un logro estilístico e ideológico de Meza.

La transformación de Vicente Cuevas -este héroe al revés- en conde no es la base de la crítica implícita en la novela. En cambio, la actitud de los que lo rodean, de esos personajes fantasmagóricos que aparecen de soslayo, como caricaturas simbólicas: el canónigo, el secretario, el militar y otros, son los elementos censurables por su pasividad y servilismo, consecuencia del determinismo político-social que los domina. El servilismo o entreguismo que lleva, inclusive, a doña Luisa, madre de Clotilde, a entregarla al conde por esposa, lo que, eventualmente, la conducirá a la muerte. Ese entreguismo es bien visible cuando finalmente el conde decide abandonar La Habana con su esposa y es despedido "por los buenos patriotas de La Habana," (290) a ruido de trombones y cornetas.

La caracterización hiperbólica del personaje y de los hechos, que se acentúan en esta novela, combinada con símbolos, metáforas y caricaturas ofrece una figura absurda, deformada que representa, igualmente, una realidad absurda: la de Cuba a finales del colonialismo. En esta técnica descriptiva de la deformación, del absurdo, Meza halla la vía de la modernidad, del rompimiento, de la liberación. Y es a través de la representación absurda de una imagen donde se halla la rebelión de la forma y la novedad estilística que logró en *Mi tío el empleado*.

Las características naturalistas en ambas novelas se concentran, principalmente, en la técnica narrativa y en el punto de vista adoptados por el autor. Los temas tratados son propios de la novela naturalista hispanoamericana: los abusos, los excesos a todos los niveles. Sin embargo, el cientificismo experimental, básico de la novelística zoesca, no se esboza en estas novelas.

Sofía y *La familia Unzúazu*

Max Henríquez Ureña afirma que *Sofía* (1963), escrita por Martín Morúa Delgado en 1891, fue la primera novela cubana de corte naturalista.

En *Sofía* se muestra, adhiriéndose un tanto a la corriente naturalista al estilo zolesco, los abusos y maltrato de los negros, sus avances paulatinos hacia la libertad, el sufrimiento de los hijos bastardos -mulatos- esclavizados por sus padres blancos y, específicamente, la decadencia de la clase alta.

La obra pertenece al ciclo de novelas antiesclavistas que iniciaron la novelística cubana. En el prólogo, Morúa Delgado dice de *Sofía* que es "el primer volumen de la serie de cuadros sociales que, copiados del natural de la vida cubana, me propongo ofrecer..." (1972)

De igual modo, *Sofía* fue la cima del género en la que, finalmente, el negro se percibió como persona, con sentimientos, dignidad, sentido de justicia y con capacidad intelectual. La visión romántica del negro que aparece en novelas anteriores (*Sab*, escrita por Gertrudis Gómez de Avellaneda es una de las novelas cubanas que primero trata el problema de los esclavos) se empaña con la exposición objetiva y físico-sicológica de Morúa sobre la raza. Tanto en *Sofía* como en su continuación, *La familia Unzúazu*[2], publicada en 1901, su autor presentó a los negros en su evolución sistemática de modo objetivo, porque "[y]a no se trata de novelas sobre el negro, realizadas con criterios sentimental, filantrópico (Portuondo 1962). El propósito era "pintar, por un autor negro y desde el punto de vista del negro, la situación social de los hombres de su raza y la estructura general de la existencia cubana al modo del naturalismo francés." (187)

En estas novelas, especialmente, en *Sofía*, se advierte no sólo la preocupación y denuncia del sistema esclavista sino también la crítica de la forma en que éste había sido tratado temáticamente por novelistas previos y la contradicción moral e ideológica que oscurecía el propósito de aquellos a quienes Morúa compara con el personaje de Eladislao. Para Morúa muchos escritores usaban el tema del Negro para integrarse a las filas revolucionarias del estilo y la forma pero no de la ideología. De ahí que los llame "librepensadores."

La crítica de Morúa a Cirilo Villaverde se basa en la contradicción que revelan los principios ideológicos del autor subestimados por el reformismo burgués que se había apoderado y confundido a los escritores del siglo XIX. Para Morúa Delgado, Villaverde no es objetivo y contradice sus criterios ideológicos y, *Cecilia Valdés* es reflejo de su contradicción. A diferencia de Cecilia y Leonardo, Sofía y Federico llegan a conocer su parentesco. No se excusa a la madre de Sofía, Manuela Corrales, por sus delitos aun siendo blanca, como lo hace Villaverde con la blanca Panchita Tapia. Para Morúa la justicia no tiene privilegios ni diferencias y debe ser inmisericorde con todos los que falten a sus principios. Si el sistema esclavista tiende a destruir todo el orden social generalizando y totalizando indiscriminadamente, entonces la solución está en crear un sistema justo e igualitario.

Adviértase que en *Sofía* la situación y visión de los esclavos y negros está expuesta desde el punto de vista de un autor negro y descendiente de esclavos. Morúa conocía el sentir y los sufrimientos de los negros, su marginación y rechazo. Su novela recrea una trama objetiva y real en la que la esclavitud abarca todos los niveles y en la que se conocen todos los entretejidos del sistema. Razón que lo lleva a criticar a Villaverde porque concebió una trama poco objetiva en *Cecilia Valdés*:

> Vese que el autor acepta el orden establecido y sigue rutinariamente la desgraciada argumentación de los que aspiran a subir, reteniendo bajo su planta a los infortunados que allí colocara el régimen autoritario que combaten a juro de aniquilamiento. (Morúa 1892)

Sin embargo, parece que hay cierto mal entendido de parte de Morúa al juzgar a Villaverde.

En *Sofía* los elementos naturalistas se expresan por la veracidad con que el autor copia al natural la sociedad cubana. De ahí que exprese a través del Dr. Justiz que "las pruebas y sólo las pruebas constituyen la verdad real, positiva, indubitable. . . . ." (192) Este parlamento lo acerca al método experimental de Zola. El determinismo social está presente en la trama. La esclavitud es un sistema que determina la vida futura, el destino del hombre y su ambiente, ambos marcados por el devenir histórico. Como sistema es totalizador y afecta a todos, especialmente a los esclavos. La suerte de Sofía estaba determinada por su condición de bastarda:

> Transcurría de esta suerte el tiempo en aparente bonanza para Sofía; pero 'estaba escrito' que la desdichada joven no había de gozar nunca de completa calma. Cosa la más lógica. ¿Puede acaso gozar de la tranquilidad el esclavo? (31)

El ambiente socio-político de la Cuba de entonces esclavizaba a todos los individuos, determinándolos y condicionándolos. Para los esclavos los efectos eran más visibles. La imposición de los amos, las injusticias y las violaciones los llevan a matar, a herir como medio de liberación. Tal es el caso del esclavo Liberato quien mata a don Acebaldo, su amo, después de haber sido abofeteado por éste. En cambio, para los ricos es su ambición y el afán de poder la causa de su degradación, de su corrupción. En una sociedad esclavista, el comportamiento de los individuos está determinado por el condicionamiento socio-ambiental, por la rigurosa división de clases, y por la conformidad que pregonan las ideologías no compatibles con el proceso histórico-social de una determinada sociedad. De ahí que, la ideología predominante en Cuba fuera inaceptada porque se acercaba a una utopía social que no correspondía con la realidad nacional.

Hacia 1891, cuando se publica *Sofía*, la penetración cultural norteamericana, iniciada desde finales del siglo XVIII, y el anexionismo eran las únicas vías a las que se acogía la burguesía para solucionar los problemas. Por su parte, los nacionalistas e independentistas se aferraban al reformismo republicano. Estas posturas sólo servían para convertir a la sociedad en conformista y sin expectativas futuras. Para los ricos peninsulares y criollos el anexionismo era el medio de mantener su seguridad económica y social, aun cuando fueran desplazados como clase dirigente. Morúa entendía que la retórica y los principios anexionistas era el inicio del decadentismo y de la destrucción de los valores nacionales, los que todavía no se habían fortalecido. Los anexionistas, mayormente ricos y extranjeros, están representados por don Acebaldo Nudoso del Tronco y sus amigos del club:

> El tal don Acebaldo era uno de los más solicitados y expeditos inspiradores de la falsa integridad de aquellos días que -pese al ostentoso lujo de libertades que se desplegó en todas las esferas- inauguraron la época decadente del espíritu cubano. (36)

Los independentistas-revolucionarios están representados por el disidente, Eladislao Gonzaga. Este joven educado, de amplios conocimientos, de ideas vanguardistas, aceptado por su conducta galante y formal, es rechazado por sus ideales y por defender la libertad y la justicia. Irónicamente, influido por el reformismo, no diferencia entre la realidad político-social del país y sus intenciones pequeño burguesas. La actitud de Eladislao contradice sus ideales. No se da cuenta de que todos son esclavos dentro de una sociedad esclavista. La misma Sofía no diferencia entre un esclavo y otro, por tanto ella "no entendía la superioridad que pudiera existir de esclavo a esclavo, considerada su esfera social." (3) En cambio, Eladislao no entendía que hubiera esclavos blancos. Morúa describe el comportamiento de Eladislao del modo siguiente:

> El hábito general le llevaba siempre a la clasificación sancionada por la sociedad indiferente; pero al hablar con un esclavo imaginaba aquel hombre de exquisitos sentimientos, que le infería un agravio recordándole su triste y forzada condición. Por eso tartamudeaba al llegar a este punto, hablando con Sofía, a quien en mayor grado compadecía por verla tan humilde, tan blanca -cosa que a pesar de los rectos principios de Eladislao, no era más que los inevitables resquicios de las preocupaciones dominantes-; tal como sucede a ciertos ateos que juran "por la virgen" para probar que "no creen en Dios".(100)

Eladislao entendía el sistema esclavista como diseñado por los blancos para los negros, sin darse cuenta de la totalización abrazadora del sistema. Esta actitud sustenta la tesis de Morúa sobre el reformismo revolucionario, el que, dominado y alimentado por criterios filosóficos ajenos al proceso histórico de la realidad cubana, llevó a los jóvenes a confundir los verdaderos ideales revolucionarios con la utopía social que dominó todo el siglo XIX. Al hablar de los revolucionarios o "librepensadores", Morúa señala la contradicción ideológica de ellos:

> Estos modernos librepensadores no se dan cuenta de su contradicción, como no se la daba Eladislao al tutear a Sofía. . . . ¿Habríala tuteado si ignorase su pobre estado social? Y es que él era -como son aquéllos librepensadores- el punto en que la idea comienza a significar su poderío en una nueva manifestación, la iniciación de una etapa reformadora que ha de dar un aspecto distinto, un carácter diverso a la sociedad. (100-01)

Aunque en *Sofía* aparezcan diversos elementos característicos de la narrativa naturalista -temas, subtemas, narración lineal, intento de objetividad y el determinismo socio-ambiental creado por el sistema vigente-, el laboratorio, el experimento científico, en que se apoya la teoría de Zola, no está rigurosamente aplicado en esta novela. Puede afirmarse con más axactitud que quedó en la intención del autor. Pero entra dentro de la clasificación de novelas de intentos naturalistas por la técnica narrativa, los temas tratados y la denuncia que hace el autor de la situación social del país.

En *La familia Unzúazu,* Morúa expone, con más acierto que en *Sofía,* los rasgos patológicos que el Naturalismo necesita para llegar a la conclusión absoluta y verdadera de un determinado estado o fenómeno. La ambición, la hipocresía moral, la prostitución, los abusos contra la población y la inmoralidad absurda del sistema colonial-esclavista, son los temas tratados y sirven el propósito del autor. Empero, la marca patológica hereditaria de los Unzúazu es la temática central. Los Unzúazu son "una familia de neurósicos incurables." (140)

Alrededor del estado clínico-sicológico de la familia se desarrollan una serie de acontecimientos: muertes, fiestas, escenas dialogadas en las que se discute la condición política, arrestos, violencia y sexo, que constituyen el mundo narrado con cronología secuencial.

La acción narrativa se sitúa en la época esclavista-colonial post *Pacto de Zanjón* (1878). Para esta fecha las luchas separatistas, a consecuencia de la falacia del Pacto y de una libertad que, en puridad, no era completa agudizaron la represión gubernamental cuyo fin era impedir el separatismo. Por lo tanto,

> el gobierno se había creído en la necesidad de tomar enérgicas medidas para impedir la renovación de la guerra separatista que amenazaba dar al traste con la paz convenida en el Zanjón. (32)

El autor remonta al lector a los inicios de la trata de esclavos, a los motivos que la generaron y a la misérrima condición de los negros en los ingenios azucareros antillanos. Por medio de los *flash-back* de la esclava Maló, el pasado histórico se vuelve presente y se muestra a la esclava observando la cuadrilla de jóvenes apresados por la guardia militar. El terrorismo y la represión del gobierno para con los separatistas negros y mulatos, principalmente, motiva el fluir de los recuerdos de la esclava. Estos recuerdos simbolizan la falsedad del *Pacto de Zanjón* y la permanente hostilidad de que eran víctimas los negros. Aun después del Pacto y de ciertos logros de la población negra, su situación socio-política y económica se mantenía igual. La represión se expresa con el arresto del mulato Fidelio Donoso junto con otros jóvenes:

> [A]l salir de la sociedad El Progreso, centro de instrucción y recreo, según la pauta de los que por aquel tiempo instituyeron en las principales

ciudades de la isla los entusiastas individuos de la raza de color, vióse Fidelio detenido por un comisario de la policía. (34)

Por estos años las sociedades, los clubes y los periódicos eran los medios de difusión y de estudio de las ideas. En ellos, también, se capacitaban los jóvenes en los deberes morales, cívicos y patrióticos. Los ideales de Fidelio lo forman para educar a su raza en el aspecto cívico, político y cultural. Fidelio reconoce la necesidad de un periódico para educar a los negros,

> [u]n periódico, sí un periódico en el cual manifestaría sus ideas; un periódico en el cual pudiera defender a la faz de todos la razón, el derecho, la justicia y sin odios, la injusticia y la maldad. (305)

Fidelio quería educar y formar ciudadanos conscientes, procurando subsanar los conflictos y prejuicios raciales. Unir a todos los hombres sin diferencias, sin resentimientos, sin temerse los unos a los otros. Estas ideas no difieren de las de Morúa.

La represión del gobierno convirtió a los ciudadanos en seres cobardes y temerosos. Este comportamiento se aprecia en la persona del presidente de la sociedad a la que pertenece Fidelio. Este hombre, al ser interrogado por la madre de Fidelio sobre la suerte del joven, muestra la coacción a la que está sometido. Refiere los arrestos hechos la noche anterior, limitando cualquier otra información. Esta actitud se entiende al señalar las consecuencias del levantamiento armado conocido como "La escalera" en 1844, las que inutilizaron a muchos y coartaron a otros:

> Desde el año 44, muy joven aún, habíase propuesto ignorar todo lo que se rozara o pudiera rozarse más cerca o más lejos con la política. (43)

De igual modo, las frustraciones del abogado Justiz por su impotencia ante los incumplimientos y abusos del gobierno, por la falta de respeto para con los profesionales que como a él pisoteaban, son consecuencias del absolutismo y la represión. Como penalista, el Dr. Justiz era impotente ante el gobierno y, en caso de defender a un ciudadano contra acusaciones políticas, no era el indicado sino tan sólo

> un fiador nacional. No obstante, un bodeguero, un salvaguardia, 'cualquier futraque galoneado' podría salvarles más que todos los abogados habidos y por haber . . . . (53)

Para el Dr. Justiz la justicia que clamaba el gobierno era la desmoralización y el aniquilamiento de los individuos. El creía que había que combatir al gobierno apoyándose en sus propios criterios pero, amparados en la ciencia, en la lógica científica. Sólo la ciencia revelaría la verdad por indecorosa que fuera. El Dr. Justiz afirma que lo científicamente justificable no es inmoral, y tilda de licenciosas las actitudes adoptadas por conveniencias individuales sin ahondar en las causas y sin determinar las consecuencias. Estas actitudes, que prevalecían en la Cuba colonial, fomentaron la inmoralidad como un modo de vida que prevaleció en las relaciones humanas, y fue otra forma de esclavitud. Al referirse a la moral, el abogado afirma que nada comprobado científicamente puede ser inmoral:

> ¡Hablarme de moral! . . . ¿Qué tengo yo que ver con esa moral de caucho que tiene cada cual para su propio uso? Yo me debo y me entrego a la ciencia. Cuanto ella conceda a la solicitud de la inteligencia es perfectamente lógico y lo que es lógico en el concepto científico no puede ser inmoral en ningún otro concepto. (62)

El calificativo de *inmoral* dado al Naturalismo no es aceptado en la novelística de Morúa. No hay inmoralidad en la verdad y, como el principio básico del Naturalismo es llegar a la verdad sin alterarla, entonces, el exponer la condición de los negros y el estancamiento de la sociedad cubana a causa de un sistema absurdo, no es inmoral.

De igual modo el amor verdadero e inquebrantable, aunque sea el causante de ciertas debilidades, tampoco es inmoral. Nótese que el amor entre Magdalena y Elasdilao no se percibe como inmoral, aun cuando es humillante para América, la esposa de Elasdilao. Como pasión, dirige los actos y los sentimientos de los seres. Es una fuerza natural indominable y, por tanto, no hay inmoralidad en los actos que dirige, porque es un "sentimiento que nace espontáneo y fuerte, siendo a lo sumo susceptible de modificativa transacción cuando avasalla algún cerebro bien construido." (187) Subrayando la diferencia entre amor y apetito carnal, se afirma que

> los caprichos sensuales, propios son de gente necia y petulante; pero que la pasión amorosa no reconoce escalas ni acepta condiciones. Impera en absoluto, o no existe. (187)

El amor, desde el punto de vista moral, carece de prejuicios y, desde el punto de vista científico, es una condición emotiva, impulsado por un sentimiento que domina la razón y los sentidos. La debilidad pasional, de Liberato durante el delirio de Ana María, no es indecorosa. Es, por el contrario, una reacción natural. En cambio, la sagacidad indecorosa de don Gumersindo, el comportamiento inicuo de Federico y sus amigos y la liviandad de Isabel, quien inescrupulosamente engaña a su marido, son inmorales. También, la actitud egoísta y rencorosa de Ana María es censurada por el narrador por inmoral. Por encima de todo, el amor y la dignidad, como sentimientos inmanentes a la naturaleza humana, deben imponerse para lograr el equilibrio de las fuerzas materiales y espirituales. La reconciliación de Ana María con su hermana permite la armonía entre los dos polos -odio y amor-. Ana María consigue el equilibrio entre el espíritu y el apetito sexual que lleva al desenfreno de las emociones, a la inmoralidad. Este equilibrio permite el desarrollo de Ana María como personaje. Pero el logro total de la ecuanimidad de las fuerzas se representa con el malogro del embarazo de Ana María. Ella estaba ajena a su estado y no hubo ninguna manifestación física que la hiciera entender su estado. Es decir, la estabilidad de las fuerzas permitió el mantenimiento de la dignidad de Ana María como mujer, como viuda y, a la vez, de la familia Unzúazu. El embarazo ectópico no fue efecto de un desenfreno licencioso sino de una debilidad amorosa de Liberato dada la gratitud que sentía por su ama. Irónicamente, esta debilidad momentánea causó la casi liberación del esclavo, que termina alzado en las montañas, y que permite que Ana María no sea destruida moralmente.

La desintegración paulatina de la familia no se dede, sólo, a la inmoralidad que ha prohijado sino a su historia clínica. Aunque la muerte de Federico se debió a su desenfreno, él también fue víctima de la patología congénita. Hay indicios e influencias en el estado físico de estos tres hermanos que anuncian fatales consecuencias. La condición de Magdalena después del parto, similar a la de Sofía, indica que existen elementos hereditarios, específicamente sicológicos, de los que ellos adolecen. Este estado físico corresponde a los "neurósicos incurables" (40), como acierta a llamarlos el Dr. Alvarado. Ana María, en su afán de inculpar a todos en su desgracia, se refugia en lo material. El egoísmo la lleva a ocuparse únicamente de la moral social y se convierte en una víctima de su neurosis. Casi enloquecida, se encuentra de repente perseguida y reprochada por su conciencia. Sus sueños simbolizan el desequilibrio mental que la acosa. Estos sueños, narrados hiperbólicamente, representan, la realidad absurda que la ha hecho su víctima. La realidad que se ha creado Ana María desarmoniza el núcleo familiar -su indiferencia para con Magdalena, la separación de su hija, la relación rencorosa con Federico y la frialdad con que trata a sus esclavos-, como asimismo refleja las consecuencias de una neurosis severa. Sólo un sentimiento noble la salvará, logrando su reconciliación con el mundo que la rodea. A pesar de que la influencia del pasado histórico es determinante del comportamiento de estos hermanos, por ser "una familia de histéricos hereditarios; y . . . estos son enfermos incurables . . ." (160), la nobleza de los sentimientos los redimirá emocionalmente, mas no fisiológicamente. La hipocresía moral desvía y aniquila a los individuos porque les oculta la realidad que los rodea, convirtiéndolos en monigotes sociales. Por consiguiente, sus víctimas -Ana María- se desequilibran física y emocionalmente, y sólo la aceptación de la verdad tal y cual es, les produce el placer de lograr el equilibrio. Para Ana María la conservación del "buen nombre de la familia" es la causa de su casi destrucción. En inquietos soliloquios se la escucha decir: "-No,no, ... la muerte antes que el descrédito moral." (66) En cambio, su disposición a perdonar la salva espiritualmente. Comprende el papel que, como viuda, le ha impuesto la sociedad y acepta la realidad perdonando la relación amorosa entre Magdalena y Eladislao. Esta actitud se debe a que

> su amor herido le había hecho disculpar aquella actitud del caballero, diciéndose que ella era una mujer casada, a quien la sociedad mandaba respetar, aun haciéndola víctima de las mayores injusticias, y su hermana era una joven salida apenas del colegio, a quien la misma sociedad aquella designaba como objeto deleitoso y accesible a todos los hombres, sin exceptuar los casados. (222-23)

Se ha observado que en una sociedad esclavista todos los individuos son, sin excepción, esclavos del medio socio-histórico, del determinismo ambiental y de las condiciones imperantes. Para Morúa los jóvenes de la clase alta, como Federico, eran víctimas de los valores de su clase. La clase alta es responsable por la inmoralidad y la corrupción que dio lugar a una sociedad de inicuos, de ciegos y de esclavos. Al referirse a estos jóvenes el narrador comenta:

> aquella juventud desenfrenada, perteneciente a las más enaltecidas clases sociales, producto envenenado del coloniaje y material propicio para fabricar pueblos de esclavos. (277)

Los jóvenes de clase alta son esclavos del sistema, de su posición social. Siendo la esclavitud el problema principal y la causa de la inmoralidad en Cuba, había que atacarla. El narrador propone concientizar y educar a la juventud. A pesar de que eran varios los problemas que tenían que solucionar, creían que "la más perentoria quizás, aquella que ofrecía el pavoroso problema de la esclavitud. (303)

Era necesario destruir dicho sistema, observando con propósito científico, tanto la dinámica gubernamental como la individual. Es decir, todos los proyectos, decretos y soluciones debían ser observados con objetividad para establecer sus causas y consecuencias, ya que sólo la ciencia era capaz de salvar al país del caos. El proyecto de don Gumersindo de crear un ingenio central desde el cual se controlarían todos los ingenios del poblado, no ofrecía solución al problema económico azucarero que padecía Cuba por esos años. Más bien, daría lugar a un monopolio azucarero y a un nuevo sistema de esclavitud de los blancos. Precisamente, es el Dr. Alvarado quien analiza, científicamente, las consecuencias que acarrearía el proyecto y le dice a don Gumersindo:

> -Pues todo su plan viene a reducirse a un nuevo género de servidumbre que podría llamarse la esclavitud blanca; porque esos colonos que usted dice enriquecer con su sistema, no serían otra cosa que forzosos patrocinados, sujetos al capricho de aquellos centros de explotación arbitraria, según el carácter más o menos desconsiderado de los propietarios. (299)

En momentos de difícil economía, en que se agudizaban, por un lado, los intentos separatistas y, por otro, la represión, era necesario mostrar las consecuencias del sistema regente y, especialmente, las del sistema esclavista. Para el autor, denunciar la situación de los negros, su participación política y su desarrollo social ayudaría a concientizar a los individuos que, como Federico y don Gumersindo, eran esclavos de su condición social. Aunque el papel de los negros fue destacado, siempre se les vio con recelo e indiferencia. El objetivo de Morúa fue demostrar la integridad moral y la formación política de los negros, en contraste con los criollos y los colonos. Morúa Delgado define su posición con respecto a la utopía democrática y la guerra independentista cubana, de este modo:

> Y era que el principio de la democracia había sido idealizado por la ardiente imaginación tropical; los cubanos se habían engañado a sí propios, levantando una bandera cuyo programa en la realidad pugnaba con las exigencias de su educación, nacido como habían y desarrollándose bajo la temerosa dominación española, a su vez imponiéndose parcialmente a la extracción africana, y fomentándose con tales procedimientos una incondicional supremacía sobre la descendencia de ésta. Había sufrido con pasividad un vasallaje superior, porque lo compensaba con su inferior soberanía. Ahora se le escapaba de entre las manos el esclavo, que por el mismo natural impulso revolucionario había subido hasta parearse con el amo de la víspera. (165)

Pero, el hermetismo y la ceguera del pueblo cubano, le impedía reconocer su realidad, descargando en los negros la culpa de la situación nacional. Los cubanos no reconocieron, por falta de lógica científica, la esclavitud moral y sicológica a la que eran inmolados. Ellos confundían la libertad absoluta con una libertad a medias, idealizada. La libertad de los negros se daba a nivel material, en papeletas, mas en lo moral y lo sicológico, seguían esclavizados. Lo que significa que no existía la libertad y la que reinaba estaba mediatizada. Los liberales clamaban libertad pero a medias:

> Queremos libertad, libertad completa; pero nuestro esclavo de ayer no puede ser nuestro compañero de hoy. Demos tolerable tregua a nuestras aspiraciones. Acostumbremos al liberto de cuerpo a la servidumbre del espíritu. (166-67)

Estas ideas, de los liberales, expresan el sentir de éstos para con los negros. Contradictoriamente, ellos querían lograr la democracia por medio del liberalismo burgués, pero excluyendo a los demás. Lo que consistía en la liberalidad de la supremacía blanca. Entonces, ¿dónde estaba el liberalismo? si la división entre negros y blancos era tácita y éstos no consideraban a los negros como parte de la dinámica del proceso democrático. Los negros no eran considerados cubanos por muchos liberales. Esta actitud lleva al Dr. Alvarado a decir de los liberales lo siguiente:

> Liberal, muy liberal; pero sosteniendo con inalterable firmeza la línea divisoria (168)

Los negros libres, aun cuando habían empezado a ejercer sus derechos ciudadanos, eran discriminados lo que significaba una burla a su dignidad, contraría a los propósitos revolucionarios de igualdad y libertad. Se los responsabiliza, ahora políticamente, del mal nacional, señalándolos como una sombra amenazadora. Y es que las ideas democráticas llegaron a Cuba tarde, abruptamente y censuradas por el colonialismo. La inmadurez de estas ideas y la incapacidad de los jóvenes para descifrar el mensaje que encerraban, llevó a confundir la democracia con un utopismo romántico finisecular. Los cubanos, al igual que otros jóvenes latinoamericanos, no eran demócratas sino utópicos, idealistas y románticos. El Dr. Alvarado al definir, científicamente, la sociedad cubana dice que

> [s]i los cubanos fuésemos demócratas todo estaría resuelto; pero nosotros no somos demócratas. Somos aristócratas vergonzantes, refugiados en una ideocracia tan inconsistente como indefinible. Nos deslumbra y nos atrae con fuerza incontrastable el brillo de las altas jerarquías sociales...; y en la preocupación del color, no de la raza; lo que sería materialmente imposible en una sociedad como la nuestra, donde la mayoría de las fa-

milias blancas no pueden colocar en su galeria el retrato de la abuelita. (170-71)

El liberalismo cubano accede a conceder ciertos derechos, mas no a la igualdad. Los negros eran la causa de la inmoralidad que afectaba a la Isla; eran responsables por la imagen negativa de Cuba. Por tanto se desprecia la raza, al color y se oponen a la igualdad social. Esto se explica porque muchos cubanos "[p]refieren todas las mixtificaciones antes que consentir en el establecimiento de la igualdad social." (171) Esto demuestra la confusión y el esnobismo existente. La sociedad cubana necesitaba tiempo para desarrollar un sistema politico democrático. Cuba era un país lastimado severamente por el sistema y, consecuentemente, sus hijos estaban predestinados a la confusión, a la enfermedad del espíritu y al resentimiento. La lucha contra el sistema era una salida a la problemática. "Somos un pueblo raquítico, y en nuestro festín de miserias no hay migajas. Si alguna vez levantamos el ánimo a convenientes alturas de dignidad y justicia, los trataremos a ustedes [los negros] con benevolencia; pero por ahora, non possumus . . . " (172), decía Alvarado a Fidelio y a Eladislao.

En la postura determinista y un tanto fatalista del Dr. Alvarado, halla Morúa el apoyo a su ideología antiesclavista y revolucionaria. Para el autor la ceguera y el hermetismo son las causas de la desesperanza, del miedo, de la neurosis racial y de los prejuicios ante los cuales sucumben los nobles -la muerte de la fiel América-, las justas aspiraciones -las ideas de Fidelio no se realizan- y se esconde la verdad socio-histórica. Irónicamente, la simbiosis cultural que se iba operando en Cuba sirvió a Morúa para mostrar, de modo más esperanzador, el acercamiento entre blancos y negros. Esto ocurre a nivel religioso y a nivel lingüístico. Ana María acepta las curas del taita Fernando para salvar a Magdalena; la esclava Maló busca yerbas para curar a Federico y a Sofía, y Liberato acude al Justo Juez para que lo proteja. Por otro lado, las fiestas populares eran una mezcla compleja. Negros y blancos bailaban al ritmo de una música híbrida en la que la influencia negra se destaca tanto en el contenido como en los gestos de los bailarines. Obsérvese la descripción de la fiesta celebrada en honor a Clarisa y Federico:

> Leche y canela batidos con molinillos de dos por cuatro. Un torbellino de cabezas giratorias, como ruedas de una máquina infernal. Las vueltas rápidas, los "pasos de muleta," "el yambú" zapateado, el "infanzón" redondo, la vuelta revesada y ciento y más figuras sugeridas por el tango cadencioso de los más celebrados danzones de la época, llenaban de felicidad todos aquellos cerebros, en los cuales el pasado había muerto y lo porvenir no existía. (282-83)

La simbiosis cultural, que se manifiesta en el sincretismo religioso, en la música, en los bailes y en el lenguaje populares, podría ser el inicio de la aceptación de la cubanidad, del nacionalismo de los negros por parte de los liberales. Se reconoce la aportación negra a la cultura, a la historia y a la dinámica social cubana.

Definitivamente, en *La familia Unzúazu* hay rasgos de un naturalismo mejor logrado, pero no llega a una madurez que lo iguale al Naturalismo de Zola. El fatalismo determinista esencial en la novela de Zola, está ausente en Morúa. Para el autor, los sentimientos son básicos en la redención y en la recapacitación de los personajes, ejemplificándolo en Ana María. Su tesis expresa que existe la esperanza de un mejor porvenir, un futuro de gloria, de unión y de hermandad: los ideales de Fidelio. Y, directamente, se plantean los límites de la ciencia-las viruelas se impusieron sobre la ciencia y causaron la muerte de América, hasta el punto de que el Dr. Alvarado "dio . . . por fracasados los empeños de la ciencia" (323). El fracaso de las ciencias aparta la novela de los criterios definitorios de la corriente naturalista.

Leonela

En 1893 aparece *Leonela*, novela escrita por Nicolás Heredia. En ella se contraponen dos mundos: uno es todo fuerza natural, dominio e impenetrabilidad; el otro es creación, esfuerzo teórico y de cálculos, impuesto sobre la naturaleza virgen y salvaje de un área geográfica. El medio natural se rebela contra la imposición externa y la destruye, devolviendo todo a su estado originario. La novela es, en sí, antítesis entre la pureza natural, como esencia cultural e histórica, y la realidad impuesta, la fabricada.

En *Leonela* se narra la transformación del pueblito La Cotorra, refugio de esclavos y campesinos identificados por una misma triste realidad. La Cotorra se convierte en ciudad -*Smithson City*- gracias a los esfuerzos del cubano americano, John Valdespina que, empeñado en civilizar este cosmos marginado, enfrenta una realidad histórico-social y natural para él desconocida. El empeño civilizador de Valdespina se logra. La naturaleza física y ambiental de La Cotorra es transformada a fuerza de máquinas, tractores y locomotoras, todos símbolos de civilización, de industrialización y de modernidad. La fisonomía de La Cotorra es alterada: sus casas se modernizan perdiendo el aspecto endeble y miserable; se cambia la disposición arquitectónica, se crea un dispensario médico y una escuela, entre otras cosas. La Cotorra perdió su identidad de pueblo pobre de naturaleza agreste, convirtiéndose en un lindo juguete. Sus casitas de madera habían sido traídas del norte en piezas numeradas. Casi todas tenían, con los enseres más necesarios, su pequeño jardín, que les daba un aspecto elegante y agradable. (Heredia 1972)

Esta alteración no sería consentida por la naturaleza. La creación de *Smithson City* contrasta con la naturaleza del suelo. Por tanto, este mundo impuesto sobre el existente no sobrevive, es destruido. Irónicamente, los cálculos matemáticos y físicos, y la valentía de Valdespina, aseguraban el triunfo de la industrialización y la modernidad civilizadora sobre la naturaleza. Pero no pudo calcular, perfectamente, los peligros sorpresivos del clima y el poder natural que encierra la geografía cubana. El proyecto, intachablemente concluido, fue arrasado, de repente, por fuertes lluvias que convirtieron la nueva ciudad en escombros. Las casas fueron sumergidas y ahogadas por las lluvias. La destrucción fue total: "todo el pueblo está debajo del agua y no creo que ninguna casa quede en pie." (302)

John Valdespina, al igual que La Cotorra, ha perdido su identidad, adoptando principios y actitudes distintas a las de los hombres de su lugar de origen. Valdespina ha vuelto a su país después de haber vivido veinte años en los Estados Unidos. Su personalidad es una mezcla de escepticismo, pragmatismo y romanticismo que tanto caracteriza a los hombres del norte. Al llegar al pueblo y contemplar el paisaje, pensó en la transformación civilizadora y necesaria para éste. Su primer desafío a la naturaleza tropical fue salvar de las corrientes del río a un niño, nadando contra ellas. Razón que lleva al narrador a compararlo con un Quijote:

> Llegó para estrenarse como un Quijote salvando de la muerte a un granujilla...(371)

La alusión "a un granujilla", utilizando el diminutivo, muestra el contraste entre la actitud de Valdespina y la realidad de los habitantes del pueblo. Para estos, la existencia es una mezcla de fatalismo y determinismo, y cada individuo nace marcado por el destino. La tragedia es el elemento liberador de dicho destino. La acción humana de Valdespina no tiene mérito, empero desafiar la corriente del río sí. La vida del granujilla no significa nada porque "su destino está escrito y el mejor servicio que se le hubiera podido prestar era dejarle que se ahogase sin duda alguna, porque esa cara era carne de horca o de presidio... (371)

El determinismo ambiental y natural es consecuente en la novela y se manifiesta en lo social y en lo biológico. Los personajes están determinados y dominados por la fuerza del medio -campo o ciudad- y por la naturaleza. Estos personajes se proyectan a dos niveles, actuando según el espacio geográfico. En el campo los hombres actúan dominados por los instintos, inconscientes e irracionalmente. Manengo es el prototipo del campesino unas veces sumiso, romántico y amable y otras, abusivo, indolente y bestial. Don Cosme es en la ciudad el padre amable, cariñoso y complaciente con sus hijas. Pero, una vez en el campo, cambia su comportamiento. Abusa de Manengo verbal y físicamente, como asimismo de las mujeres. Por su parte, Leonela aprovecha la estadía en el campo para mostrar su invencibilidad ante los ojos de Valdespina suplantando a su gemela, Clara.

La época en que se sitúa la acción novelística es entre 1850 y 1868. El apogeo del sistema de esclavitud cubano llamó la atención de los inversionistas norteamericanos, quienes fueron afectados económicamente por la abolición de la esclavitud en los estados del sur y por la guerra de independencia. Los capitalistas, en su búsqueda de un mercado que garantizara estabilidad financiera, tornaron la vista hacia Cuba. De esta suerte se entiende que, a la casa Smithson Brothers, le interese invertir en Cuba. El caos económico había desestabilizado las inversiones, destruyendo la confianza de los capitalistas. Esta falta de fe y confianza en la producción económica de los obreros norteamericanos, de cierto modo, contribuyó al desarrollo del capital norteamericano en el Caribe, especialmente en Cuba:

> De esta falta de fe en los destinos del gran pueblo, provino que la casa Smithson quisiera invertir en países nuevos la mejor parte de su capital, y se fijó en Cuba donde la esclavitud subsistente garantizaba la impunidad en los negocios más arriesgados (68)

Para los oligarcas cubanos, la situación económica de los Estados Unidos era un pronóstico alarmante para su economía. La cercanía con Cuba y el tráfico constante de norteamericanos y cubanos emigrantes, de cierta forma influiría en la voluntad de los rebeldes cubanos en cuanto a las ideas abolicionistas y democráticas. También, los capitalistas del norte podrían manipular la economía, como de hecho lo hicieron, invirtiendo fuertes sumas en el mercado azucarero cubano hasta monopolizar la industria. Para don Cosme y don Casimiro -esclavistas azucareros- la abolición era temida e interiormente sabían que la política abolicionista norteamericana influiría en el pueblo esclavo cubano. Ellos, en una amistosa escena diálogada, concluyen diciendo que

-Lo peor es lo que viene detrás . . . ya ve usted, con ese ejemplo que nos están dando los yankees. . . . -¡Ah!, la abolición. -Sí, señor, la abolición. ¿Le parece poco eso que nos viene encima? (56)

El sistema de esclavitud domina el tema central y los subtemas de la novela. El sistema abarca todos los niveles, y convierte a los individuos en asimilados, perversos y confusos.. Manengo es esclavo del ambiente campestre y de don Cosme y, como tal, es abusado y humillado por su amo. Manengo, a su vez, abusa y oprime a los esclavos en ausencia del amo. Existe cierta sistematización de comportamiento que lleva a los seres a repetir los actos de que son ellos víctimas. Es que el sistema proporciona los materiales necesarios para la opresión, porque "[e]n la escala de las degradaciones humanas el que oprime halla siempre un peldaño en que apoyarse." (136) Los personajes actúan impulsivamente sin conciencia de sus actos y sin reparar en las consecuencias de los mismos, porque

> [l]o peor de la esclavitud no es el daño material, la opresión física que hace sufrir a una raza inferior y desdichada, sino el caos moral, la confusión que traen al juicio ciertas acciones monstruosas o naturales según quién las ejercita o quién las sufre.(125)

Consecuentemente, el sistema esclavista es responsable por los actos y por el comportamiento de los individuos en su medio.

En su criterio naturalista, la novela es antinómica de la moral. En ella se contrasta la moral del deber y la moral material. Los personajes contrastan su moralidad, la que se esboza en presentaciones costumbristas que sirven de fondo a la severa crítica que hace el autor. Así, doña Luisa y doña Jerónima son ejemplos de la moral antagónica del siglo y representan

> dos aspectos contrarios de la conciencia humana; la moral del deber y la moral del interés; el sentimiento puro, inmaculado del honor y del decoro y la grosería del apetito o quizás esa falta de escrúpulos que censuramos en los desheredados porque no sentimos el peso terrible de sus necesidades. (180)

Doña Luisa es la mujer devotamente fiel, sumisa cuya ceguera no sólo la impide físicamente, sino que la incapacita para reconocer el mundo corpóreo y social que la rodea. Por su parte, doña Jerónima es introvertida, práctica y materialista. Ella comprende la realidad, pero envuelta en la inmoralidad material que crea la escasez de recursos económicos lo que, en un medio social como éste, se entiende como sobrevivencia. Igualmente, las gemelas, Leonela y Clara, simbolizan el contraste irónico de la naturaleza. Aunque son físicamente similares, moralmente son distintas. Leonela es mujer de naturaleza fuerte, realista, ambiciosa y materialista. En cambio, Clara es romántica, idealista y esclava de la formación moral y eclesiástica de la época.

El apetito material tiende a degradar y a envilecer a los individuos, por lo que los personajes se destruyen. Don Cosme compra el amor de Juana Felipa, cuya tía la entrega a cambio del bienestar económico prometido. Leonela, en su actitud materialista, es víctima de su propio comportamiento y muere. El pragmatismo materialista de Valdespina lo convierte en un ser vacío, sin ilusiones. El poder y el dinero corrompen a don Cosme, a Manengo, al cura Juan Gallardo aficionado a jugar a los gallos, al prefecto policial y a Leonela. Ellos abusan y humillan a los más débiles. Las violaciones de las mujeres están amparadas en este poder. Nótese que en Leonela la actitud desafiante y el poderío material se presentan como síntomas del subdesarrollo causado por el sistema esclavista. Por tanto, el sistema de esclavitud afecta a todos los hombres. Los seres son esclavos de sus actos, de sus creencias, de su medio, en efecto, de la moral que practican. Reflexión que lleva al narrador a concluir que el daño más severo causado por la esclavitud es "el caos moral, la confusión que traen al juicio ciertas acciones." (125)

Aunque las características señaladas en Leonela no la definen como novela naturalista en sí, los elementos más significativos que se han señalado son todos característicos de la corriente naturalista tanto técnica como temáticamente. En definitiva, *Leonela* es una novela romántico-realista por el tema del amor frustrado, la muerte de la heroína -Leonela- y por las descripciones del paisaje, del ambiente y de los personajes de quienes se conocen sus interioridades, su sicología.

Heredia ha expuesto la realidad de la sociedad cubana colonial y esclavista, con bien escogidos detalles y elaborada técnica. Ha logrado una gran novela, quizás la mejor de este grupo. En ella se ha cuestionado la moral de los distintos grupos sociales, predeterminados por las condiciones socio-religiosas y por la realidad colonial y esclavista. Esta realidad la expresa dentro de un marco de naturaleza bravía, incontrastable y avasalladora.

Notas

1. En *Cecilia Valdés*, Villaverde expone las consecuencias del sistema colonial-esclavista y critica con intención didáctica la realidad de los negros. A esto añadimos la influencia de la época en que escribe Villaverde y su con-

cepción romántica de la mujer, para determinar que el juicio de Morúa resulta exagerado.

2. Martín Morúa Delgado, *La familia Unzúazu* (La Habana: Imprenta La Prosperidad, 1901) 140. Todas las citas se harán por esta edición.

Capítulo 5

La Primera Generación Republicana

Los años que median entre la publicación de Leonela -1893 y 1900- representan la etapa más cruenta de la lucha independentista de Cuba. For ejemplo el dolor que causó en 1895 la muerte de José Martí, la humillación provocada en 1898 por la intervención norteamericana en la guerra independentista y la imposición de la Enmienda Platt en 1901. Fracasada la independencia, Cuba enfrentó el caos político, la desestabilización económica y el desaraigo social. Literariamente, la nación experimentó una decadente producción porque los jóvenes concentraron sus esfuerzos en la lucha por la independencia.

Con el advenimiento de la República en 1901 comienza un período de escasez literaria, de vaguedad e incongruencia. No hubo buena literatura porque no existían las condiciones económicas vitales para su producción. Manuel Pedro González (1929) asegura que "[l]a alta cultura degeneró en rutina, las letras no fueron más que un *modus vivendi* para unos; para otros, un paso previo para la sinecura o el empadronamiento en el presupuesto del país (77).

La desmoralización que causó la República mediatizada fue responsable del desequilibrio, la mediocridad y la decadencia. También lo fue del efecto moral que causó en los individuos el sentirse coartados en su libertad, en su soberanía. El siglo XX trajo consigo confusión y el envilecimiento que causa una ocupación extranjera. La ocupación significó para Cuba

> la etapa imprecisa en que el país no sabía si los esfuerzos de sus libertadores habían sido del todo inútiles y veía, en las astas abandonadas por España, ondear, junto a la cubana, otra bandera cuya presencia obsedía dolorosamente a los poetas de la generación mambisa. (Portuondo 1962)

En 1903 aparecen dos libros en los que se acentúan los rasgos del verdadero naturalismo cubano. La novela *A fuego lento*, de Emilio Bobadilla, y la colección de novelas cortas de Miguel de Carrión, *La última voluntad*.

A fuego lento

La novela naturalista presupone determinados niveles narrativos -acción, función y narración- (Barthes 1972) que forman su anatomía y el lenguaje que define las actitudes, los estados anímicos, los temas y la estructura de la novela. Diferentes recursos retóricos alertan al receptor sobre la postura crítica e ideológica, pesimista o desilusionada que adopta el narrador (Reis 1985). Esto es propio, en general, de la novela naturalista, porque las figuras retóricas, las cuales sufren cierta jerarquización por ejemplo, la imposición de la metonimia sobre la metáfora (Sobejano 1988), han convertido la teoría Naturalista en moderna, en definitoria. Se entrega la totalización de un mundo determinado biológica y socialmente con toda su problemática, pero en el que la ficción parece realidad y no ficción, porque la objetividad descriptiva concretiza los objetos y los personajes son humanizados. Emile Zola (1972) enfatiza, en *La novela experimental*, que la novela debe expresar la verdad, juicio al que se adhiere Leopoldo Alas ("Clarín") al proscribir la ficción. La impersonalidad del narrador, los temas físico-biológicos y cotidianos, el personaje antihéroe, la correlación de los hechos y la objetividad son características de la corriente naturalista, y se introducen en el discurso narrativo novecentista.

A fuego lento introduce características de la corriente naturalista en la tradición literaria cubana. Los enunciados, las polisemias, las metáforas hiperbólicas, las descripciones grotescas y el lenguaje escatológico y coloquial de los personajes intensifican la acción narrativa. En la novela se dilucida, por primera vez, la lengua naturalista que, entre otras cosas, pretende romper con las imposiciones lingüísticas. El lenguaje naturalista se inserta en el discurso narrativo como testimonio de una realidad dolorosa y abominable. En *A fuego lento* se expresan las consecuencias del colonialismo, la desilusión y la actitud derrotista de su autor. Sin embargo, el derrotismo se manifiesta, con mayor énfasis, en las novelas posteriores a ella. En expresiones figurativas como "el río color de pus", "concierto de eructos", "olor a sudadera", "indios churriosos que fumaban a diestro y siniestro", pronósticos de una realidad absurda, se explicita la intención del autor. Bobadilla describe radicalmente una sociedad que sufre a consecuencia de las huellas del colonialismo. En la obra, el autor recrea imaginariamente, basándose en la realidad cubano-caribeña, la existencia de los habitantes de Ganga, país de su invensión. La humanidad de la sociedad gangueña la componen indios, negros, mulatos y blancos. Esta hibridez es determinante de la postura de Bobadilla frente a la realidad que describe. Para el autor, la composición étnica es reflejo insuperable de la fisonomía de un país y de la sicología de sus habitantes. Esta idea lo lleva a definir su posición con respecto a diferentes nacionalidades de esta manera:

> Yo creo que en los lugares donde todavía hay indios priva cierta cortesía, mezcla de bondad y astucia. El mejicano es por lo común, dulce, felino, y con raras excepciones, poco sincero. El venezolano y el cubano se parecen. Hay que tener en cuenta los diferentes elementos étnicos de cada una de esas repúblicas. (Artículos periodísticos 1952)

Apoyándose en este criterio expone la conducta de los habitantes de Ganga. Los gangueños son el resultado del sistema político y del medio físico inalterable del trópico. Estos personajes se caracterizan por sus vicios. Ganga, más que una ciudad, es un espacio cerrado cuyos habitantes no son seres vivientes sino máquinas para quienes el desarrollo social, intelectual y político está vedado. Y es, precisamente, el subdesarrollo la causa de su comportamiento, lo que les impide comprender otros mundos y los avances que se operan en ellos. Por consiguiente, a los gangueños "[l]a pereza intelectual les impide observar los hechos; no creen sino en las palabras a fuerza de repetirlas, y por puro verbalismo se enredan en trágicas discordias civiles." (*A fuego lento* 1982)

El subdesarrollo -socio-económico y cultural- convierte a estos seres en marionetas que, movidas por un impulso externo, actúan. Quedan, por lo tanto, definidos por sus actos, por su conducta motivada por el medio. En conversación, el personaje de Plutarco acierta a decir a Baranda: "¡En estos pueblos la vida es tan triste, doctor! No hay aliciente de ningún género ni estímulo para nada. La vida social...Usted la conoce. No hay vida social. Y en cuanto a lo físico, ¡aquí se muere uno a fuego lento!" (86) Son individuos sin personalidad, sin interioridad. Su estado sicológico se manifiesta en sus acciones. Se mueven como marionetas hacia dónde se dirija la fuerza que los empuja. Este es el propósito del Naturalismo: no presentar seres sicológicamente desarrollados sino entes determinados por condiciones socio-biológicas, a fin de indicar las causas de estos estados. Bobadilla presenta un mundo de enfermos -neuróticos, alcohólicos, histéricos, ridículos presumidos y otros- que, descritos hiperbólicamente, son reducidos al absurdo, a una deformación irónica de la especie. En estas caracterizaciones, Bobadilla no sigue con rigor la propuesta naturalista con respecto a los personajes, ya que estos, en las novelas naturalistas, representan una realidad o, más bien, su realidad socio-ambiental sin deformaciones. Sin embargo, este ambiente grotesco y lujurioso en el que se desarrolla la acción de la novela, subraya que la presunción y la fanfarronería de los pesonajes se han convertido en su *modus vivendi*. Para Bobadilla esto resulta imperdonable por el vacío y la insensatez de los individuos al enfrentar la realidad. Por un lado, los hombres siempre al acecho de un desmedido placer erótico y la lujuria como medio de definir su masculinidad. Por ejemplo, Alicia se defiende constantemente de la lujuria de Don Olimpio. Otro aspecto de esa realidad es la obsesión religiosa que impide reconocer la realidad circundante: "El fanatismo religioso, entre las mujeres principalmente, excedía a toda hipérbole" (40), comenta el narrador. De ahí la crítica a la religión por su hipócrita moral y su indiferencia hacia los problemas que enfrenta el pueblo de Ganga -miseria, ignorancia y estancamiento-, contribuyendo a su sumisión, a su resignación. Bobadilla afirma en uno de sus artículos periodísticos lo siguiente: "He odiado siempre la tiranía; el fanatismo religioso, la pedantería; la vanidad satisfecha; la pompa hueca, la arbitrariedad." (169) Para Bobadilla, la debilidad de los hombres frente al mal nacional, su incapacidad para enfrentar la realidad que los acosa es efecto de su determinismo y la causa de su nihilismo. Por lo tanto, la realidad latinoamericana será comprendida cuando se acepte la verdad científica. Y como la realidad de los países hispanos ha sido tergiversada por un lenguaje impuesto a empellones, por una literatura falsa, sin valor científico que ha destruido la fisonomía de estos pueblos, Bobadilla se adhiere al Naturalismo positivista para romper esta visión. La mentira "[e]s una prueba de cobardía, de debilidad mental, de anemia, de servilismo"(168), dice Bobadilla. Con lo que desaprueba lo falso, la demagogia política, la ficción literaria cuando no proviene de hechos reales, y la hipocresía moral y religiosa que predomina en la sociedad. Armado con este criterio positivista-naturalista muestra ficcionalmente la realidad de un país tropical caribeño. El aspecto científico-social le sirve de base para expresar la dolorosa verdad del medio que describe. Sólo científicamente se podrían determinar las causas y consecuencias del mal que afectaba a la nación. La ciencia es imprescindible para el escritor que busca concientizar y educar, y los trabajos que carecen de fundamento científico resultan vacíos. Bobadilla compara las biografías con los trabajos científicos y apunta la insipidez de aquéllas porque nada prueban. Lo importante es enseñar la verdad porque "[m]ientras el crítico no cultive las ciencias -no me cansaré de decirlo- todo eso no pasará de hojarasca, de palabrorrea." (Artículos 76)

Para él la miseria social, económica y espiritual hay que presentarla sin tabúes y sin demagogia descriptiva. La mentira ha convertido a los habitantes en marionetas del medio. De ahí que Bobadilla caracterice a los hombres latinoamericanos como

> [s]iempre díscolos, siempre rabiosos, siempre mintiendo, siempre alardeando de un patriotismo que no cultivamos; siempre dejando al extranjero que nos mande en una u otra forma; siempre denigrando lo propio -no en nombre de una crítica reflexiva, sino movidos por la envidia, la vanidad, el lucro personal- ... (Artículos 76)

Estos rsagos de la idiosincracia latinoamericana caracterizan a los personajes de *A fuego lento*. Ellos son figuras esperpénticas, descomposiciones absurdas de una realidad triste y asfixiante. En la primera parte de la novela se narra la llegada del Dr. Baranda a Ganga, procedente de Santo adonde había ido a cumplir con un deber patriótico. Fracasados sus intentos independentistas y vencidos los revolucionarios, se dirige a Ganga donde es recibido como un héroe por los patriotas locales con quienes más tarde entra en discordia. Sin embargo, la descripción del grupo de amigos que festeja la llegada del doctor es absurda, casi cómica. La ironía que denota la descripción no sólo produce una imagen absurda sino la deshumanización, la animalización de estos personajes. La persona narrativa está focalizada en el Dr. Baranda:

> La mesa remedaba un museo antropológico; había cráneos de todas hechuras: chatos, puntiagudos, lisos y protuberantes; caras anémicas y huesudas y falsamente sanguíneas y carnosas; cuellos espirales de flamencos, rechonchos de ranas. Las fisonomías respiraban fatiga fisioológica de libertinos, modorra intelectual de alcohólicos y estupidez de caimanes dormidos. Lo que no impedía que cada cual aspirase, más o menos en secreto, a la presidencia de la república. (A fuego 49-50)

Ganga, más que un país, es un circo cerrado. Sus personajes actúan y se presentan transformando su personalidad -literato, escritor, doctor, general- pero en el que sale al encuentro toda su naturalidad. Los personajes son apreciados por el destinatario (lector) como la consecuencia de una realidad humillante, de un ambiente hermético, de naturaleza aplastante que aniquila y destruye a sus propios habitantes. Bobadilla ha creado un zoológico en el que no existen diferencias entre hombres y animales.

Don Olimpio es un general retirado, cuyas características -avaro, corrupto, inmoral e hipócrita-, lo definen como producto del medio. Es un personaje narrado porque su desarrollo está determinado por la descripción de sus actos y de su carácter. La noche en que se celebra la llegada de Baranda, Don Olimpio queda definido, además, por las peculiaridades de su lenguaje:

> Brindo, por el honol que sentimos todos los aquí presentes, mi familia, sobre todo, por el honol de tenel entre nosotros al conspicuo cirujano que eclipsó en París la fama de Galeno y del dotol Paster, el inventor del virus rábico para matar los perros rabiosos sin necesidad de etrinina. Sí, señores, ya podemos pasearnos impunemente por las calles, sin temol a los perros. (A fuego 31)

La bastedad de Don Olimpio que revela este parlamento, cumple una función paradójica. No sólo se muestra su ignorancia sino que esa torpeza acusa y enjuicia el sistema. La descripción de la persona de Don Olimpio lo asemeja a un cíclope, a una creación caricaturesca sin características humanas:

> Don Olimpio . . . con aquella cara terrosa, llena de arrugas y surcos como las circunvoluciones de un cerebro de barro, aquella calva color de ocre ceñida por un cerquillo de fraile y aquella boca sembrada de dientes negros, amarillos y verdes, encaramados unos sobre otros... (43)

Esta astucia contrasta con el carácter de su mujer, misia Tecla, quien, por los años, "le era repulsiva a Don Olimpio." (93) Misia Tecla, mujer honrada e ignorante, es, hasta cierto punto, abstracta. El mundo que la rodeaba era uniforme, la realidad interior le era desconocida. Sólo lo externo, sin complicación, le era familiar. Aunque era incapaz de rebelarse contra los abusos del marido, los enredos de él le eran indiferentes por miedo, por una moralidad mal entendida o por sumisión. Como personaje es siempre neutralizado por un personaje más fuerte, de profunda personalidad, como son Baranda y Don Olimpio. Los personajes mantienen una relación de contraste. misia Tecla es la antítesis, en cuanto a función y características personales, de su marido. También, la simbología del nombre antagoniza con la de su esposo: Tecla, objeto que necesita del auxilio externo para funcionar, para hacerse oír. En sí, misia Tecla es la tipificación de la mujer sometida a las imposiciones del marido y del medio. Por otro lado, la simbología del nombre de Baranda -baranda objeto que separa o divide dos mundos, Francia y Ganga.

Bobadilla expuso teóricamente sus puntos de vista en sus artículos periodísticos *Escaramuzas, Grafómanos de América* y *Al través de mis nervios*. Las acciones e intervenciones de Baranda, en el relato, expresan la postura política del autor con respecto a la realidad que describe. Al igual que Bobadilla, Baranda se acoge al positivismo materialista para juzgar con ironía y desprecio a los gangueños y a Ganga. Como la verdad del narrador es, en este caso, la del autor (Tacca 1973), Baranda es el mensajero de su filosofía y expresa en su discurso la necesidad del estudio científico experimental. La ciencia sólo puede determinar un estado de cosas y llegar a conclusiones verdaderas sobre el ambiente y la herencia como definitorias del carácter. El personaje de Baranda critica y repudia severamente la ignorancia. El relato adquiere verosimilitud con la introducción de escenas dialogadas porque reducen la presencia del narrador, momentáneamente, en la narración. Así, el personaje se acerca al lector, con lo que se logra impactarlo acerca de la veracidad y la participación del personaje en la historia. Las escenas dialogadas están relacionadas con otros códigos -actancial, ideológico, temáticos- que unidos definen al personaje y determinan su sicología y su ideología, en este caso concordante con la del autor. La narración combina el relato convencional del narrador heterodiegético (tercera persona) con la intercalación de diálogos directos, soliloquios y las disertaciones del personaje que definen su carácter.

Baranda, a pesar de sus características individuales, sucumbe al medio. El se apoya en el materialismo positivista y reconoce su fracaso frente a la hostilidad ambiental de la naturaleza gangueña. La naturaleza lo vence y, como liberación, muere. El personaje Baranda antagoniza a casi todos los personajes, excepto a Plutarco y a Rosa, su amante. Rosa no está desarrollada como personaje, pero su descripción de mujer sensible e inteligente la coloca por encima de otros personajes que intervienen en la narración. Rosa simboliza la mujer ideal. Quizás el hecho de ser francesa y educada la sitúa, ante los ojos del narrador, por encima de una isleña pobre, desnutrida e ignorante, como Alicia. Estas condiciones impiden que Alicia sea respetada y tratada con dignidad por el narrador. En sí, Baranda, pedante y altanero, presume de sus conocimientos pero es un personaje débil, decadente. Ha sobrevivido por el apoyo de Plutarco, a quien ha confiado sus preocupaciones y sus debilidades, y ha dependido de él para existir hasta el final del relato. Plutarco es la continuidad de Baranda, pero sin sus debilidades porque es una mezcla de los dos mundos. Plutarco es la antítesis de los gangueños. Es protector y amigo del doctor desde que traba amistad con él en la primera parte de la novela. En París (2a parte), es su único amigo. Adviértase la descripción que de él hace el narrador:

> Plutarco hablaba muy quedo, silbando las eses como un mexicano, su voz insinuante y melosa y sus maneras felinas delataban al mestizo de tierra adentro, tan distinto en todo y por todo al costeño. El solo había aprendido el francés, que traducía correctamente. Había leído mucho y deseaba saber de todo. (A fuego 84)

Su intervención en la primera parte es mínima pero significante. El representa la lealtad, la moral, la justicia y la continuidad de los ideales científicos. Por medio de su discurso se trazan los cuadros que representan el atraso cultural y social de Ganga. En la segunda parte, su intervención en el relato lo convierte en el personaje héroe que supera la miseria espiritual de su grupo. Por su actitud práctica y por su visión realista de la vida, reconoce que la salvación de Baranda está en el abandono de Alicia. En sí, Plutarco es el personaje que desarmoniza la uniformidad del mundo narrado. El sobrevive a los ataques de los gangueños porque no convive con ellos ni comparte sus `valores'. No tiene relación con el grupo. También, cataliza la relación violenta entre Alicia y Baranda, poniéndose de parte del conocimiento, de la ciencia, de Baranda, en suma. El es la continuidad de los ideales del autor; los ideales no mueren. Paradójicamente, como símbolo del idealismo, queda solo en París, con la única compañía de la clientela y de los libros heredados de Baranda. El espacio físico y su simbología social quedan inscritos, en la novela, como imagen del ambiente y el carácter del personaje. El consultorio y la biblioteca de Baranda, viejos, descuidados y desorganizados y llenos de diferentes objetos, anuncian la decadencia de la cultura, del personaje y de sus ideales.

En contraste, la mestiza Alicia es típica del medio: ignorante, vulgar, agresiva, histérica y arbitraria. El narrador repudia estas características en las mujeres. Se ve cómo evoluciona Alicia a través de sus obsesiones y agresividad verbal tanto como su antagonismo hacia el Dr. Baranda. Alicia encarna la mujer víctima de su condición biológica y del medio social. Entendiendo que "el carácter es el núcleo íntimo, intransferible que constituye la individualidad" (Castanigno 1970), Alicia es la misma en Ganga y en París, en donde no ha podido adaptarse al medio socio-cultural del marido. La inadaptabilidad de Alicia a este ambiente la enferma, y se convierte en la dictadora de Baranda. Pero el enfrentamiento entre estos dos caracteres es en cuanto a su naturaleza. La fuerza imponderable de la naturaleza de Alicia destruye a Baranda. Alicia busca en la satisfacción material la solución a sus problemas. La huida de Alicia a París y su matrimonio con Baranda significó para ella salvarse de no caer, liberarse de la prostitución y ascender socialmente. Sin embargo, es despreciada y humillada por su pareja por ser ignorante y por su etnicidad y fisiología -india histérica y enferma-. Diagnóstico que Baranda reconoce, desde Ganga, que será responsable de la destrucción de la mujer.

En *A fuego lento*, la caracterización de los personajes femeninos tiende a ser negativa. Las mujeres son blanco del desprecio del narrador. Todas, de diversos modos, son seres marginados y decadentes. Misia Tecla es un personaje abstracto, sin personalidad propia y sin autonomía. De igual modo, la Presidenta, la inglesa y otras son mujeres degradadas, vulgares, oportunistas y farsantes. Sólo Rosa y Nicasia, "una cubana viuda, inteligente y honesta"(A fuego 115), aparecen dotadas de cierta dignidad, a pesar de que Rosa es la amante de un hombre casado y como personaje no interviene cabalmente en las acciones del relato. Las mujeres son, igualmente, la consecuencia de su medio y están definidas por su conducta. Alicia, dominada por la histeria y los nervios, confirma la tesis del autor. Ella es el efecto de su herencia: la mujer mestiza de padre desconocido que abunda en las islas del Caribe.

La novela naturalista es testimonio de la realidad. *A fuego lento* es testimonio de la realidad político-social de los países caribeños. En si, es la representación de un país gobernado por fósiles de la historia, por un dictador que es máscara de la corrupción. La imagen del dictador, al que se alude en la novela, es comparada con una momia escénica. Aunque se habla del dictador de Santo, país de donde viene Baranda, no hay caracterización. El dictador no es un personaje sino el ícono de la realidad socio-política. Es la representación del dictador latinoamericano de la época:

> El presidente era un negro que concordaba, física y moralmente, con el tipo del criminal congénito, de Lombroso. Mientras comía mandaba torturar a alguien; a varias señoras que se negaron a concederle sus favores, las obligó a prostituirse a sus soldados; a un periodista de quien le contaron que en una conversación privada le llamó animal, lo tuvo atado un mes al pesebre, obligándole a no comer sino paja. Cuantas veces entraba en la cuadra, le decía tocándole en el hombro: -¿Quién es el animal: tú o yo? El Nerón negro le llamaban a causa de sus muchos crímenes. (45)

La figura del dictador aparece a través de otras máscaras esparcidas en diferentes puntos geográficos del país y que contribuyen a su permanencia. Entre ellas se encuentran el militar retirado, don Olimpio, el periodista y otros habitantes de Ganga. El tema del dictador en la novela latinoamericana no es nuevo. En *A fuego lento*, el dictador es un referente necesario para que el autor desarrolle su denuncia política. Como personaje, el dictador no tiene la autonomía necesaria para su concretización en la ficción tal como se logra en la novela guatemalteca *El Señor Presidente*, de Miguel Angel Asturias, por ejemplo.

Apoyándose en las características del dictador y en las condiciones de un país sometido a la dictadura, Bobadilla recrea la vida en Ganga, pero escoge la realidad cubana. Irónicamente, en Ganga sólo sobreviven sus habitantes nativos; otros, como Baranda, sucumben al enfrentarse con el ambiente. Ganga, más que un cosmos, es la vorágine que destruye y arrastra a quienes intentan alterar su fisonomía, tal y como sucedía en Santo. El medio social y el origen dominan y determinan la existencia de los personajes. La vida, las emociones, las condiciones íntimas de los gangueños están determinadas por el medio natural. De cierto modo los excesos, criticados por el naturalismo por su poder destructivo, liberan a estos seres de las imposiciones del medio. Las descripciones de las celebraciones y festines son carnavalescas, todo es llevado a un plano grotesco e hiperbólico, en el que la violencia, lo erótico y la muerte son modos de expresar la realidad y de liberarse. Obsérvese cómo, en la procesión religiosa que cierra la primera parte de la novela, el pueblo, incluyendo los animales, participa de la celebración. En ella se mezclan elementos populares de la cultura y el ambiente tropical-caribeño -chismes, calor, violencia, lascivia, sexo y desenfreno religioso-. La siguiente descripción de la celebración resulta casi alucinante:

> La ciudad entera se echó a la calle ese día. Las negras escotadas, con pañuelos de yerbas en la cabeza y en el cuello, y quitasoles rojos y verdes en las manos, se preguntaban de una acera a otra, gritando, por su salud y la de sus familias. Por algunas aceras se alargaban, como cordones de ovejas blancas, anémicas jovencitas que acababan de hacer la primera comunión. Negros gigantescos, vestidos como verdugos inquisitoriales, con el capuchón caído sobre la nuca, pasaban de prisa con gruesos cirios apagados en las manos. Eran los sayones o nazarenos, quienes habían de pasear en andas las imágenes por la ciudad. De pronto reventaba en pleno arroyo, con susto de transeúnte, un racimo de cohetes o caían del cielo, disueltos en lágrimas multicolores, voladores con dinamita. Los perros ladraban o fornicaban entre las piernas de la muchedumbre, sin el menor respeto a la solemnidad del día. Al salir de la iglesia la procesión, se armó el gran remolino: palos, carreras, llantos y quejidos. ¿Qué ocurría?

Que el populacho intentó despachar al otro lado del barrio al anarquista marsellés por no haberse quitado el sombrero al paso de la virgen. (110)

De igual manera se describe, mezclando la violencia, lo grotesco, lo absurdo y lo irónico, el acoplamiento sexual en el que la posesión de la hembra es la finalidad, no el placer emocional. En conclusión, la ecuación -mujer=placer=objeto- conduce a la desvalorización de la mujer, de su femineidad. Baranda, al ver a Alicia, piensa en cómo sería al poseerla: "-¡Oh, en la cama debe ser deliciosa-." (52) Otro ejemplo es la orgía celebrada por los políticos gangueños al culminar el festejo en honor de Baranda. Los políticos visitan la casa de La Caliente, una prostituta con la que todos tienen relaciones. La orgía con La Caliente es la representación grotesca de los tabúes que existen sobre el sexo en las sociedades patriarcales mulatas y mestizas. La capacidad sexual simboliza la virilidad del hombre, su poder. En cambio, Bobadilla reduce al absurdo esta idea. Así, describe el acto sexual entre La Caliente y Petronio como un estado enajenante y explícito, insólito para la literatura de la época. El sexo los libra de la opresión y la marginación, a la vez que practicado en exceso los animaliza. En esta escena aparecen dos elementos básicos de la obra de Bobadilla: uno, el estado enajenante, y los excesos que llevan a la alucinación, y el otro, al vacío, al nihilismo, la derrota en que viven estos seres. La alucinación es su medio de escape para librarse del vacío existencial que, en este caso, se logra a través del sexo pagado, al objeto de placer, la prostituta. El sexo que determina casi todos los actos de estos individuos sólo se logra como alucinación.[1] La capacidad sexual está determinada por el medio social. El alcoholismo es otra forma de alucinación. Petronio, personaje de sicología enferma, alcohólico, violento y corrupto, reconoce que el alcohol es un medio de sobrevivencia, de escape de la realidad. Al hablar de los gangueños admite que " [a] nosotros no nos queda más que emborracharnos." (72) Este comentario de Petronio reafirma la condición de determinados sociales de los gangueños. Por su parte, Garibaldi acusa al ambiente físico del trópico y al alcohol de la ignorancia y la miseria de los gangueños:

> -Inteligencia no nos falta -agregó Garibaldi-. Pero ¿de qué nos sirve? ¿Usted cree que con este sol podemos hacer algo de provecho? Y no cuento el alcohol. (72)

Petronio, como personaje, tipifica al alcohólico. Sus acciones están dominadas por su condición de borracho, que pierde el sentido de la realidad, entregándose a una ilusión existencial. En Petronio prevalece el determinismo y la herencia del medio: alcohólico, jugador, tramposo, vulgar y corrupto. Su comportamiento es incorregible. Viciado por el alcohol, el juego y la violencia, cae víctima de su propio estado. Se suicida para liberarse de la multitud que lo persigue, en un casino de París. La muerte de Petronio, en la segunda parte, prueba la relación causal, determinista de los fenómenos narrados. La relación antitética entre los dos espacios -Ganga y París- es determinante de la suerte del personaje. Adviértase que en Ganga el comportamiento violento e irresponsable de Petronio corresponde a la sicología y al estado social que domina el carácter de los gangueños. Sus actos, productos de la barbarie, no son castigados. En cambio, en París, la lascivia y la corrupción no sobreviven al enfrentamiento con una sociedad civilizada que le pone vallas que Petronio no puede tolerar. De ahí que, en ese ambiente civilizado, el personaje deba sucumbir. La reacción del Dr. Baranda, al conocer la muerte de Petronio, explicita la teoría determinista del autor y define su postura. Sobre el suicidio de Petronio, Baranda dice:" -No me coge de improviso- Era un alcohólico. Y los borrachos acaban por lo común suicidándose." (176)

Este juicio de Baranda anuncia la suerte de Alicia, quien se va entregando paulatinamente al alcohol. Al igual que Petronio, Alicia es violenta y, en una ocasión, habla de matar a Baranda. El alcohol no es, sólo un refugio sino una herencia congénita en estos seres. El determinismo y el pesimismo los limita y destruye moral y sicológicamente. El libre albedrío está acotado. Tanto sus acciones como sus decisiones están determinadas por el medio y por la herencia, lo que también supera a la ciencia. La incapacidad para decidir aniquila a los individuos. De ahí que en la segunda parte del libro, el doctor Baranda aparezca vencido por la naturaleza de Alicia. Baranda es impotente frente al determinismo y aunque rechaza a Alicia no puede abandonarla. Como médico trata de equilibrar la ciencia experimental con la herencia, con los sentimientos y concluye diciendo que

> [c]uando el médico pierde todo influjo moral sobre el paciente, está perdido. Es mi caso. Creo más en la terapéutica sugestiva que en las drogas. (127)

Y al hablar de Alicia, del desprecio que sentía por ella, hallaba justificación en su propia debilidad:

> No puedo tratarla como médico. Además lo confieso, la odio. La odio cuando la veo tan injusta, tan insurrecta, tan desvergonzada. Entonces, olvidándome del determinismo de los fenómenos psíquicos, siento impulsos de matarla; pero no soy ejecutivo. El análisis, como un ácido, disuelve mis actos, paraliza mi voluntad. (127)

La voluntad que se entiende como libertad individual, es vencida por la herencia, por el sometimiento y por la imposición convertida en costumbre, en adaptamiento que impide al hombre actuar por sí mismo. Baranda reconoce la fuerza del determinismo genético-ambiental sobre el libre albedrío y afirma que

> [n]uestro escepticismo nace de la contemplación repetida de la miseria humana, de que no hemos podido hallar, en el mármol de la disección, al través de los músculos y las vísceras, nada que nos incline a creer en un libre albedrío. (127)

Es decir, que hasta las entrañas del hombre están sometidas y determinadas por las condiciones naturales del medio y la herencia. El hombre no es libre; está condenado a las condiciones existentes que atrofian su voluntad. Aun lejos de su medio natural, estos individuos no escapan de su miseria.

La primera parte que constituye el soporte de toda la narración, el autor vuelca la observación necesaria de los fenómenos cuyos efectos va a desarrollar en la segunda y tercera partes. La descripción y el detallismo del espacio y de los lugares, y la precisión para trazar un estado sicológico, un carácter, llevan a la superioridad evidente de esta parte sobre las dos restantes. En la segunda y tercera partes se relata la vida ignominiosa de los emigrantes gangueños y de otros latinoamericanos en París. Todos los personajes están limitados a un hermetismo en el que el chisme, la envidia, la depravación y la necesidad de sobrevivir los destruye lentamente. Nótese la descripción de los personajes que acudían a las fiestas de la Presidenta, una oportunista, amante de don Olimpio, a quien explotaba económicamente. Se decía viuda de un ex diplomático y era la madre de un rufián y endeble jovenzuelo que vivía a costillas de una anciana norteamericana, en París:

> ¡Qué mundo tan divertido el que recibía los sábados la Presidenta en su casa! Monsieur Garión, un cornudo; la señora de Páez, una adúltera; Zulema, un turco jugador y corrompido; mademoiselle Lebon, una medio virgen; mistress Galton, una norteamericana que, mientras el marido se mataba trabajando en Nueva York, se divertía en París, gastando como una loca y pegándosela con todo bicho viviente; monsieur Maigre, un peludo poeta decadente, con más grasa en el cuello de la camisa que ins- piración en los versos; madame Cartuche, una jamona sáfica, de quien nunca se supo que tuviese que ver con ningún hombre; monsiuer Grille, un mulato escuálido y pasudo, diputado por la Martinica, antiguo amigo de Baranda; Collini, un pretenso barón italiano, de inconfesables aficio-

nes; monsieur Lapin, un violinista cuya cabeza parecía una esponja. (146)

De este ambiente de lisonja e hipocresía participaban Alicia, don Olimpio, misia Tecla y otros gangueños. A diferencia de lo que percibían los personajes, ese ambiente era su destrucción. Como personajes de fuertes raíces tropicales no se integraban al ambiente parisiense, y estaban limitados al círculo social de los gangueños. Alicia, por medio de sus lujos, su derroche y sus ropas, intentaba integrarse al ambiente europeo pero estaba impedida por su condición socio-cultural y genética:

> Nacida en aquel medio social [Ganga] mosaico étnico en que cada raza dejó su escoria; el indio su indolencia; el negro su lascivia y su inclinación a lo grosero; el conquistador su fanatismo religioso, el desorden administrativo y la falta de respeto a la persona humana; engendrada por padres desconocidos, tal vez borrachos o histéricos, bajo aquel sol que agua los sesos, y trasplantada de pronto, sin preparación mental alguna, a esta civilización europea, tan compleja y decadente, de la cual no se le pega al extranjero vulgar sino lo nocivo y corrupto. (127)

Alicia creía que las ropas y sus excesos le permitirían asimilarse al ambiente de París. Irónicamente, causaron su ruina. La adquisición material desenfrenada representa valores falsos que desvinculan al individuo -en este caso, Alicia- de su realidad convirtiéndolo en objeto de valor, cosificándolo. En la tercera parte, con el desenlace fatal, la muerte de Baranda, Alicia aparece ya alcohólica, víctima no sólo de su herencia sino de la soledad. Los excesos, los lujos y las compulsiones que critica y rechaza el Naturalismo, quedan plasmados en la novela como otro tipo de determinismo que destruye al individuo moralmente.

En la novela naturalista se observa la interrelación de los diversos códigos que forman *el corpus* narrativo. Los códigos técnico-narrativos se aúnan al código temporal que determina el punto de vista de la narración. De igual manera, el temporal se inserta en el representativo para definir el modo y las perspectivas adoptadas por el emisor (narrador) para contar la historia (Reis 1983). En *A fuego lento*, el punto de vista narrativo omnisciente permite al narrador contar la historia desde afuera, colocándose por encima de los personajes. La focalización omnisciente se apoya en la analepsis para informar al destinatario (lector) acerca de los signos temporales que ayudan a recuperar los hechos pasados. De ahí que se caracterice a los personajes mostrándolos determinados por su herencia bio-sicológica y ambiental. En el caso de la novela naturalista, la focalización omnisciente permite al narrador adoptar "una actitud demiúrgica y cientificista de cara a una fracción pasada de la historia plasmada por el discurso." (319)

En *A fuego lento,* la narración se construye por medio de episodios irónicos en los que cada objeto, cada hecho y cada personaje es una representación absurda. A nivel estilístico, particularmente, la ironía anuncia la postura crítica y pesimista del narrador (142). Sólo la muerte libera a los personajes de su destino. "¿Para qué seguir viviendo? La vida es una adaptación del individuo al medio" (248), decía Baranda. La narración se llena de elementos repulsivos en una visión esperpéntica de la realidad descrita. Esta visión esperpéntica, el ambiente socio-racial de Ganga, la dictadura política y el punto de vista adoptado por Bobadilla son rasgos que pueden permitirnos acercarla a *Tirano Banderas,* de Ramón del Valle Inclán, aunque ésta fue publicada 23 años después, en 1926. La minuciosidad descriptiva, la condición abúlica que se refleja en la obra, la linealidad del relato y la ruptura con el lenguaje convencional, son características que esta novela comparte con otras novelas naturalistas decimonónicas. Además, en *A fuego lento* aparece, por primera vez, en la narrativa cubana, el lenguaje corriente, sin eufemismos. Asimismo, introduce el estado de marginación y de frustración que caracteriza a los escritores de la época republicana de la historia cubana en la persona de Baranda. Los escritores de esta época -los novelistas en particular- sufrieron la derrota de sus ideales, sus esperanzas regeneradoras; de ahí que se les califique de narradores agonizantes. Con el advenimiento de la República mediatizada en 1902, Cuba se encontró de pronto habitada por individuos que, de un modo o de otro, habían servido a la independencia, sea por amiguismo, por corrupción política o por oportunismo, a la vez que de generales y doctores. Basado en esta realidad cubana, Bobadilla recrea, en la novela, la jerarquía de los habitantes de Ganga, la cual aplica a la sociedad cubana en general. Según Bobadilla: "[e]n Ganga los generales y los doctores pululaban como las moscas.Todo el mundo era general cuando no doctor, o ambas cosas en una sola pieza, lo que no les impedía ser horteras y mercachifles a la vez." (39) Esta realidad cubana la ficcionaliza igualmente el escritor Carlos Loveira en su novela *Generales y doctores.*

A fuego lento es el mejor intento naturalista de los inicios de la República. El Naturalismo, al estilo de Zola, sólo aparece en Cuba en todo su desarrollo, a partir de la segunda década de la República (1917-1927) en las obras de Carlos Loveira y Miguel de Carrión. A la generación de escritores que comparten Loveira, Carrión y Jesús Catellanos se le ha llamado "generación agonizante" por la postura agónica y derrotista que reflejan sus obras y que se expresó ya en *A fuego lento.* Sin perder el punto de vista reformista y de denuncia social, algunas veces panfletario, esta generación de escritores crea una literatura no sólo agónica sino de derrotados, de marginados sociales aunque, según Angel Rama

> Una literatura de derrotados no es señal de resignación necesariamente, mas es una oportunidad para la reflexión. La perspectiva del escritor pudiera aprovecharse de esta limitada prórroga porque permite que los eventos del pasado se vean y se interpreten como una totalidad coherente. Artística e intelectualmente, ese momento de reflexión puede ser más beneficioso que la militancia anterior (1981).

NOTAS

1. Reinaldo Arenas describe una situación parecida en sus memorias, *Antes que anochezca* (1990), en época de represión de la Revolución cubana. Es un comportmiento común y natural en estados represivos y el sexo se convierte en la única libertad individual.

Capítulo 6

El naturalismo en Miguel de Carrión

Sumisión, subjetivismo, hipocresía moral y religiosa son blancos de la crítica naturalista. En cambio, liberación, auto-determinación, enfrentamiento de las condiciones abominables y repulsivas de la existencia son criterios inherentes a los creadores del Naturalismo. Estas condiciones, así expuestas, muestran la realidad y crean un arte revolucionario en el que se palpa la esencia humana sin propagar ideas falsas. En su concepción materialista, el Naturalismo se acerca a la verdad existencial propuesta por el materialismo positivista de final del siglo XIX. El Naturalismo rechaza el idealismo, la subjetividad y la hipocresía porque limitan a los individuos y los someten a imposiciones que imposibilitan el desarrollo de la sociedad en su conjunto. El materialismo naturalista se propone reconocer la condición de envilecimiento y degradación con el propósito de despertar una actitud combativa que le de confianza para superarlo.

El materialismo nos enseña a tener confianza en nosotros mismos, en la clase obrera, en la gente. Nos enseña que no existe misterio más allá de nuestro entendimiento, que no necesitamos aceptar éso que se entiende como el poder divino, que podemos rechazar la enseñanza 'autoritaria' de áquellos que se preparan para ser nuestros maestros, y que nosotros mismos podemos entender la naturaleza y la sociedad como también ser capaces de cambiarlas. (Cornforth 1975)

La crítica no señala este aspecto del materialismo en las novelas naturalistas. Se enseña sólo el determinismo, el compromiso y la actitud reformista de los autores.

Miguel de Carrión se apoya en el determinismo cientificista y positivista y publica dos novelas de corte naturalista, la segunda complemento de la primera: *Las honradas* (1917) y *Las impuras* (1919). El acercamiento del autor a la corriente naturalista-determinista se remonta a 1903 con la publicación de *La última voluntad*. Ya en esta colección de relatos se observa el tratamiento y la preocupación del autor por la educación y la sicología de la mujer. Aunque se conocen de Carrión otras dos novelas, *El milagro* de 1902 y *La esfinge*, inédita hasta 1961, es en *Las honradas* y *Las impuras*, en las que se cristaliza el naturalismo zolesco de Carrión. En estas novelas muestra su tesis, expresa su inconformidad, y su poca fe ante la situación nacional. Las novelas de Carrión representan la frustración, el escepticismo, la marginación y la contradicción ideológica que experimentaron los intelectuales cubanos a raíz de la guerra independentista y sus consecuencias. No obstante, sus obras están permeadas por el reformismo y la esperanza dogmática de aliviar una condición, en una sociedad que veía con escepticismo la función social de la mujer. La sociedad cubana de principios del siglo XX, políticamente inconforme y liberal, estaba supeditada al ideario patriarcal. Carrión se muestra, con la publicación de *Las honradas* y *Las impuras*, como el escritor naturalista de la sicología social femenina dentro de la novelística cubano-caribeña. Empero, la penetración de Carrión en el mundo de la mujer[1] y sus motivos se han estudiado dentro de la novela social sin clarificar la verdadera postura del autor en relación con el cosmos femenino. Un análisis de las dos novelas arriba mencionadas, mostrará cómo, al adherirse al Naturalismo determinista, Carrión desarrolla una teoría sico-social y cultural como determinante del comportamiento de dos mujeres: Teresa y Victoria. Y, cómo, el código temático muestra a la mujer victimizada por la ideología patriarcal que dominaba en la Isla.

La época en que se desarrollan ambas historias -la de Teresa en *Las impuras* y la de Victoria en *Las honradas*- es la seudo republicana, de principios del siglo XX (1902-1917). Carrión, nacido en 1875, es protagonista de los hechos que marcan la historia cubana finisecular, como también es testigo del primer tercio de vida republicana y de los logros socio-políticos que empezaban a alcanzar las mujeres. El

período transicional le sirva de fondo pre-textual para su argumento. Contradictoriamente, es incomprensible la posición de Carrión ante la situación cubana con respecto a los Estados Unidos. No existen evidencias que muestren su oposición a la política intervencionista de los Estados Unidos. En cambio, se nota un conformismo deshumanizante. Su admiración por el materialismo estadounidense lo lleva a criticar a los cubanos por no aprender de áquellos y dejarse llevar por el despilfarro y la corrupción, viciosa herencia del colonialismo español. Carrión no culpa de la situación económica y social a los azucareros nacionales y extranjeros que explotan y saquean el país. El observa todo sin presentar soluciones, sin comprometer su ideología. La falta de compromiso ideológico causa el fatalismo que caracteriza sus novelas. La situación de Cuba durante los años de la República, y la relación de los cubanos con los extranjeros lo representa el personaje de Joaquín quien comenta sobre su posición como empleado en compañías norteamericanas:

-Hace algunos años que trabajo casi siempre para compañías extranjeras productoras de azúcar- -dijo, a modo de introducción-, y allí he aprendido a juzgar muchas de nuestras cosas. En primer lugar ellos [los Estados Unidos] son los dueños de todo: suelo e industria. Nosotros [los cubanos] se lo abandonamos de buen grado, con tal que nos dejen la política y los destinos públicos; es decir, el camino del fraude y la vida con poco trabajo. En cambio, ellos, los productores, nos desprecian profundamente. ¡El caso de toda América Latina! (*LH*)[2]

Joaquín reconoce la situación por la que atraviesa Cuba pero no expresa una solución. Su silencio coloca a Carrión en un plano de reserva que parecería indicar su conformidad con la situación. Los efectos económicos de la seudorepública fueron determinantes de la vida social y del comportamiento del pueblo cubano que, evidentemente, no confiaba en la República aunque aceptaba con resignación las condiciones impuestas. Para los cubanos la República fue un mito que sólo favoreció a los que se llamaron patriotas, amparados en la demagogia y el sensacionalismo periodístico. En *Las honradas*, Victoria reconoce la inmoralidad política de aquellos tiempos y describe con ironía la situación de la que se valió su padre para ocupar un puesto en el gobierno:

[P]apá se había convertido en un héroe casi novelesco. Por aquel tiempo estaba en moda el heroísmo, y la hipérbole siempre lo estuvo entre nosotros. Se contaba que habíamos sido víctimas de una abominable conjura de oficiales españoles y que mi padre después de mantener a raya a sus perseguidores huyó al campo revolucionario, con toda su familia, y de allí al extranjero, no sin antes dar fuego, con sus propias manos, a todas sus propiedades. No supimos quién fue al autor del embuste; pero los periódicos hablaron bastante del asunto, con gran indignación de papá, y en algo se debió a la aureola patriótica que formaron sobre su cabeza el nombramiento de jefe de administración de primera clase con que el gobierno militar juzgó oportuno recompensar sus servicios. Esta última circunstancia hizo que mi padre desistiera de desmentir públicamente aquellos rumores y que dejara marchar los acontecimientos. (76 *LH*)

La demagogia, el oportunismo y la hipocresía de muchos ciudadanos "honrados", como el padre de Victoria, agudizaron los problemas existentes. Así, se incrementó el pesimismo y la desconfianza del pueblo cubano en los poderes que regían la Isla. La desconfianza es expresada en este diálogo entre el personaje Chivero y sus amigos en *Las impuras*:

-¡Creía que usted la apoyaba . . .! -Y la apoyo. Si a la República se la lleva el diablo de todos modos, al menos que se aprovechen algunos. (554 *LI*)[3]

Si entendemos el estado denigrante que crea el colonialismo y cómo somete a los individuos y a los pueblos, acertamos en que la realidad socio-económica creada por el gobierno militar fue responsable por el fatalismo, el pesimismo y las frustraciones de los individuos. En los autores de esta generación el pesimismo se expresa a través de la lenta destrucción de sus personajes. En las novelas, los personajes, para sobrevivir en un medio hostil, recurren a la mezquindad, al oportunismo, a la corrupción. Ellos hallan en el fatalismo y en la resignación la esencia de su existencia. Para sobrevivir en ese medio, Victoria dice:"es necesario crearse un ambiente interior real o ficticio, donde el alma pueda respirar cuando la asfixian las emanaciones externas" (177 *LH*) y, al referirse a las mujeres para quienes el fatalismo y la resignación parece ser una condición congénita, casi un deber natural, Victoria señala que: "En nosotras la conformidad es un guía que nos conduce fácilmente al fatalismo. Con gran parte de esa arcilla moral amasamos la estatua del deber. (177 *LH*) La madre de Rogelio en *Las impuras* ejemplifica esta característica de las mujeres porque "tenía el fatalismo resignado de las mujeres cubanas, tan propicio para el martirio." (383) Los títulos de las novelas sugieren la ironía del autor al definir la honradez y la impureza femenina en una sociedad corrupta. Las honradas, muñecas hechas para el goce legal del marido asignado, son sumisas y reprimidas y, como Victoria, inseguras e incapaces de expresar lo que ven y lo que sienten. A Victoria se le censura su inteligencia natural y su curiosidad. A ella se la tilda de loca y de preguntona, con lo que se la obliga a aceptar los cánones sociales. Comentando acerca de su papel de esposa, Victoria asegura que el matrimonio es una costumbre impuesta:

> Me acostumbré como nos habituamos todas a la vida que nos imponen, sujetas a la obediencia desde que nacemos. ¿No nos preparan escrupulosamente para eso? A los diez días de casada era dócil y procuraba someterme de buen grado a mi deber. (144 *LH*)

Las impuras (o malas) son más objetivas y realistas; enfrentan su condición con rebeldía, contradiciendo las imposiciones socio-religiosas. Eligen el compañero por voluntad propia para satisfacer el deseo de su sexo y determinar su destino. Empero, son severamente castigadas y rechazadas. La diferencia, aparente, entre Teresa y Victoria reside en la elección del marido. Teresa enfrenta la sociedad y defiende a su amante. En su rebeldía, admite su libre elección aunque Rogelio, su amante, esté legalmente casado. La voluntad, el libre albedrío la coloca en un plano moralmente superior a Victoria, quien logra la calma y el reconocimiento de su deseo después de su infidelidad. Con evocativos detalles, Victoria expresa el cambio de conducta operado en ella a consecuencia del adulterio:

> Y subía también, como una gran carcajada sardónica, el pensamiento, ahora desembozado y franco, de que, sin el adulterio y el infanticidio no hubiera conquistado tal vez la felicidad de mi hogar y afianzado para siempre la paz doméstica. ¿Qué clase de sociedad era la nuestra, donde de tan extraño modo podía llegarse a la dicha? (348 *LH*)

En cambio, Teresa halla satisfacción en su decisión y afirmando su libertad individual dice: "-Fui de un hombre porque lo quise, sabiendo que no era libre, y seré de uno o de cien, por necesidad, por gusto con la misma tranquilidad."(563 *LI*) Ella reafirma su dignidad ante la sociedad que la rechaza y la castiga autodenominándose "criatura rara que nació antes o después de su época y que no encaja bien en los moldes de esta sociedad."(559 *LI*) La sociedad que forma las honradas y las impuras, es la que impone uniones amparadas en el deseo masculino, en la ley fálica que despoja a la mujer de su propio ser, de su realidad. Victoria condena su inpotencia para elegir esposo y culpa a la sociedad por imponer el matrimonio y coartar la libre elección de la mujer:

> Era una voluntad más en el círculo de fuerzas que me asediaban para empujarme al matrimonio. Con frecuencia he pensado después en esta insidiosa presión del medio, que acaba de hacer imposible la libre elección

de marido por una joven. (127 *LH*)

Carrión, lejos de ser un escritor revolucionario, describió críticamente la condición social y económica de la Cuba seudo-republicana de la que la mujer era la mejor representante. Sin proponérselo, quizá, forjó el camino hacia una nueva novela: la novela de la mujer con temas femeninos. La narradora en *Las honradas* acierta cuando dice "[d]e todas maneras, pienso que la novela de la mujer no está escrita todavía, y que para hacerla es menester que su autor sea médico, cura o mujer, y aun mejor, unir estas tres actividades en una extraña colaboración."(43) El médico, Carrión, a través de la persona narrativa de una mujer, escribe la novela. La idea de honradas y de impuras resulta de la hipócrita moral que rige los patriarcados en los que predomina no una visión realista sino el poder del hombre. Consecuentemente, las honradas y las impuras son el símbolo sexual del patriarcado con el que se diferencian las sumisas de las rebeldes y que, en la ficción de Carrión, están sujetas a la ley patriarcal y a su condición biológica.

A las mujeres de esa época se les imponía la obediencia y se les prohibía el sexo desde niñas pero, al llegar a la adolescencia, la incógnita despreciada adquiría un valor agradable y deseado. La contradicción de las mujeres al reconocerse deseadas y deseantes es la paradoja que plantea Carrión como sostén de su crítica a la educación social de la mujer. Acerca de la educación de Teresa, antagónica con su actitud, el narrador afirma que "[e]n el colegio le enseñaron todas las cosas innecesarias que forman la educación de una señorita de nuestro país y de nuestra época."(370 *LI*) Victoria, víctima de su formación y del prejuicio que proyecta la honradez, experimenta su contradicción al enfrentar la realidad de ser mujer en una sociedad que prohíbe el deseo femenino y enseña cómo reprimir la sexualidad por perjudicial:

> Entonces procuraba muchas veces afrontar abiertamente el caos de contradicciones de mi vida interna y del mundo exterior, preguntándome, por ejemplo, por qué todos se unían para reprobar en público una cosa que nadie dejaba de practicar en privado y detrás de la cual corrían desaforadamente hombres y mujeres sin confesarlo. (88 *LH*)

A comienzos del siglo XX la sociedad habanera empieza a transformarse. La Habana se modernizaba al compás del capital generado por el comercio azucarero. El enriquecimiento de muchas familias, el lujo desplegado, el exhibicionismo de que hacían alarde muchos burócratas y, por otra parte, la explotación, la corrupción y la usura dominaban el ambiente habanero. Fue la época del desbordamiento de las pasiones, del despilfarro, de la adquisición material. Reinó, también, la inmoralidad y la lascivia. En el relato titulado *El Dr. Risco*[4], Carrión describe cómo en este momento el desbordamiento era una especie de autodesquite por los años de colonialismo que sufrió la Isla. Era la época de los excesos criticados por el Naturalismo por sus consecuencias fatales. En este momento "Ningún espectáculo más brillante, más curioso ni más completo para dar una idea de la época de embriaguez y de locura más extraordinaria de nuestra historia social."(Dr. Risco 50) Los excesos se manifiestan a varios niveles entre los cubanos. El narrador comenta que "en 1902, las pasiones tuvieron su edad de oro. Llegados a la inconciencia, tras las acerbas torturas de la guerra, sentimos la necesidad de olvidar nuestras tristezas, apartándonos de toda meditación seria que nos hiciese recordar anteriores padecimientos. La reacción fue algo semejante a un desquite." (50) A nivel material: "Los muebles, los trajes, los edificios, las calles, las costumbres y las mujeres sufrieron entonces una transformación tan radical como lo había sido el cambio politico." Las clases media y baja aspiran a la igualdad social y se valen de los modelos de la burguesia que "a falta de nobleza. . ., desde lo alto. . . ., dieron el ejemplo del lujo, y el mal se infiltró en las venas del pueblo de los pequeños rentistas,de los empleados con seiscientos pesos de sueldo y de los que nada tenían." Por su parte, los de "medianas fortunas impusiéronse enormes sacrificios para sostener el fausto, en recepciones y teatro."(50) Mientras que "los proletarios soñaron con poseer palacios." En *La última voluntad*, relato que da título a la colección, el narrador expresa la dolorosa situación de Cuba al trazar la separación entre la realidad existencial y el idealismo del protagonista:

> ignoraba que la sociedad se encoge desdeñosamente de hombros ante los que no saben deslumbrarla con las galas de un exterior brillante, y que tan sólo ciertos aventureros privilegiados tienen el don de hacerse perdonar la miseria en que vivieron; ignoraba que la misericordia humana es un mito y la caridad un ultraje que mancha; ignoraba que Cuba, desangrada y exánime, había caído en manos de mercenarios implacables, ávidos de conquista, y con cuyas armas no podría nunca cruzar las suyas; en fin, lo ignoraba todo y fracasó. (1975:39)

El papel de la mujer en estos años no difiere del que siempre representó. Pero, en este patriarcado de comienzos de siglo, inmutable y ajeno a los cambios operados en otras latitudes, se impuso a la mujer otra condición: exhibir el bienestar económico de que se disfrutaba en Cuba. De este modo, la mujer aseguró su papel de objeto-esclava y de mito sexual y Carrión lo expresa críticamente en sus novelas. En el relato *La última voluntad*, el narrador observa las consecuencias de esta falsía en la sociedad en general y señala que "[e]n esta gran farsa, el sexo femenino fue, naturalmente, protagonista. Despojados de toda idea viril, los hombres no figuraban sino como productores; de ahí que ni una sola figura enérgica se destacara entre el rebaño borroso de aquella juventud decrépita. Ellas lo fueron todo y todo lo eclipsaron." (51) En esta parodia socio-política las mujeres fueron más afectadas que los hombres por las imposiciones de la nueva sociedad de consumo. Consecuentemente, se agudizaron las relaciones misógenas, la mujer adquirió fuertemente su función de objeto y quedó limitada a los estereotipos de su sexo: pasiva, insegura, obediente y biológicamente determinada.

En la novela naturalista, la disposición narrativa es un encadenamiento de signos que anuncian el desenlace final, casi siempre trágico, desde el primer enunciado. En *Las honradas* el relato autobiográfico de Victoria, no sólo presenta una narradora-protagonista sino que se propone enseñar la inestabilidad sicológica y la inseguridad de un carácter como consecuencias sico-fisiológicas y sociales. Valiéndose de un discurso condicionado por una sociedad patriarcal, Victoria señala la inseguridad y el determinismo como características innatas femeninas. Al declarar la finalidad de su relato, se muestra endeble y sumisa ante su misión, empequeñeciéndose y llamándose "simple narradora". Con igual finalidad, su esposo la llama niña, nena e hijita con lo que reafirma su papel de débil, de sumisa y de inmadura. De esta suerte, el lector queda predispuesto ante la humildad de la narradora y la acepta como una consecuencia más del sometimiento socio-sicológico y físico de que ha sido víctima. Victoria declara el propósito del relato:

> Me he propuesto decirlo todo aquí, y continuaré hasta el fin, simple narradora de un drama que se ha desarrollado dentro de mí misma y al que he concurrido como actriz y única espectadora (226 *LH*)

y justificar su posición de única testigo y protagonista de los hechos. Sin embargo, el discurso narrativo y el desenlace de los eventos acusan al ambiente y a la época que la han formado, como también tienden a señalar la inestabilidad síquica de la mujer -Victoria- como resultado de su condición fisiológica y socio-cultural. Estado que la misma protagonista reconoce como permanente en la mujer, cuando manifiesta la inseguridad que siente con respecto a su propio relato:

> Pero, ¿llegaré realmente a terminar la obra que ahora empiezo? ¿No será

el mío un antojo de mujer, fugaz como todas nuestras determinaciones? ¿Tendré fuerzas para terminar un trabajo que requiere tiempo, constancia, minuciosidad y facultades literarias que no todos poseen? (44 *LH*)

Este cuestionamiento de la narradora muestra la finalidad del autor de querer presentar una protagonista acosada por sus dudas, inestable e insegura a consecuencia de su formación social. Según Oscar Tacca "[t]oda pregunta, aunque aparezca indistinta en el hilo del relato, no corresponde, en rigor, al narrador. Bien vista, puede atribuirse al autor, al personaje o al lector." (1973). En este caso, bien podría ser el autor cuyo propósito es presentar una relatora determinada por su ambiente y por su época y castigada por su sexo. La objetividad del relato, tal como lo expresa la narradora, es antitético de su carácter subjetivo y produce cierta duda sobre la decisión de contar su historia. Pero, por sobre todo, se entrevé la entereza del autor al haber adoptado a una mujer como protagonista narradora que busca igualarse al narrador tradicional, contando la historia de su vida. Lograr la credibilidad y la confianza del receptor es posible sólo por medio de la objetividad narrativa. Al confesar Victoria que se siente embargada por las contradicciones que la han formado desde niña, por un lado sostiene la tesis del autor -la mujer es inestable, caprichosa e incapaz no por voluntad propia sino por las condiciones a las que está atada-. La duda del lector de si puede creer o no en la narradora, se desvanece con la confesión misma de una mujer protagonista de su drama:

> Hay tal número de contradicciones en mis sentimientos de la juventud, que si los anotara todos ahora, yo misma acabaría por creer que he sido una loca y que acaso lo soy aún. (117 *LH*)

El uso de expresiones modalizantes en el relato de Victoria -acabaría por creer, acaso- expresan ciertas limitaciones de conocimiento en la narradora. No obstante, los modalizantes crean un personaje verosímil, tal y como era una mujer de esa época. La inseguridad que expresa Victoria en esta declaración, responde a su falta de voluntad para vencer las contradicciones arraigadas en su subconciente, pero no se amedrenta y continúa su relato. Victoria flaquea ante la lucha entre el poder del subconciente, la realidad socio-ambiental y la fuerza del deseo sexual. Por eso, se autodenomina loca y reconoce su impotencia frente al medio que le dicta normas y le impone patrones. Este comportamiento de la protagonista probablemente obedece a la intención reformadora que se propone el relato. El estado de la mujer, al enfrentar una realidad, es un llamado socio-moral a la reforma de la conducta patriarcal de la nación. La pugna entre la conciencia moral y la voluntad, causa en la protagonista el derrumbamiento de sus fuerzas. Victoria declara su impotencia al decir: "mi repulsión por las rudezas de la carne, al querer y no querer a un tiempo de mi conciencia no podían ser sino efecto de un profundo desequilibrio interno superior al poder de mi voluntad."(117 *LH*)

La voluntad individual está regida por la fuerza del medio y de la condición biológica según la visión naturalista. El uso del imperfecto "-no podían ser-" muestra las dos realidades que enfrenta Victoria: llevar a cabo su proyecto, lograr la determinación propia y la lucha en contra del condicionamiento social. Las tres partes en las que se divide la novela, -el hacerse mujer, la frustración del sexo dictado por la sociedad antepuesto a su disfrute, y el infanticidio como recurso para mantener la honradez (i.e., el aborto) y, finalmente, la calma que trae el sometimiento de los deseos, de la voluntad con la maternidad-, definen la personalidad de una mujer honrada que no tiene la fortaleza necesaria para lograr independencia y desarrollo emocional. Los cambios que se desarrollan en estas tres etapas prueban la intención del autor de presentar un personaje inestable a consecuencia de su determinación socio-biológica y sicológica. Este personaje se presenta al lector decidido, inteligente e idealista. Victoria es la mujer que huye de su realidad, que le teme a su sexo y que carece de voluntad propia. Teresa en *Las impuras*, es idealista, decidida, reconoce y no teme los deseos de su carne. Sin embargo, es castigada por romper con las imposiciones sociales y religiosas del patriarcado (Rodena 1990).[5]

A diferencia de Victoria, Teresa es un personaje sicológicamente estable y decidido. El abandono del amante le sirvió para reflexionar sobre la realidad y cuestionar la impureza del mundo del cual ella empezaba a formar parte. Teresa reconoce que la impureza es sólo una abstracción social con la que se oculta una condición socio-moral. La solidaridad de las impuras inclina a Teresa a reflexionar:

> ¿Qué clase de sentimientos engendraba, pues, la impureza que así infundía en los seres el concepto de una profunda solidaridad humana y las bases de una religión del dolor más elevada y más pura que la que se practicaba en los templos? (579 *LI*)

Teresa y Victoria hallan en la hipócrita moral la disculpa a muchos de sus problemas, mas no soluciones ni respuestas. Sin embargo, el dolor por la traición del amante de Teresa y el engaño del de Victoria, las hace despertar a la realidad. Ambas se reconocen víctimas de una sociedad hipócrita que les niega su femineidad. Atrapadas en un círculo, están acosadas por los cánones socio-religiosos y por las leyes biológicas impuestas por la ideología patriarcal. Victoria reconoce que su interioridad sicológica es efecto de su dependencia materna, causante de su inestabilidad y de su inseguridad frente a las decisiones de su vida. La dependencia materno-social de Victoria y de su hermana Alicia es una especie de sometimiento sicológico que resulta en patrones de conducta repetitivos. Estos patrones, así definidos, crean seres resignados y fatalistas. Para estas mujeres la observación de los detalles, las decisiones propias y su existencia dependen de los dictados de la sociedad y la religión. Victoria, en soliloquio, admite que

> [e]n la mente de Alicia, como en la de mamá, las ideas debían estar trazadas a cordel como las calles de una ciudad nueva. En la mía también intentaban alinearse en la misma forma, a pesar, "de mi defecto de pensar demasiado", como decía mi madre; porque hasta muchos años después, cuando la experiencia me ha hecho rectificar muchas de mis opiniones, no he estado en actitud de fijarme en la curiosidad de ciertos detalles. (90 *LH*)

La madre de Victoria es la reina-esclava, la madre virgen y negada como mujer, como ser. Victoria confirma esta idea al hablar de la madre en estos términos:

> Tengo la seguridad de que para ella, acostumbrada a amar, obedecer y sufrir, siempre siguiendo la dirección de una línea recta, ciertos problemas sicológicos no existían, a juzgar por la perpetua serenidad de su alma. (207 *LH*)

La sumisión y el amar aceptándolo todo se refleja en la conducta de las hijas -Alicia y Victoria-. Alicia no cuestiona la realidad, sólo acepta y obedece. Como personaje es el prototipo de la mujer producto de los patriarcados. La pequeña burguesa que acepta, por obediencia, los mandatos de la madre, y luego, del marido. La narración, aunque autobiográfica, se vale, a menudo, de monólogos y soliloquios que ayudan a subrayar rasgos del carácter de la protagonista, sus devaneos e inseguridades. También las escenas dialogadas, los monólogos y la narración epistolar retardan, en cierto modo, la acción narrativa, aunque crean objetividad tanto en el punto de vista como con respecto a la postura ideológica del narrador. Observemos cómo Victoria responde al esposo cuando éste la llama, sarcásticamente, "literata" en una de sus cartas:

> [T]e he oído decir muchas veces y en eso comparto enteramente tu

opinión, que te desagradan las marisabidillas. Tú sabes que no soy feminista y creo que la major ocupación de las mujeres es el cuidado de su casa. No hay temor, pues, de que llegues a ser el marido de una literata. (212 *LH*)

La declaración de antifeminista muestra el ideario y postura de la narradora, y su miedo con respecto al movimiento feminista que se iba desarrollando por esos años. Toledo Sande, en su libro *Tres narradores agonizantes*, acusa a Carrión de intolerante para con sus heroínas porque las somete a un análisis sicológico que destruye su personalidad, olvidando su condición de seres capaces de emanciparse y de autoestimarse (1981). Pero, las heroínas de Carrión representan el prototipo de la mujer cubana de la época. La mujer de cualquier esfera social estaba sometida a las imposiciones de la iglesia y de la sociedad. También, en la introducción a *Las honradas*, Toledo califica a Victoria de pequeña burguesa engreída y agonizante, porque "jamás encarna las virtudes de la mujer humilde, y no hay que decir que ni se acerca a la vanguardia del movimiento feminista."(11) El rechazo de Victoria del feminismo, entendido como liberación, derecho y voluntad propia, tiene sus cimientos en las ideas dominantes de la época finisecular y que el autor intenta enmendar. El flujo de contrariedades, de dudas y, finalmente, la infidelidad de Victoria, muestran la postura del autor. El intenta mostrar científicamente la realidad social y sicológica de la mujer, a principios de siglo, y cómo esta verdad afecta la capacidad intelectual y emocional de este ser que él veía con pena y con simpatía.

Desde el primer capítulo, Victoria declara el motivo de su relato, y al hablar sobre las novelas dice:

He leído muchas novelas, y no he hallado una sola en que se coloque a la mujer en el lugar que realmente tiene en la sociedad. (43 *LH*)

Pero en todo el relato aparece la Victoria contrariada, insegura, adoptando un discurso narrativo que la aleja del motivo que la impulsó a la narración y aceptando su papel de sometida, de marginada. Lo que parece indicar que más allá de la finalidad de la narradora, se devela la dificultad emocional y social que experimenta la mujer cuando intenta autodeterminarse. Esta observación podría prestarse a percepciones ambiguas en cuanto impide al personaje su libre albedrío y su desarrollo. Y lo limita a lo que es, un ser determinado por el medio y la herencia. Victoria es un personaje naturalista, sacado de una realidad, estudiado con detenimiento y estrictamente analizado según los principios experimentales de la escuela zolesca. Teresa y Victoria son víctimas del fatalismo, la marginación y la determinación biológico-ambiental. Para ambas la resignación y el sometimiento son las únicas salidas. Esta condición contradice la aceptación y la concretización del carácter de Teresa por parte del narrador. Como personaje, Teresa parece simpatizar con el autor por lo decidida, inteligente y noble. Sin embargo, ridículamente se prostituye en vez de reclamar su patrimonio. Más allá del determinismo ambiental que rige a las mujeres de Carrión, la derrota de Teresa y su separación de los hijos obedece a la disolución de los ideales, de las aspiraciones que forjó el movimiento independentista, ideales frustrados en la República mediatizada en que vivían el autor y el pueblo cubano. La derrota de Teresa y su sacrificio de madre que opta por abandonar su patrimonio por el bienestar de sus hijos, obedece a una concepción romántico-fatalista de la novela naturalista. Como personaje protagónico, Teresa está destinada a la caída ya sea por debilidad o por el subjetivismo que limita la comprensión de su realidad de mujer rica. Como código actancial, Teresa representa el tema discutido del período, la caída de la mujer, sus causas y consecuencias. Así, los ideales, la dignidad y el libre albedrío sucumben en esa sociedad. La prostitución, consecuencia de la marginación, del escepticismo, permite a los individuos sobrevivir siempre que acepten la derrota. En Teresa es inimaginable su caída, un tanto trivial. Lo que parece indicar que responde a la marginación del autor, quien busca una salida a la problemática nacional y a la condición social de la mujer. En esta búsqueda sólo halla frustración y escepticismo. Aunque se observa en Teresa a una mujer independiente, está destinada, fatalmente, a la derrota como todos los protagonistas de la novela naturalista. Precisamente, en la resignación que conduce al fatalismo, en ese lento morir que impone el medio, es en donde descansa el naturalismo de estas novelas. Victoria llama a su resignación, a su falta de voluntad, a su fatalismo, "enfermedad del espíritu":

> He llamado al estado en que me encontraba "principio de una enfermedad del espíritu", y nada más exacto ni más en consonancia con los extraños sentimientos que fueron poco a poco enseñoreándose de mi alma. La enfermedad se presenta sin contar con nosotros y sigue una marcha inexorable hacia la curación o la muerte, sin que puedan detenerlas los esfuerzos de la inútil voluntad. (225 *LH*)

El fatalismo o la enfermedad llevó a Victoria a los brazos de su amante sin poder frenar sus impulsos. La infidelidad la despertó a la realidad de su marginación sexual.

En ambas novelas, la objetividad descriptivo-narrativa, especialmente en *Las impuras*, define las interioridades de las protagonistas y la influencia del mundo exterior. Se conoce la vida de Victoria por lo que ella cuenta. Pero ella es observada, como un personaje que juzga, que piensa y que entiende el mundo a su alrededor, dando así paso al desdoblamiento del yo. El personaje de Victoria desnuda sus interioridades, pero a la vez es dominada por otra parte de su ser que juzga y analiza. Esta ambivalencia aniquila su voluntad y el ejercicio de su libre albedrío. Esta pugna entre el yo interior y el físico causa las más severas contradicciones en la heroína. Al hablar de la relación entre el subconciente y la mujer, ella dice:

> mi imaginación se desbordaba locamente, sin que pudiera detenerla el severo juicio de la otra yo, que en el seno de mí misma me incitaba a dormir y se burlaba de mis tonterías. (223 *LH*)

La incitación a dormir simboliza la sumisión misma, la obediencia a los mandatos del patriarcado. Este conflicto entre el subconciente, como depósito de las leyes socio-morales, y la mujer nos acerca un tanto al sicoanálisis freudiano de los años 30. El análisis sico-social de Carrión muestra a la mujer condicionada socialmente a la pasividad. Según Freud la mujer es pasiva por naturaleza y esto la diferencia del hombre. Pero "la diferencia no es sicológica; mencionar lo 'masculino', significa 'activo'; decir 'femenino' significa pasivo." (1964) Ahora bien, esta pasividad natural y condicionada por las normas sociales que gobiernan a las mujeres las convierten en machos castrados, en masoquistas. Para Freud la falta de agresividad en las mujeres, la que reciben constitucionalmente y se les impone socialmente, causa el desarrollo de impulsos masoquistas (116). Freud afirma que el masoquismo es una característica femenina: "Así el masoquismo, como dice la gente, es verdaderamente femenino."(116) La caracterización de Teresa y Victoria parte de la ideología de la época sobre la mujer. Ella es un ser pasivo que, románticamente, sufre el dolor y el abandono. Esta idea, en cierta medida, se acerca a la expuesta por Freud porque tiende a subvalorar a la mujer y crea el mito de la neurótica insegura que logra su equilibrio por medio de sufrimientos. Sólo así, la mujer logra el balance de las fuerzas que la dominan. Carrión, temática e ideológicamente, expone el problema de la mujer en una sociedad que le impide autodeterminarse, lo que se refleja en su personaje. En el caso de Victoria, el limitarse a la procreación y a la crianza de los hijos después de su degradación, es su victoria. Al final declara su única alternativa: dedicarse al cuidado de sus hijos. Como ser resignado, acepta su marginalidad dentro de la sociedad que la ha formado. Todavía se reconoce indecisa, inconstante ante el dilema de la esclava feliz o la vengadora: "me consideraba incapaz para decidir, entre los dos términos del tremendo dilemma."(351 *LH*) Esta actitud la define como una heroína agonizante y resignada. Teresa, por su parte, aunque más segura y decidida, al final cae en la trampa que le impone el medio como castigo por su desobediencia, se entrega por dinero a su casero.

El enfrentamiento de la problemática de la feminidad, de la sexualidad, en una sociedad que margina a las mujeres, cuyos interrogantes no hallan respuestas sino acondicionamientos, y cuyas inquietudes son aplastadas por la fuerza biológica y sicológica, lleva a las protagonistas a la resignación. Se convierten en personajes degradados, nihilistas y fatalistas. De ahí nace el discurso narrativo-naturalista de Carrión. En *Las impuras*, el relato en tercera persona no permite la duda. El narrador dispone la narración linealmente para, de modo objetivo, mostrar al lector cómo sucedieron los hechos. El adopta una focalización omnisciente que le permite situarse fuera de los acontecimientos -narrador en tercera persona- conocedor de la historia, emitir juicios valorativos sobre el personaje y las condiciones que lo afectan. La aparente objetividad se logra por la minuciosidad y el detallismo descriptivo. Las escenas dialogadas son mínimas, y no existen los monólogos interiores que retardan la narración pero que contribuyen a la verosimilitud del relato y a la caracterización del personaje. Pero el encadenamiento de los hechos, los cuales son importantes por sí solos, llevan al desenlace trágico de la historia: la caída de Teresa.

Como protagonista, Teresa representa la problemática que, por medio de la técnica naturalista, se denuncia. Teresa no neutraliza el relato porque no es la que cuenta. La narración cumple con el relato heterodiégetico (omnisciente) tradicional novecentista del sujeto que cuenta la historia que no ha vivido pero que conoce.

Como en todas las novelas naturalistas los personajes son los distintos tipos sociales que habitan La Habana o cualquier otra ciudad: el tendero, las prostitutas, el casero, la manceba, la celestina, los arrivistas, los presumidos, los oportunistas. Empero, las protagonistas, Teresa y Victoria, pertenecen a la clase media aburguesada objeto de la crítica social de los naturalistas. Las protagonistas, aunque pertenecen a esta clase, están regidas por las mismas condiciones ambientales y biológicas que anquilosan e incapacitan a los individuos. La influencia del medio determina su comportamiento. Si atendemos la afirmación de Zola de que el hombre no está aislado sino que está indisolublemente sujeto a su ambiente:

El hombre no está solo; él vive en un medio social y por eso, para nosotros los novelistas, el medio modifica los fenómenos indefinidamente. En sí, nuestro gran estudio está allá, en la influencia recíproca de la sociedad en el individuo y del individuo en la sociedad, (Zola 1973)

se podría determinar la causa, la verdad sobre la existencia y el comportamiento de los personajes. En *Las impuras* se materializa el bajo mundo -prostitutas, jactanciosos, rufianes y otros-. En *Las honradas* se recrea el mundo de los que participan de la hipócrita moral, quedando sus inmoralidades cubiertas por el brillo, el nombre y el dinero -como sucede con Trebijo o con el padre de Victoria-.

Los personajes femeninos de Carrión, a diferencia de los masculinos que responden más a la tipificación, poseen una fuerte sicología. Mercedes Pereira afirma, en la introducción de *Las impuras*, que las mujeres gozan de la simpatía del autor. Simpatía que casi siempre se interpreta como lástima o inquietud por estos seres a quienes ve condenados por la sociedad. Victoria es un personaje con hondura sicológica, que se transforma, que piensa y toma decisiones. Victoria es un logro, una victoria sicológica del autor con el que afirma su conocimiento fisio-sicológico de la mujer. Este conocimiento acerca al personaje a la realidad de la mujer cubana de la seudo-república, la mujer creada por la sociedad patriarcal. El hecho de que Victoria cuente la historia de su vida es un paso hacia la ruptura con los moldes del patriarcado. Victoria reconoce el error de su crianza, y piensa educar a su hija de modo distinto. Lo cual indica que Carrión siente simpatía y reconoce el problema socio-cultural de la mujer e intenta crear conciencia acerca del mismo para poder enmendarlo.

Las protagonistas están en lucha con el medio, lo cuestionan y tratan de encontrar la verdad, pero ambas terminan vencidas. Aparte de la decadencia que domina a los héroes de las novelas naturalistas, Carrión ha creado en ellas dos protagonistas verosímiles. Como entes de acción poseen un desarrollo consecuente y equilibrado. La narración supera la descripción, especialmente en *Las honradas*. Teresa, como personaje, está supeditada a la objetividad descriptiva; su movilidad, sus decisiones, sus salidas y sus entradas descritas objetivamente en tercera persona la dotan de cierta independencia. Ciertamente, sus acciones, analizadas a nivel sicológico -piensa, decide y actúa- y observadas físicamente -habla, sale y entra- y finalmente, se dirige a su caída definitiva, han dado al personaje un desarrollo físico y sicológico totalmente logrado. Como protagonista le sirve al autor para demostrar cómo aquellas feministas e idealistas están dominadas por las imposiciones del medio y no pueden escapar a su designio aun cuando enfrenten la realidad sin temor. Las mujeres de la ficción de Carrión son, en general, personajes sicológicamente bien logrados.

Florinda parecería una excepción, pero sirve para criticar a los machos que no pueden decidir por sí mismos. Florinda es abusada por un marido engreído, y acepta resignada y humillada su condición. Sólo la muerte de la hija la hace reaccionar, pero ha sido la maternidad misma la que la ha sometido a esa humillación. Este es también el caso de Teresa, quien se humilla por sus hijos, y de Victoria, que acepta resignada su condición de esposa-esclava, por su hija.

Otro personaje especial por su visión realista y su sicología, es Graciela en *Las honradas*, quien ha enfrentado la sociedad de modo positivo. Ella y su esposo, Pedro Arturo, encarnan lo positivo del materialismo norteamericano: el trabajo como medio de alcanzar la meta deseada. Graciela ha tenido que enfrentar la humillación moral de la sociedad, pero no ha perdido su postura materialista y realista que la llevó a la independencia económica e individual. Graciela es, en cierta medida, parecida a Teresa, excepto que su dignidad y fortaleza de carácter la salvan, de lo que carece Teresa al final. Antagónicamente, Alicia, la feliz esclava, es el prototipo de la burguesa sometida y humillada por los caprichos del marido. En cambio, en *Las impuras*, las mujeres reconocen su papel en la sociedad de modo realista y práctico. En este grupo aparecen la Aviadora alrededor de quien viven otros personajes femeninos; Obdulia la carpinterita, quien desde niña, motivada por el ambiente y la miseria, va inclinándose a la prostitución como único medio de sobrevivencia; la mulata Felicia, en cuya casa se celebra la fiesta a la que acuden todas las prostitutas, mezcla de folklore, lascivia, grosería y violencia. Esta fiesta se celebra sólo entre "gente alegre". La mulata Felicia interviene poco en la narración, pero su mínima descripción la dota de realidad y le confiere hondura sicológica. Felicia "era gruesa, melosa y risueña, con un seno de nodriza caído hasta el vientre, una vivacidad obsequiosa en todos sus movimientos y un aire completo de buena persona, que contribuía a reforzar su traje modesto y sencillo, semejante al de una vieja criada." (517 *LI*) Carlota enfrenta su verdad y su papel de prostituta con dignidad. Es un personaje bien delineado cuya caracterización, al igual que la de la Aviadora, la colocan en un plano subprotagónico porque contribuyen a la verosimilitud del mundo ficcional de las impuras en la novela. La Aviadora es la prostituta frívola e indiferente cuya única pasión es el lujo y la vida excitante. Estas mujeres impuras, a quienes el autor ha dotado de sicología, están personificadas como entes reales por sus acciones, su lenguaje y su medio. Así, la caracterización de las mujeres dentro de un ambiente determinista, permite a Carrión abordar sus interioridades, comprenderlas y conocerlas. Esto, a su vez, permite que las someta al experimento científico para demostrar su tesis. El autor acusa a la sociedad por la situación social de la mujer, porque no acepta la independencia ni la autodeterminación de éstas ni como seres humanos, ni como mujeres. Como creador de la novela sicológica femenina cubana, Carrión critica las costumbres para culpar a la sociedad, pero se adhiere a los criterios del Naturalismo determinista, y demuestra los problemas socio-culturales y sicológicos que afectan a las mujeres y el rechazo social de la feminidad, del ser mujer.

A diferencia de los personajes femeninos, los masculinos son individuos detestables, dependientes, engreídos, incapaces de luchar con dignidad contra las imposiciones socio-políticas. Para ellos el bienestar material, el sexo fácil y la acumulación de fortuna son las únicas preocupaciones. Joaquín trabaja hasta tarde en el ingenio para lograr riquezas, sin importarle la soledad de Victoria. Recordemos al padre de Victoria, que se valió de una mentira para obtener una posición en la administración pública. Para otros el sexo es lo definitivo en su bienestar social y sicológico. Obsérvese a Fernando, un tipo amorfo a quien su mujer abandonó, que se vale de una celestina a quien mantiene para conquistar mujeres. El sexo, el arrivismo político y económico ponen al descubierto la verdadera situación por la que atravesaba Cuba en esos momentos. En *Las impuras*, el teniente Mongo Lucas obtiene rangos militares y dinero a cambio de entregar su esposa a sus superiores y hacer favores a los ricos. Esta conducta es común de los militares, responsables del orden, la justicia y la soberanía de la nación. Paco se vale de las mujeres para obtener puestos públicos y dinero; se considera el verdadero producto del medio social por su cinismo y su indiferencia hacia lo moral. Es uno de los personajes masculinos mejor logrados de Carrión. Rogelio, por necesidad egoísta y debilidad de niño bien, venido a menos, huye con la Aviadora. Ella lo mantiene y no tiene que enfrentar la realidad de sus dos mujeres: Florinda y Teresa. Rogelio es un personaje de carácter débil, incapaz de autodesarrollo y hasta antagónico con relación a la caracterización de Teresa. Azuquita es un rufián desalmado, que vive de Carlota. Rigoleto, aparente payaso y bufón, es el único personaje noble. Lo que enseña que la apariencia física no es determinate de los sentimientos. La deformidad de Rigoleto contrasta con su sicología y sus sentimientos. Su nobleza, su espiritualidad y la sinceridad de su amor por su abuela y por Teresa lo colocan en un plano superior a los demás. En *Las honradas*, Fernando y Trebijo, ricos, respetados y dignos representantes sociales, esconden con la máscara de la hipocresía su mísera realidad. Trebijo, de quien dice Arturo Montori que es la representación del puerco con características humanas[6], se vale de su dinero para explotar y abusar de las mujeres. En sí, la caracterización de los personajes masculinos representa el desenfreno y la inmoralidad que plaga la República en germen. Estos personajes, narrados o descritos, son también productos sociales determinados. A diferencia de las mujeres, los hombres no son castigados y su determinación biológica no es absoluta como en ellas, para quienes las opciones están limitadas: honradas sometidas o impuras castigadas.

Otros rasgos naturalistas a través de los que se expresa un tipo de castigo biológico para las mujeres y que la novela naturalista introduce en el discurso novecentista, son el aborto y la histerectomía. El aborto de Victoria y la operación de Alicia son tratados, en el plano lingüístico, con un lenguaje directo y gráfico que llama a todo por su nombre, y no evita ni el feísmo ni los detalles escalofriantes. En la descripción de estos dos acontecimientos se perciben las dotes del novelista tanto como las del médico. Carrión describe con exactitud y consecuentemente ambos procesos. En efecto, Carrión introduce la medicina experimental para mostrar, una vez más, que sólo científicamente se puede llegar a la verdad de un fenómeno. Como médico conocía la fisiología humana, las causas que deterioran el sistema, cómo prevenir males y cómo corregirlos. Con específicos detalles, describe la operación de Alicia, el aborto de Victoria, la enfermedad y tratamiento de Llillina, afectada por la poliomelitis y la anemia, y la condición sicológica de los personajes. Irónicamente, las pacientes son todas mujeres, lo que justifica la postura del autor al hacer de ellas el objeto de su teoría. El médico no escoge a un hombre para demostrar la validez del experimento, tampoco el novelista lo hace. Aunque se sabe de la enfermedad contagiosa de Trebijo, no actúa como paciente ni se conoce cómo lo afecta la enfermedad. En cambio, Alicia, su mujer, contagiada por las sífilis del marido, enfrenta la castración de su feminidad a lo que Trebijo responde con indiferencia y frialdad. Trebijo no sólo despoja a Teresa, su hermana, de su nombre y de su fortuna. El se convierte en el victimario de Alicia, a quien priva de su individualidad, de su identidad femenina.

Adviértase cómo Teresa, siendo un personaje a quien no se juzga, ni se critica, es castigada por su rebeldía. Se castiga su feminismo que la llevó a decidir su vida, porque en los patriarcados la feminidad es marginada y reprimida (Moi 1985). Más bien el novelista y el hombre quedaron aferrados a los modelos femeninos del siglo XIX con los atisbos románticos que los caracterizaron. Aunque la nimiedad del desarrollo sicológico de los personajes masculinos y la tipificación que de ellos hace el autor, muestra también la desconfianza de Carrión para con los dirigentes nacionales. Carrión con la caracterización de sus personajes expresa la marginación del hombre público que fue como también del novelista. Existe un paralelismo entre la victoria pírrica de Victoria y la del pueblo cubano. Al igual que la protagonista, cuya agonía la lleva a la resignación, a la muerte lenta y al fatalismo, Cuba agoniza ante su seudo victoria. La continua humillación colonial, el militarismo, el sometimiento y la degradación indisoluble suscitan el fatalismo de los cubanos. Ellos han aceptado con resignación la condición existente, porque "cuando un animal agoniza (como lo hace Cuba en esos momentos), las auras tiñosas empiezan a aproximarse en bandadas." (489 *LI*) La situación de seudo-república y sus efectos son expresados por Carrión en estas novelas de modo desesperanzador. Para elaborar y demostrar la teoría naturalista-cientificista escogió al ser prototipo del "débil" según la sociedad, y lo sometió a un análisis sico-social. De esta suerte ha propuesto una tesis socio-cultural-naturalista que demuestra la marginación y el determinismo de la mujer en la sociedad patriarcal cubana, la cual está focalizada en la sociedad en general.

NOTAS

1. Los ensayos científicos, políticos, sicológicos y sobre la mujer de Miguel de Carrión están esparcidos en revistas -Cuba Contemporánea, Azul y Rojo, Cuba Pedagógica, Bohemia, entre otras- y periódicos -La Lucha- casi inasequibles, dificultando el estudio profundo del pensamiento del autor. La Universidad Nacional José Martí, en La Habana, conserva la mayor parte de la obra crítica-ensayística de Carrión. Dos artículos publicados en la revista Azul y Rojo, "El triunfo de las mujeres" y "La educación de la mujer" ha sido imposible conseguirlos.
2. Miguel de Carrión, *La honradas* (La Habana: Editorial Letras Cubanas, 1978)158. Las referencias se hacen siempre por esta edición. Abreviamos *LH*.
3. Miguel de Carrión, *La impuras* (La Habana: Editorial Arte y Literatura, 1978)554. Las referencias se harán por esta edición. Abreviamos *LI*.
4. "El Dr. Risco" pertenece a la colección de relatos cortos de Miguel de Carrión, titulada *La última voluntad*. Cito de la sugunda edición publicada por la Editorial Arte y Literatura de La Habana en 1975.
5. Adriana Méndez Rodena, "Este sexo que no es uno": Mujeres deseantes en *Las honradas* y *Las impuras*, de Miguel de Carrión. *Revista Iberoamericana*, 152-53 (1990): 1021. Este número está dedicado a la literatura cubana de los siglos XIX y XX.
6. Arturo Montori, "La obra literaria de Miguel de Carrión," en Homenaje a Miguel de Carrión (La Habana: Cuba en la UNESCO, Comisión Cubana de la UNESCO, 1961) S.P. Este artículo se publicó en la revista Cuba Contemporánea en 1916, páginas 337-52.

Capitulo 7

Carlos Loveira y el Naturalismo

En 1919 Miguel de Carrión publica *Las impuras*, su tercera novela, y Carlos Loveira su primera narración, *Los inmorales*. En esta primera novela comunica características y temas de la corriente naturalista como el anticlericalismo, la lucha obrera, la crítica social, el reformismo, la lucha por la vida, lo autobiográfico, el pesimismo, el fatalismo, la resignación, la determinación socio-biológica, la marginación, la mujer-objeto, el anticolonialismo y la derrota. Loveira, como escritor que busca expresar una realidad en crisis, se acoge al Naturalismo zolesco. Su propósito es no limitar detalles por abominables o repulsivos que sean, para definir la situación política y social por la que atraviesan los cubanos, presentándolos en un ambiente de populismo, utopías, erotismos y frustraciones. En *Los inmorales* se esbozan temas y características estructurales que el autor desarrolla a plenitud en sus novelas posteriores. Los temas y las características que moldean, desde sus inicios, la novelística de Loveira, lo definen como escritor naturalista. Sus novelas surgen de la observación de la crisis social que experimentó Cuba en un momento preciso de su historia. De ahí que deriven de un tono común en que los temas y subtemas se repiten, aparecen en las cinco novelas, pero sin convertirse necesariamente en temática principal.

Al clasificar la novelística de Loveira, surgen dos novelas en las que el tema tratado y la tesis planteada derivan de una misma problemática: la situación socio-cultural de la mujer en la sociedad cubana: *Los inmorales* y *La última lección*. Por ello es que trataré estas dos novelas al principio de este capítulo, alterando el orden cronológico del *corpus* loveriano.

Para finales del siglo XIX y principios del XX se dejaban sentir, en Cuba, intentos reformadores en cuanto a la condición social y política de la mujer. También, algunas mujeres habían salido a la palestra de las reformas sociales, pero el problema social de la mujer seguía inalterable. *Los inmorales* fue un intento de "secundar la campaña pro divorcio en Cuba", afirma Loveira. En Cuba no existió el divorcio legal hasta el año 1918, por tanto, "Cuba contemporánea y casi todos los periódicos estaban a favor y atacaban a la iglesia católica por su opinión." (1955) Loveira se apoya en el debate dialéctico suscitado por esta campaña y en sus causas y consecuencias socio-morales, presenta su tesis: la hipocresía a la que la iglesia y el estado colonial han sometido a Cuba impide a los hombres reconocer los verdaderos sentimientos. Juzgan y castigan a aquéllos que, guiados por su sensibilidad, optan por autodeterminarse. Los convencionalismos coartan la libertad y la dignidad de los individuos que se rebelan contra las imposiciones sociales. Ellos terminan condenados al pesimismo y al fatalismo. En la novela este fenómeno se observa en los personajes. La función y el mensaje que proyecta cada personaje devela la tesis propuesta y parece dominar la narración. Los protagonistas, Elena y Jacinto, son castigados por haberse rebelado contra las leyes patriarcales y coloniales cubanas al decidir convivir maritalmente fuera del matrimonio. El mensaje que muestra la conducta de los protagonistas, sus fracasos y su inestabilidad, cumple el propósito de la tesis. El castigo recibido por ellos es consecuente con los principios del determinismo. Ellos son castigados por haber decidido su destino.

Elena y Jacinto son víctimas de la moral social. Elena está casada con Pepe, un estudiante de medicina que reside en Nueva York. Pepe es frío y engreído y no valora ni la inteligencia ni los sentimientos de Elena. Jacinto cumple con el requisito social y contrae matrimonio con Ramona, humilde y sencilla, pero quien no comparte ni sus intereses ni sus inquietudes. La incompatibilidad entre estos cuatro seres, es la causa de la compenetración y enamoramiento de Elena y Jacinto. Como pareja, Elena y Jacinto comparten ideas, gustos e inquietudes pero no pueden vivir juntos en la Isla. Se establecen en Panamá en donde Jacinto es empleado ferroviario. La convivencia entre ellos está centrada en el respeto, la comprensión y el amor. Actitud muy positiva y moderna del autor, quien cree que la elección

titud muy positiva y moderna del autor, quien cree que la elección de la pareja y la convinvencia responde a la libertad individual y no a imposiciones sociales. La armonía entre la pareja se afecta cuando sus amigos descubren el verdadero estado civil de ambos. Víctimas del prejuico social, ellos son castigados y abusados. Sin embargo, aun siendo víctimas de injusticias, su relación de pareja no se quebranta. El repudio de Elena y Jacinto por sus amigos es el pilar de la crítica social loveriana y le sirve para demostrar su tesis. La sociedad se ciega ante los verdaderos sentimientos y, apoyada por la religión y la ley civil, halla en el castigo de los individuos como Elena y Jacinto, la justificación a su propia inmoralidad. Es decir, que la victimización de Elena y Jacinto por su rebeldía aprueba la inmoralidad y la deshonestidad de muchos individuos conocidos como moralistas y caritativos que predican la moral como sostén de la sociedad. El código moral en antagonía con el social se proyecta en el personaje de Matilde. Su condición de mujer explotada por su marido como mercancía para conquistar socios y para ganar influencias le ha hecho comprender la realidad. Ella reconoce el conflicto entre la realidad utópica y la `real` y halla en su condición de mujer casada la contradicción a que la sujetan los mandatos socio-religiosos, la postura de la iglesia, el comportamiento de don Saturnino y el de su marido. Entregarse sexualmente a otros hombres por orden de su marido, por simple voracidad pecuniaria y para aparentar una moralidad de que carecen, la convierte en rebelde. Este enunciado expresa el antagonismo entre la realidad externa y la interna de los dos códigos. Matilde acierta al decir que

> la gente más buena, más religiosa, más caritativa, más moral, es generalmente más falsa, hipócrita; "más de historia." (206 *LI*)[1]

La moral -proyectada en los códigos actanciales y discursivos- en la sociedad patriarcal se ampara en las leyes -la antidivorcio- y fomenta el abuso del poder, la injusticia y viola los derechos del hombre. En este caso, el derecho a elegir en el matrimonio. En este juego socio-legal, la mujer queda sometida a las imposiciones del patriarcado. Elena no puede separarse legalmente del marido que no la valora, a quien ella no quiere, porque lo impide la sociedad. Para la mujer no existen alternativas, sólo la muerte la libera del yugo. Elena huye con Jacinto por decisión propia, pero es castigada doblemente por su rebeldía y por su decisión. Este patrón de conducta, visto antes en Teresa, en *Las impuras* de Carrión, es tratado por ambos autores distintamente. Carrión y Loveira culpan a la sociedad por los efectos y causas de este comportamiento. Por lo que la sumisión y la objetivización de la mujer -código cultural- es la convicción que gobierna su estado moral. Someterse a los devaneos sociales les asegura un puesto=objeto en el patriarcado. Al igual que las mujeres, los pobres y los obreros son víctimas de abusos e injusticias. Loveira plantea, basándose en los fundamentos naturalistas y asumiendo su código ideológico, el problema social de los obreros en la tradición literaria cubana. Es decir, la problemática sindical y obrera como se entiende modernamente. Los hermanos y la madre de Elena son abusados por el padre, un obrero marginado que, producto del medio y la herencia, se refugia en el alcohol y en el juego, y se apoya en el machismo cultural para sobrevivir en la sociedad. Su comportamiento es determinante del futuro de sus hijos. Elena, rebelde, positiva e inteligente, argumenta que no hay solución a los problemas de su familia y la muerte es la única que traerá paz a la madre. Como, asimismo, la huida con Jacinto significó para ella su libertad:

> No veo más solución para mí. Para ustedes no hay otra que la que ya te he dicho cien veces: Esperanza [la hermana], la pobre todo tendrá que sufrirlo hasta que, casada o como pueda, salga de esta miseria moral y material. Los muchachos por el estilo, y tú, [mamá], eres un caso perdido. Por tu carácter irresoluto, sumiso; pues . . . ya lo sabes, sólo con la muerte hallarás término a tu calvario. (149)

Para los potentados las condiciones son distintas. Don Saturnino, símbolo de opulencia e hipocresía, es un cubano negrero y azucarero que reside en Panamá. Apoyado por sus amigos en el poder, abusa de su posición económica y somete a cuantas hembras desea. Consecuentemente, esta satisfacción de poder más que de sentimientos conduce a la procreación de hijos bastardos condenados al abandono, la marginación y el desprecio. La bastardía es uno de los temas de la novela naturalista que en la ficción narrativa cubana se remonta a los inicios de la novela con *Cecilia Valdés*. En *Los inmorales* es otro rasgo en germen del naturalismo loveriano que se critica y desarrolla en la novela, *Juan Criollo*[2]. Don Saturnino, cuyo comportamiento está respaldado por su poder económico y por su contribución a la iglesia católica, mantenía una especie de divorcio corpo-moral con su esposa, la Ramos, debido a sus amoríos con una negra con quien tenía varios hijos:

> Tenía don Saturnino, con su esposa, dos hijas de seis años la menor, de siete la primogénita, y media docena de mulaticos con una mestiza de francés y haitiana de los arrabales. Los mulaticos empezaban por uno de cinco años y terminaban por dos gemelos de meses. Por esto de la mestiza y la prole verdinegra, la mujer legal de don Saturnino había dejado

de tener hijos con él. (203-04)

Don Saturnino encarna la hipocresía moral y religiosa, y es quien provoca la tragedia de Jacinto y Elena. Precisamente, el Naturalismo critica la demagogia religiosa y la hipocresía y, en la novela, son códigos permanentes de la narrativa del autor. El narrador rechaza, en las personas de Elena y Jacinto, el catolicismo y el clericalismo por los mandatos de que se valen para someter a los individuos. También se condena el colonialismo que la iglesia católica ha propalado, la educación errónea de la mujer y las vejaciones cometidas en los países hispanos. Al referirse al papel histórico de la iglesia católica en hispanoamérica y al control que ha ejercido en la formación intelectual y espiritual de los individuos y en la capacidad de los seres para juzgar y determinarse, Jacinto comenta lo siguiente:

> De éste [el prójimo] sólo pudiera interesarle la parte infinitesimal que piensa por su cuenta, que no tiene el peso de las preocupaciones dejadas en las mayorías estúpidas por el catolicismo antihumano que nos legó España, y que más o menos visiblemente, señorea las conciencias en nuestros países americanos de habla castellana; la parte infinitesimal que no se dobla ante el convencionalismo, tolerante del adulterio, la bigamia, el incesto, la corrupción de menores, con tal de que todo se haga en un mundo de engaños, hipocresía y clandestinaje; "guardando las formas." (189)

El anticlericalismo aparece en todas las otras novelas de Loveira, pero está más acentuado temáticamente en la novela *Los ciegos* (1922). Elena y Jacinto en su rebeldía, en su anticlericalismo y en su afán de enmendar los males sociales, y de enseñar que éstos no deben aceptarse por dolorosos y humillantes, expresan la visión del mundo y el punto de vista del narrador. Así, se responsabiliza a la iglesia católica por la corrupción e inmoralidad del estado nacional, por la marginación de los individuos y, en particular, de las mujeres, y por fomentar el machismo. La madre de Elena, víctima de la miseria moral y material, ante los abusos del marido, acepta con resignación su sometimiento por ser mandato religioso. Elena reprocha ese comportamiento a la madre pero acusa a la religión y a la sociedad por la condición a que expone a las mujeres. Reafirmando su antirreligiosidad, le responde a la madre de este modo:

> -A mí ya sabes que es inútil mentarme a Dios, mamá. Si de chica, y por instinto, nunca fui religiosa, mucho menos he de serlo ahora que razono, que, por más que me esfuerzo en ello, no veo por ninguna parte la misericordia de Dios. (89)

Una reafirmación de la conducta marianista es el comentario de la madre de Juan, en *Juan Criollo*, novela de 1927. Ella resignada ante la miseria, la injusticia y los abusos de que ella y Juan han sido víctimas, le dice al hijo:

¡Qué le vamos a hacer, hijo! ¡Dios quiere que vivamos así!(23)

En *Los inmorales*, la narración, aunque encadena los hechos, muestra cierta alternancia. Está fragmentada porque no está sujeta a la total omnisciencia del narrador. En el relato se intercalan cartas, escenas dialogadas y discursos en defensa de los obreros. La narración se llena de teorías sociológicas que el narrador pone en boca de los personajes, en este caso, Jacinto, y con las que se rompe el hilo de la historia romántica de los protagonistas. Los discursos y las cartas imprimen cierto tono panfletario a la narración, pero contribuyen a la verosimilitud de la historia. Por ejemplo, durante las protestas y revueltas de los obreros, la narración se concentra en este hecho y se aparta de la historia central, focalizándose en los discursos propagandísticos en favor de la causa obrera. Además, se plantea el problema obrero y su solución desde dos perspectivas: la socialista moderada y la anarquista. Ambas están asumidas bajo el código ideológico y su relación con el temático. El anarquismo, por su violencia y antimaterialismo, no era la solución a los problemas laborales de los cubanos. El narrador omnisciente aboga por y cree en un tipo de socialismo, en una democracia que ayudará a acabar con la injusticia y los abusos contra la clase que él representa. Acercándose a la realidad y a la problemática de los obreros, representadas en los códigos socio-históricos, se intercalan en el relato acontecimientos reales de la historia de Cuba. Entre ellos están la huelga sindical de 1917 en la que, según otros críticos, es posible que Loveira haya participado como obrero al igual que Jacinto en la ficción. Intercalando en el relato datos biográficos de su vida de activista, el autor puntualiza el mensaje de los códigos y la verosimilitud narrativa. Por tanto, las demandas de los obreros -mejoras salariales, y mejores condiciones de trabajo- son signos del carácter y los ideales del narrador. En la novela, la huelga define ciertamente la personalidad del protagonista, sus ideales y su sensibilidad de hombre íntegro, víctima de las condiciones del medio social. La huelga convierte la narración en real, la vuelve menos ficticia a la vez que presenta la situación confusa y anárquica del movimiento obrero en Cuba. El detallismo descriptivo sustenta la tesis del autor y del reformismo al que se atiene. Los males sociales que afectan a los individuos deben corregirse pero, antes, hay que destruir las instituciones políticas que rigen la nación.

Pedro González, basado en la postura de Loveira y en su finalidad como novelista, argumenta que Carlos Loveira fue "sociólogo" antes que novelista. Loveira halla en las condiciones socio-humanas las causas del comportamiento de los hombres y culpa a la sociedad, al igual que Miguel de Carrión, por el fatalismo de los individuos. El determinismo y el fatalismo son estadios inducidos externamente sobre individuos débiles en estas sociedades, pero pueden superarse mediante el estudio, la integridad y los ideales. Este mensaje lo recibe el lector desde el primer momento de la enunciación. Sin embargo, los protagonistas son reducidos por la sociedad a la miseria, al abandono y a la condición de nómadas. Ellos no tienen porvenir y son despreciados por haber elegido la libertad de amarse de acuerdo con sus convicciones. Paradójicamente, Jacinto es joven, inteligente y tiene especiales conocimientos del idioma inglés. Este hecho parece importante para el autor, ya que aparece en casi todas sus novelas como modo de seguridad financiera, como estereotipo de los inmigrantes cubanos que volvían a la isla con el conocimiento de ese idioma que les garantizaba un puesto y bienestar económico. No obstante, Jacinto recibe como castigo el derecho a la cesantía y a morirse de hambre. La muerte de Ramona (su mujer), irónicamente, simboliza la liberación de Jacinto puesto que le permite regresar a Cuba y ese es también el momento de la anulación de la ley de divorcio. En una sociedad que no disculpa a los que transgreden sus imposiciones, Jacinto está desempleado. Como aliento a su derrota, un amigo, Caín Romero, quiere convencerlo de que deje de lado sus ideas y escrúpulos y se lance a la vida sin cuidado, como hacen los que triunfan en ese medio. En otras palabras, invita a Jacinto a que se criollice:

> El día que tú quieras te "salvas", todo es que te eches el mundo a la espalda, y el bombo a esa barriguita que se te va formando, y te metas por logias, clubs, casinos y redacciones. ¡Pum! el general. ¡Pum! el doctor insigne. ¡Pum! el ilustre estadista, literato prócer y orador, don mediocre de tal. (229 *LI*)

El consejo es una invitación a la caída. Es la reafirmación del determinismo-fatalista que domina a los hombres y del que no pueden escapar. Es la derrota del héroe que se cristaliza en *Juan Criollo*. En *Los inmorales* la interrelación de los códigos actanciales e ideológicos resisten la decadencia y se imponen a la influencia del medio sobre el hombre. Esta postura antagoniza los postulados naturalistas zolescos.

La omnisciencia, por su impersonalidad, contribuye al verismo a que la novela aspira, y permite al narrador expresar su ideología y su animosidad en el mensaje narrativo. A pesar del esfuerzo para conseguir objetividad y verismo, estos rasgos están algo debilitados porque las descripciones resultan incompletas, y porque las exposiciones ideológicas descontinúan la historia central.

En *Los inmorales* los personajes están descritos y no novelados. Su caracterización se logra al combinar rasgos morales y físicos. Estos últimos resultan mínimos. La finalidad del narrador es crear una imagen, una personificación moral, no un individuo. El narrador realza, con cierto erotismo, las zonas sexuales de las mujeres, Elena y Esperanza, para subrayar el contraste entre ellas. Ninguna de las dos sufre o está caracterizada por un defecto físico, lo cual funciona como referente de una condición biológica-patológica en la novela naturalista. Los personajes loverianos se configuran a nivel de contrastes morales, mayormente, ya que el feísmo tan frecuente en los naturalistas, está ausente de las novelas del autor. La caracterización de Elena, cuya imagen se refleja en su comportamiento, antagoniza moralmente con la figura de su hermana, Esperanza. Ambas mujeres gozan de belleza natural y de una sexualidad atrayente. La causalidad, como código socio-ambiental, se impone sobre la más débil, dominándola. Esperanza, símbolo irónico, encarna la mujer vencida por el medio, abusada por el padre, ignorante y mediocre. Para Esperanza la única alternativa es el matrimonio sin amor para salir de la miseria. Pero la impureza del medio la lleva a elegir la prostitución como salida, como liberación. El discurso naturalista se sostiene de indicios que anuncian los desenlaces, casi siempre trágicos. La descripción físico-moral de Esperanza, sus acciones -vulgar, descuidada, revoltosa y coqueta- preanuncian su destino. A esto se añade su educación y los modelos ambientales -el padre, un borracho que la abusa de niña y una madre sumisa y resignada-. Sostenida por el discurso naturalista, se crea la imagen de un personaje destinado a la caída. Esperanza "Con todo el poder de su cuerpo, joven y bonito y la magia de sus artificios de impenitente "flirteadora", . . . traía revuelta y aturdida a la juventud del lugar."(139) La sexualidad que expresa la imagen "el poder de su cuerpo", es la defensa del personaje, su medio de sobrevivir. Como castigo por liberarse, por liberar su cuerpo, por enfrentar los deseos de su sexo ("impenitente flirteadora"), cae en la prostitución. Elena representa el ideal de la mujer del autor. En Elena se unen lo físico y lo moral, resaltando el ser Mujer, i.e. un ser superior, capaz de superar obstáculos, abusos y miserias. Las acciones de Elena, su inteligencia y su determinación de abandonar al marido y huir con Jacinto, supera a los demás personajes femeninos: su madre, Ramona y otras. Elena enfrenta su verdad de mujer pobre, que conoce la miseria, los abusos de un padre irresponsable y la sumisión de su madre. Ella lucha por cambiar, por corregir estos males, pero se encuentra vencida. Huye del hogar paterno para salvarse porque reconoce que su familia no tiene salida. Al lado de Jacinto, enfrenta su realidad con valor, lo que ha logrado con inteligencia y moralidad. Sin embargo, al igual que otras heroínas loverianas inteligentes, al final del relato desaparece. De ella el narrador no dice nada.

Jacinto es un personaje de ideas firmes. Sus ideales y convicciones están por encima de las imposiciones sociales. Su reto a la sociedad está determinado, primero, por la elección de la mujer, por su huida con ella y por su lucha obrera. Contrariamente, al final de la novela, Jacinto aparece cabizbajo, irresoluto. Pero, frente al consejo del amigo, no parece ceder al medio ambiente. Los personajes masculinos son tipificaciones morales. Sus acciones determinan su caracterización. El padre de Elena es un obrero borracho y jugador que abusa de su mujer y de sus hijos, amparado en la cultura machista propia de la sociedad. Sus hijos resultan individuos enfermos, anquilosados que luchan por sobrevivir en un medio hostil que no les ha enseñado otra cosa que ignominia y vejaciones. En sí, todos los personajes son productos del medio. La superación sólo es posible a través del estudio, la firmeza de unos ideales y una robusta moral espiritual. La corrupción de estos sentimientos causa la decadencia y la destrucción de los personajes.

Los inmorales no puede calificarse enteramente como novela naturalista, pero los temas y subtemas y los rasgos estructurales apuntados, la señalan como el inicio del naturalismo en la novelística loveriana.

La última lección

Los años que median entre la aparición de *Los ciegos* (1922), expresión ideológica de Loveira, y la publicación de *La última lección* (1924), subrayan el cambio de actitud ideológica del autor. *La última lección* refleja cierto apagamiento ideológico, un ligero pesimismo inexpresado en las primeras novelas -*Los inmorales* y *Generales y doctores*-. Aunque *La última lección*[3] es, quizá, la novela en la que aparecen menos rasgos naturalistas, ella inicia el pesimismo y la decadencia de los protagonistas. Estas características son consecuencia del resquebrajamiento de los ideales base de la sobrevivencia de los personajes anteriores. Adoptando el código actancial, que supera al descriptivo, se desarrolla al personaje. Este se enmarca en su condición biológica y ambiental, la que determina su conducta. Este estado permite al autor abordar el problema social de la mujer en la sociedad cubana. El desarrollo de los personajes dentro de un determinado ambiente y su receptividad determinan la temática a desarrollar. El tema tratado lo sostiene la tesis expuesta por el autor: los sentimientos puros, por la mujer, por la patria, son inquebrantables cuando son verdaderos, de lo contrario condenan a los individuos a la decadencia, a la degradación.

El argumento de la novela trata de como Isabel y Gustavo intentan materializar una relación amorosa, apoyándose en sus ideales. Ella aferrada a la moral del moderno feminismo al que ve como salvoconducto socio-moral de su familia, considerándose "la redentora de los suyos y de sí misma".

Gustavo confiado en su condición socio-económica y en su salud sicológica -de posición holgada, sensual, tierno y lleno de vitalidad-, cree que a los cincuenta años puede amar virilmente a una mujer de veinticinco. La inexorabilidad de la naturaleza y del ambiente, sin embargo, se opondrá a su intención. Por otro lado, los prejuicios de la sociedad habanera crean traumas sicológicos en Gustavo, destruyendo, así, lo que cree ser el ideal que promete salvarlos -el matrimonio-. Isabel, al igual que Elena Blanco en *Los inmorales*, por su conciencia ideológica, por su moral individualista, por su rebeldía y por su condición de mujer marginada que lucha contra el monstruo patriarcal que la convierte en objeto sexual, se aferra vehementemente pero reconociendo la realidad, a lo que podría ser su salvación. Ella cree que el matrimonio con Gustavo es su única esperanza ante la trampa que, como mujer, le ha preparado la sociedad. Irónicamente, Isabel teme y sabe que es un reto que está, de antemano, ganado por la sociedad acostumbrada a destruir a los idealistas. Por ello, se lanza a la conquista de la sociedad mediante el sexo. Ella ve aproximarse la destrucción del ideal. Las circunstancias ambientales van interponiéndose una a una, de modo que puede reconocer la realidad tal como es. La casualidad de ciertas situaciones contribuye al fracaso de la relación entre los amantes. Por ejemplo, el viaje de Gustavo a los Estados Unidos, los inconvenientes del correo con el extranjero, la llegada del antiguo amante de Isabel, significan, a la postre, la liberación del compromiso que mantenía Gustavo con ella. Isabel razona que el ideal del matrimonio es una abstracción sicoemocional determinada por la sociedad pero que, también, redime a la mujer. Para Isabel, el matrimonio justifica su pragmatismo porque "es el ideal que como todo los ideales va a realizarse a medias; pero no puede abandonarse."(191*UL*) De esta frase se desprenden dos posibilidades: que la aceptación de una imposición, como es el matrimonio, constituye la sola alternativa para una mujer que no quiere caer y, la otra, que la realización de un ideal no corresponde a la realidad. Así, la lucha interna de la protagonista ante estas dos realidades -su salvación y la de su familia y la vejez de Gustavo y sus consecuencias-, sirven para evitar la degradación que conlleva la caída (el haber tenido relaciones con Gustavo) y para justificar su ideología que siente ya caduca. A través de la voz narrativa de Gustavo se califica a Isabel de "mujer inteligente que lucha por no caer." (186) Sin embargo, ellos son vencidos por la fuerza del medio, a pesar de sus luchas y de aferrarse a su ideal, especialmente, en el caso de Isabel. La decadencia de los ideales y, por ende, de los protagonistas, se percibe en el comportamiento de Gustavo que sólo "buscaba el placer erótico" y en el de Isabel que veía en el matrimonio su redención.

Isabel y Gustavo se convierten en seres resignados, determinados por la causalidad de los hechos que viven como sucedió con Jacinto y Elena, en *Los inmorales*. A diferencia de ellos, Isabel y Gustavo no se sobreponen a los dictámenes del medio. Ambos caen. Gustavo porque, a su edad, no domina sus instintos eróticos, según la sociedad lo dictamina. E Isabel, porque no se libera de los prejuicios sociales de que está imbuída y cede a la lujuria del hombre. Ella cree, así, asegurarse un matrimonio que, en el fondo, no deseaba, pero que la dotaría de respetabilidad.

Gustavo lucha no sólo con el medio -hace el ridículo, es un viejo que corre detrás de una jovencita- sino con su decadencia viril. Así, abusando la frase criolla "buena hembra", trata de reconfirmar su capacidad erótica. Aunque logra la satisfacción sexual, siente los efectos del desfallecer de su virilidad.

> Sólo ha pensado, a toda mente, en su estupenda felicidad; únicamente ha sentido, a todo pecho, su inmensa gratitud a la vida por esa felicidad; nada más ha anhelado, a todo ser, que la hora de ver, oír, tocar, oler y gustar a "la hembra". Porque, para eso él se halla en plena juventud cerebral, y aún no ha echado hacia atrás más que cuatro páginas de la nueva novela de amor que tiene entre manos. (158 *UL*)

Gustavo llama a la relación con Isabel "novela", "novela de amor", "linda novela" y "travesura amorosa". Estos sintagmas corroboran la falta de fe en la realización del matrimonio, como asimismo envuelven la realidad en la ficción. Es decir, el matrimonio y los ideales no concretizan una realidad sino una ficción. La relación de los protagonistas es, sólo, una abstracción ficcional. Gustavo cree, y como tal lo expresa, que en la novela las emociones deben estar bien expresadas por los personajes:

> Puede haber novela, novela con hondas perturbaciones, con mucha vida, en cualquier aventura amorosa, por vulgar que sean su origen y sus apari-

encias. A condición, insisto, de que los personajes sean aptos para las grandes emociones del amor sano, natural, verdadero, del cuerpo y del alma. (254 *UL*)

Gustavo es quien enuncia su intención con respecto a Isabel y expresa su emoción, con sinceridad: "por poseerla, hago yo lo más estúpido que haya que hacer ¡Por mis hijas!" (104) La realidad que expresa el discurso narrativo y las acciones de los personajes es responsable por el decadentismo, el pesimismo y la desconfianza en los ideales de los protagonistas. Su lucha contra la realidad adversa lleva a Gustavo a teñirse el pelo, a ingerir excesos de leche y huevos para reanimar su cuerpo de los espasmos, neuralgias y cansancio producidos por los repetidos actos sexuales. A estos hechos se resigna Isabel pero, al decir del narrador, con "reservas mentales". Ella sabe que para lograr el matrimonio con Gustavo debe acceder al sexo e ignorar su condición de Viejo. Ella cree manipular la situación, exigiendo cierta seguridad. Gustavo, como médico, reconoce que su decadencia es producto de su estado físico de hombre de cincuenta años. Con resignación, Gustavo afirma que, como hombre, sólo su siquis funciona mas no su anatomía. Sabe que su deterioro es inminente. En un diálogo entre Pineda, jugador, mujeriego y chismoso y Gustavo, éste habla de la vejez y, al comentario del amigo, le dice:

> Usted no es tan viejo como dice; si usted puede gozar mucho de la vida todavía.

Gustavo responde en estos términos:

> -No, hombre; no ¡Qué voy a poder! Eso para ustedes, los jóvenes de cuerpo y de cerebro; yo ya sólo lo soy de lo ultimo. (255 *UL*)

Esta actitud denota el pesimismo que va imponiéndose en Gustavo. La resignación se va apoderando de Isabel también. Contradictoriamente, ella lucha para cumplir con un ideal, es su misión feminista-materialista que la empuja, aun saltando por encima de la realidad, de los verdaderos sentimientos. La lucha de Isabel contra el determinismo -prostitución- económico y social también contribuye a su decadencia, a su resignación que es la misma del autor. Al escoger entre ser empleada con un sueldo miserable, como lo es su hermana, y explotada genéricamente, y casarse con un hombre rico sin amarlo, por el bienestar económico, Isabel contradice la ideología moral de los héroes de Loveira. El amor -Elena y Jacinto, Adolfina y Alfonso, Clara y Ricardo-, es la única moral para el autor. En *Los inmorales*, la casualidad evita la destrucción de los personajes. Por el contrario, la relación entre Isabel y Gustavo se sostiene por la conveniencia y el placer erótico y no por amor, por lo que al fin se des-truye. La llegada de un ruso antiguo amante de Isabel, su verdadero amor, pone término a esta relación. Lo que significa para Gustavo la liberación de ese compromiso. La relación amorosa con Isabel fue desde un principio una coquetería de hombre maduro, una reafirmación de virilidad y no de verdadero amor. Isabel, que creyó haber conquistado absolutamente a Gustavo: "-¡es muy bueno! ¡Y está bien rendidamente enamorado!,-" se da cuenta del desinterés de éste y lo abandona. Ella olvida el bienestar prometido, y va en busca de su antiguo amante.

Ante la situación de resignación, sumisión y explotación, como códigos morales, de la mujer en las sociedades patriarcales, Isabel expresa su rebeldía y la impotencia de los ideales en la salvación de los individuos. En este pensamiento de Isabel se expresa su condición sicológica y su debilidad frente a la realidad de ser mujer en una sociedad machista:

> ¡Oh qué malo es ser mujer! ¡Qué maldita, fatal debilidad en la vida! Debilidad que equivale a sumisión, a remolque, a eterna dependencia. (151 *UL*)

La última frase entrevé el rompimiento de la objetividad narrativa en la novela con el juicio sobre la dependencia de la mujer que el narrador expresa. También, esta observación delimita la situación sociomoral de la mujer para quien ni las ideologías ni el trabajo honrado la libra de su destino. Si el rompimiento entre los protagonistas significó para Gustavo la liberación del compromiso, para Isabel fue la conciencia, el reconocimiento de la verdad. Lo de Gustavo fue sólo la búsqueda del placer erótico, influido por el poder del medio social que, a pesar de su cultura, fue determinante de su conducta. Además, ella reconoce que su verdadero amor -el ruso- la salva igualmente de la caída y la dignifica ante sí misma. El fracaso del compromiso se debió a la falsedad, a lo simulado de los sentimientos que ambos decían sentir. No existía el amor, como existía entre Elena y Jacinto sino una justificación de dos deseos excesivos: el sexo y la seguridad económica que permite el matrimonio con un viejo rico. A estos excesos degradantes se opone el Naturalismo. Para Isabel, la relación erótica entre ellos se sostuvo en el sexo como poder de conquista y, en el caso de Gustavo, en el placer sexual que disfrutó y remuneró desde el primer encuentro. El billete de cien pesos que Gustavo puso en el bolso de Isabel, la primera vez que estuvieron juntos, simbolizó lo que sentía por Isabel. Por lo que el fracaso idealista de ella fue total, representando la decadencia ideológica y la derrota de todo lo que se considera ideal de salvación pero sin un apoyo de fuerzas reales, capaces de obtener la realización suprema. El fracaso de Isabel es comparable con el del autor, Loveira. Este se expresa en su totalidad en su última novela *Juan Criollo*. La decadencia ideológica destruye a los individuos. En sociedades como la cubana, los ideales son abstracciones irrealizables porque la sociedad con toda su realidad está por encima, dominando y venciendo a los individuos. En sí, los ideales son

> bellos sueños, que ilusionan lo bastante para alentar la lucha, orientándola hacia el ideal soñado, mientras melancólicamente va uno transigiendo con las férreas imposiciones de la realidad, y logrando de todos modos la mayor satisfacción asequible: el triunfo relativo. (245-46 *UL*)

En *La última lección*, el relato de los hechos está sometido a la objetividad de la heterodiégesis o omnisciencia pero, a diferencia de *Los inmorales*, no incurre en la fragmentación narrativa que rompe el hilo de la historia. La narración encadenada, objetiva e impersonal, fluye ágil, aun cuando se intercalan variantes narrativas como son cartas, artículos periodísticos y escenas dialogadas que tienden a retardar la narración. Las cartas de Isabel, largas al principio, van acortándose y el lenguaje con que están escritas, fluido y preciso, activa la acción y precipita el desenlace de la historia. El código narrativo logra verismo realista y efectista al adoptar un lenguaje gráfico, local y de época que proyecta un mensaje natural, propio del ambiente. Una característica del estilo loveriano es la inserción de cubanismos en el relato, que imponen el color local del ambiente cubano de principios de siglo. Entre ellos encontramos la metáfora "un mármol" por una mujer bonita, las admirativas "¡Vaya!" y "¡Caballero!", las frases: qué lío, por problema, rajado o rajando, por alejado y otros tantos que contribuyen, culturalmente, a la veracidad de la historia. Como reflejos culturales, los cubanismos expresan la realidad ambiental y caracterizan a los personajes moral y sicológicamente. La abundancia de vocablos ingleses -fox, Cadillac, national, speedway- y franceses -garçonière, toilette, couplet, camouflage- entre otros, es casi abusiva. Técnicamente, para Loveira, la introducción de estos vocablos en la narración no obedece, sucintamente, a su estilo, mas ubica la obra en el momento transitorial, transcultural de la sociedad cubana, cuyas consecuencias se observan en esas formas del lenguaje, en la cultura en general y en el estilo de vida.

Las escenas dialogadas son verosímiles y definen la sicología y la conducta de los personajes. Adviértase esta escena entre Isabel y Gustavo en la que se traza la conducta del criollo enamorado, su impaciencia frente a la mujer. Isabel se niega a la insistencia de Gustavo y lo compara con los demás al generalizar su conducta:

> -No. No. ¡Caramba! ustedes los criollos son vehementes, muy impacientes.

A lo que Gustavo responde con un cubanismo certero y delator del comportamiento sexual del macho criollo:

> - ¡Qué tropical ni que niño muerto, por Dios! Ya podía yo ser ruso, o alemán, o de los polos. (57 *UL*)

En las novelas naturalistas la descripción del ambiente, del espacio, crea un estado de ánimo que anuncia un fenómeno, un hecho por venir. En *La última lección*, las escenas dialogadas y la descripción del ambiente habanero, sostienen el desenvolvimiento de la acción y la configuración del personaje. Sin embargo, la prosopografía de los personajes es mínima porque el propósito es crear una imagen, una tipificación que exprese un mensaje moral, social o político. La caracterización de los personajes se plasma en su discurso que denota sus sentimientos, su conducta. La imagen de mujer inteligente y de ideas firmes que caracteriza a Isabel la define su discurso, principalmente. Al igual que Elena, en *Los inmorales*, y otras heroínas loverianas, Isabel personaliza el ideal de la mujer para el autor. Loveira ve en la mujer la capacidad intelectual y de desarrollo que no vio su contemporáneo, Miguel de Carrión, en la misma época. En la mujer, la combinación de la belleza física, la espiritual y la inteligencia es una apreciación antinaturalista. El naturalismo no provee a los personajes de belleza total porque no combina la belleza física con la moral sino en relación antitética. Por el contrario, para Isabel su belleza física, que no esconde su sexualidad, iguala a su belleza espiritual y es complemento de su valentía, de su inteligencia y de su espíritu independiente.

La relación sexual entre los protagonistas es para Isabel resultado de una convicción socio-materialista enderezada a salvarla. Irónicamente, de realizarse el compromiso se convertiría en una heroína al revés. La casualidad salva a Isabel del estamento burgués e impositivo que es el matrimonio. Socialmente, en el matrimonio no importan los sentimientos; es la única aspiración de la mujer que quiera salvarse, como fue el caso de Isabel. Para Isabel identificarse como rusa la ayuda a esconder su identidad de mujer pobre, destinada a la caída. Ella no contaba con ningún apoyo económico, y esto la ayudaría en la conquista de un rico habanero por la atracción al exotismo que inspira lo extranjero. La pobreza la llevó a luchar contra los abusos del medio, de los hombres, y a sobrevivir el abandono del verdadero amante, el ruso que reaparece para su dicha, al final. Así, Isabel se enfrenta a su realidad de mujer, apoyada en sus ideales, sin temer a su sexo. Ella busca liberarse del medio sin caer y sin cumplir con los requisitos de la sociedad. Adviértase que Isabel ha perdido la virginidad antes de su encuentro con Gustavo. El coito con Gustavo la enfrenta a lo que sería su nueva realidad, la vejez de él, y le permite definir sus sentimientos. En cambio, Gustavo reafirma su virilidad.

Los personajes femeninos forman una fuerza de sobrevivencia, de lucha contra el medio, la pobreza y la marginación. Isabel lucha contra las condiciones del medio y se resiste a la desigualdad de salarios entre hombres y mujeres. Ella prefiere la "escuelita de danza" porque gana más que como secretaria en una oficina pública. Su hermana, extremadamente inteligente y bella, trabaja "más que cinco hombres y gana ochenta y tres treinta y tres" (119 *UL*) como empleada, puesto honrado y aceptado por la sociedad. Opuestamente, están la madre de Isabel, débil, menuda y callada, pero que ha sobrevivido la decadencia de la familia.

Los personajes son estereotipos humanos que expresan la tipificación de un comportamiento, de una idea que se intenta reformar. Las metáforas proveen al lector la significación necesaria para la caracterización de los personajes. La madre de Isabel es la señora enlutada, signo de derrota, de decadencia espiritual; la tía "no tiene gasolina", por lo que la marginación es su principal característica. Contrario a la madre y a la tía, la hermana de Isabel es inteligente y elegante pero, también, es una conformista que se resigna con su trabajo. Por otro lado, las chicas de la "escuelita" son todas tipificaciones morales; su comportamiento las coloca en la antesala de la prostitución por ser el medio de superar la pobreza. De la única que se conoce su nombre es de Isabel, las demás son caracterizaciones cuya sola identidad es su comportamiento. Esto es factible hasta en la amiga íntima de Isabel, de quien sólo se sabe que se casó con un empleado de correos por los cien pesos mensuales que él ganaba, y ahora es víctima de la pobreza y esclava de sus hijos. La amiga se resiste a tal miseria sin éxito.

Los personajes masculinos tienen nombres: Gustavo, Pineda, Leroy, el Dr. Albertini. Pero son igualmente tipificaciones humanas. Gustavo es el típico viejo verde, enamorado y caprichoso que accede al compromiso por satisfacer su ego porque su fuerza sexual está limitada biológicamente. La naturaleza se impone sobre el deseo físico y el capricho material del disfrute excesivo del sexo. Se observan en Gustavo otras características como su inteligencia, su formación intelectual. Empero, estas características no lo hacen diferente de los demás en cuanto al tratamiento y visión de la mujer y queda definido como el picaflor, el machista criollo propio de su ambiente social. En los demás personajes se puntualizan características vulgares, particulares de un determinado ambiente. Leroy, el dueño de la escuela de danza, es un viejo francés despreciable que explota a las mujeres pobres, llevándolas a su "escuelita". Pineda es el seductor, jugador e irresponsable que injuria a las mujeres. Para él, ellas no tienen valor moral sino tan sólo sexual, configurándose como el típico macho de su medio. El Dr. Albertini, al igual que Gustavo, disfruta de las mujeres jóvenes a quienes paga por el placer que le deparan. Estos personajes son los tipos sociales que habitaban La Habana de principios de siglo, en quienes el narrador vuelca la responsabilidad de transmitir un mensaje moral que clama por la reforma de una conducta represible y caduca.

La realización de los ideales, como medio de solucionar una crisis, debe corresponderse con la reforma socio-cultural de los valores instituidos y no con caprichos pasajeros que degradan a los individuos. El rompimiento del compromiso enseña que los verdaderos ideales no se corrompen si responden a las exigencias espirituales. Entre Isabel y Gustavo, no existía amor sino interés material -placer erótico y bienestar económico-. La realización de los ideales depende del compromiso que los individuos tienen consigo mismos y con la sociedad. Pero en sociedades como la cubana, los ideales no solucionan el verdadero problema: la explotación, la mujer-objeto, la vagancia, la inmoralidad. Por tanto, se convierten en sociedades decadentes con individuos sumisos, resignados, que se dejan vencer por el medio.

Generales y doctores

La defensa de los ideales o código ideológico es determinante de la novelística loveriana. La segunda novela de Carlos Loveira, *Generales y doctores* (1920), expresa la frustración de sus ideales pero está marcada, a su vez, por un profundo optimismo que se podría interpretar como intención reformadora. Con esta novela "[e]videntemente el autor quiere purificar el ambiente político de Cuba y en presencia del cuadro sombrío que contempla, aspira a regenerarlo." (Catalá 1928)

El optimismo, signo de la vitalidad del código del protagonista, Ignacio García, expresa la tesis de la novela: acabar con la corrupción y los abusos de la clase en el poder solucionaría los problemas de Cuba. El narrador argumenta que: "-Acabar con eso, es precisamente lo noble: ahí está el ideal "[4]

En *Generales y doctores* se narra, en primera persona con un enfoque determinista, la historia de Ignacio García y su lucha contra el sistema colonial en Cuba. La historia narrada abarca la condición político-social de Cuba pre y pos-republicana. El relato comprende más de cuarenta años de historia cubana que equivalen a la edad del protagonista.

La narración está compuesta por tres apartados: "En días de tristeza y duda", "En días de fe y heroísmo" y "En días de incertidumbre y desconcierto". Los apartados mezclan diversos estilos narrativos: cartas, escenas dialogadas, soliloquios y discursos que contribuyen a la realidad de la historia y a la configuración del personaje. En el primero se relata la niñez y orfandad de Ignacio García, el narrador-protagonista, en Matanzas, y su adolescencia y juventud en Placeres. Concluye con la emigración hacia los Estados Unidos y la integración de Ignacio a las filas independentistas. Este primer apartado es el eje de la narración. En él convergen los signos premonizadores del climax narrativo, que demuestran la tesis central y las causas y consecuencias de la condición político-social de la Isla. El antiespañolismo de Ignacio, manifiesto desde el primer enunciado, y su lucha por la justicia lo llevan a enfrentarse con la realidad ambiental. La actitud de Ignacio responde a la relación causal entre individuo y ambiente. Los indicios están sujetos a la correlación causa-efecto y, por ende, los eventos y las situaciones están determinados por la causalidad. Estas condiciones, anunciadas desde el principio, se concretizan en los apartados posteriores. Por ejemplo, el comportamiento del niño Carlos Manuel, quien es adulado y considerado superior a los otros niños, es indicio de lo que él será en el futuro. También, el pronóstico de un maestro de que este niño "llegaría lejos", -signo temático- premoniza la determinación social que domina en el ambiente. Otro signo es la conducta del tío Pepe, su indiferencia para con los problemas cubanos, su ambición desmedida hasta unirse a lo más bajo de la sociedad, con el fin de ser rico. Finalmente, el Nene, arrivista, chulo y ladrón es símbolo de los que triunfan en un país determinado, históricamente, por la corrupción.

El segundo apartado, "En días de fe y heroísmo", relata la vida de Ignacio y su familia y de otros cubanos en la emigración, la lucha independentista de los mambises y la participación del protagonista, como médico, en la guerra. En este relato lo autobiográfico está sustentado por la autodiégesis o narración en primera persona. Es un hecho que el autor, Loveira, siendo muy joven emigró a los Estados Unidos, en donde aprendió el idioma inglés, y participó en la guerra independentista casi al final, como lo hace Ignacio. Los elementos autobiográficos, combinados con hechos reales de la historia nacional cubana -la explosión del Maine, la reconcentración ordenada por el General Weyler, entre otros-, vuelven el relato factual y objetivo. La inserción en la narración de elementos feístas aparece por primera vez en esta parte de la novela. La interrelación entre espacio o naturaleza y hombre se logra a través de la descripción de la vida de los soldados, voluntarios, enfermos y heridos en un hospital de la manigua. Allí, Ignacio es infectado por el paludismo y las ñáñaras y es enviado a un hospital localizado en la selva, para curarse. En este ambiente de hospital, se describe la vida miserable de los habitantes del lugar, el dolor y sufrimiento de los enfermos y ciertas curaciones de heridas sufridas por los mambises. Paradójicamente, estos aspectos feístas no aparecen en los demás apartados ni en las primeras novelas estudiadas. Tampoco se llega al nivel repulsivo, grotesco e incómodo que predomina en las novelas de Zola y otros naturalistas. Más bien se describen los horrores pero sin ahondar en lo repugnante, sólo como una consecuencia de la guerra que crea la verosimilitud de los hechos. La experiencia del protagonista en la manigua, antítesis de su fe y su heroísmo, sirve para cuestionar la realidad de los héroes de las guerras y su visión acerca de los soldados mambises. Ignacio reconoce el oportunismo y la corrupción de muchos soldados, generales y doctores, lo que le causa cierto pesimismo. No obstante, el heroísmo de Ignacio no está en su participación en la guerra sino en haber superado el pesimismo. El propósito reformista que expresa el relato es consecuencia de los ideales de Ignacio y de su fe en el pueblo. Los ideales son símbolos de esperanza y ésta estriba en lograr que se reformen las instituciones socio-políticas. El tercer apartado, "En días de incertidumbre y desconcierto", relata la lucha del narrador contra la corrupción en la realización de sus ideales. El ideal de Ignacio consiste en llegar a ser representante a la Cámara, combatir la injusticia y luchar por mejores condiciones para los trabajadores. Contradictoriamente, el triunfo de Ignacio no significa el de su idealismo. Ignacio sufre la desilusión de no haber sido elegido, democráticamente, por el pueblo sino por el dinero de su tío, lo que es motivo de su incertidumbre y desconcierto. Igualmente, Ignacio, que antes había fracasado en unas elecciones contra el grupo que en apoyo a la corrupción y al burocratismo había elegido al Nene como Representante a la Cámara, se enfrentaba de nuevo con él. Este confrontamiento entre Ignacio -idealista, y profesional- y el Nene- oportunista, y timador- se da a nivel político y moral. De este contraste resulta la diferenciación de los caracteres en la novela. El contraste entre personajes agudiza el deterioro, la deshumanización del ser -el Nene- y la desilusión -Ignacio- causados por el poder, el dinero y la influencia del apellido familiar. El protagonista confronta la corrupción que domina todos los sectores de la sociedad. Reconoce que el poder del dinero es determinante de la realidad en que vive el pueblo y que éste debe ser educado. La incertidumbre y desconfianza de Ignacio ha sido provocada, de cierto modo, por el pueblo que prefiere ir al "frontón" y no escuchar su defensa en la Cámara. La finalidad didáctica y reformadora que expresa el relato, demuestra la tesis central de la novela: hay que reformar las instituciones y acabar con el arrivismo y la burocracia política- colonialista para resolver los problemas de Cuba. El tono didáctico de *Generales y doctores*, se acoge a la moralidad político-social para resolver los problemas aciciantes de Cuba. A esto se añade la nota romántica -el patriotismo, el sacrificio por la patria y por la mujer amada, el platonismo del protagonista, el marianismo- que acerca la novela al realismo romántico y costumbrista.

La narración autobiográfica, la temporalidad del relato que separa el tiempo pasado en el que sucedieron los hechos del momento en que se narran, y ese discurso complejo, abstracto, con el que el narrador expresa sus ideas y justifica la tesis expuesta en la novela, están apoyados en hechos reales de la historia cubana. El código narrativo conlleva un mensaje específico y, en la novela, está directamente relacionado con la ideología del narrador. La inserción de datos biográficos e históricos, aparte de caracterizar la narración naturalista, ayudan al novelista a desarrollar la verosimilitud narrativa. Por lo que la narración presenta la ficción no como tal sino como verdad. El primer enunciado: "En el año de 1875 hubo en La Habana una gran armazón de sardinas gallegas"(47) anuncia la finalidad del narrador, el mensaje de la narración y alude a un momento histórico específico de la historia cubana. En este caso, la precisión de la fecha y el lugar son informantes que proven a la historia narrada de veracidad. El narrador se apoya en la focalización interna y cuenta la historia de su vida. Esta es la única historia real y verdadera del personaje que cuenta. Así se justifica la autodiégesis en la que el código narrativo está relacionado con el representativo. La frase, "sardinas gallegas", como eran llamados los españoles que llegaban a Cuba en busca de fortuna, alude directamente al tema. Otras referencias -el comportamiento del tío Pepe, el del padre de Amézaga, su españolismo y usura, por ejemplo-, proyectan la crítica inmediata a que se dirige el desarrollo de la intriga, especialmente en la primera parte, que subraya el código ideológico dominante en la narración. La frase expresa el mensaje ideológico de los liberales cubanos del momento, su antiespañolismo. La narración autobiográfica cuenta la historia de la vida de Ignacio García desde su niñez, alrededor de 1878, al final de la Guerra de los Diez Años, signo de valor histórico que posibilita la factualidad de la historia del personaje. Ignacio se dirige al lector: "me llamo Ignacio García para servir al lector" (52 *GD*) y asegura así su autoría y su protagonismo de lo que él llama "novela de mi vida"(71 *GD*). Al llamar a la historia "novela", advierte al lector que aún cuando coexisten elementos factuales, se trata de una ficción y no de una biografía, con lo que Ignacio resulta una figura geno-estética.

El novelista -cronista-narrador- presenta a los demás personajes acercándolos al pasado en un momento y espacio específicos y determinando las causas de ese pasado y las consecuencias en el presente. Esta técnica sirve para construir la sucesión de episodios que forman la narración. La relación temporal apreciada en la novela, pasado en que ocurrieron\presente en que se cuentan los hechos, se ajusta a la concepción causalista-determinista de los hechos que afectan los personajes. Ellos están relacionados con el código socio-histórico que los condiciona. Razón por la que "los naturalistas participan en la gran tradición del novelista como historiador social del presente y del pasado." (Block 1970) Para expresar la situación cubana, partiendo de 1875 a que nos remonta el narrador, es necesario entender su desarrollo histórico, pero para determinar la realidad hay que basarse en lo científico. El narrador recuerda hechos de su niñez para demostrar las causas de sus ideales y su dirección política. El separatismo y el antiespañolismo del narrador se anuncia desde la primera parte:

> Tenía yo una ingénita aversión a toda innoble violencia y, además, porque ya sentía la instintiva afición al separatismo, característica en muchos hijos de españoles. (51 *GD*)

Lo anti-español y la necesidad de independencia son constantes en la novela loveriana. El patriotismo de los criollos y su desprecio por los colonizadores, los lleva a confiar en los aliados norteamericanos como símbolo de democracia, sin advertir el peligro que éstos representaban para Cuba. El desprecio a lo Español se escucha en la voz narrativa de la abuela de Ignacio, cuyo argumento es definitorio, en cuanto expresa la ideología del propio autor. Adviértase esta respuesta de la abuela de Ignacio a un asturiano:

> -Bueno- . . . ¿Usted lo que dice es que los americanos se quieren coger la isla? ¡Que se la cojan! Chinos antes que españoles. (217 *GD*)

Las ideas del autor sobre la problemática cubana y su solución resultan de la observación de fenómenos sociales, raciales, económicos y políticos y del análisis de la crisis social que han suscitado. La niñez del protagonista en un país colonizado, la juventud dedicada a la lucha por la independencia, y la adultez en un amago de república, determinan la postura ideológica y la visión de mundo del narrador. El culpa de esta situación a la continua corrupción política que ha llevado a los cubanos al envilecimiento y a la resignación. El optimismo de Ignacio resulta de la confianza que todavía siente por el pueblo. Ignacio llama al pueblo "fuerzas vivas." El pueblo cubano es el protagonista de los hechos y el agonista de la crisis político-social. La fe del novelista se refleja en el tono del discurso de Ignacio, quien asegura al tío don Pepe que:

[S]i tengo fe en el porvenir, me la da el pueblo. (348 *GD*)

El código actancial delimita el propósito del narrador que describe, antitéticamente, a los personajes y del autor que concibe a los personajes en dos dimensiones: nobles e inmorales. El narrador describe las acciones de los personajes, presentándolos como tipificaciones morales, sostenidas por el código ideológico. Las escenas dialogadas permiten al lector observar la conducta de los personajes, trasmitida directamente. Y, apoyándose en el Naturalismo, los personajes están determinados por el medio y la herencia. De esta suerte, resulta que los personajes de Loveira proceden de un tronco común. Ellos se clasifican tanto por su conducta como por sus ideales. Unos están determinados a la caída y a la corrupción -Mercedes, el Nene Cañizo, don Pepe- y otros a vivir limpia y noblemente -Susana, Lola, Ignacio-.

Los personajes femeninos en *Generales y doctores* se diferencian, particularmente, por su receptividad socio-sexual y sicológica. A diferencia de Elena e Isabel, mujeres liberadas de cuerpo y de espíritu, Susana simboliza el marianismo platónico ausente en las primeras heroínas. Ella es una pueblerina de escasa cultura que dedica su vida a su único amor y a sus hijos, lo que la dignifica moral y espiritualmente. Este comportamiento de Susana la hace diferente a las demás mujeres de la historia. Observemos cómo la conducta rebelde e inconsciente de Mercedes, la hermana de Susana, quien se entrega al placer sexual con el Nene, causa su caída. Lo cual no es el caso de Isabel ni de Elena ni de otras heroínas loverianas. En Mercedes predomina la sujeción y el sometimiento al macho como fuerza indomable que la convierte en objeto. En este juego sico-sexual, la falta de un ideal noble impide a Mercedes enfrentarse a su realidad y sucumbe. Por otro lado, las hermanas Teresa y Cuca Carbó, caen dentro de las inmorales por su conducta franca y sin prejuicios. Teresa no esconde su femineidad ni teme a su sexo. Ella se entrega al flirt y le confiesa a Ignacio su amor por él. Ramira, aunque solterona, fea y mayor que Ignacio, se atreve a enseñarle las piernas que reconoce como su único atractivo sexual. En el personaje de Ramira y sus hermanas Rosaura, Paulina, Petra y Margarita (solteronas), se denota el determinismo, el condenamiento a la soledad, a los abusos y hasta al desprecio que sufren las mujeres sin atractivos físicos y sensuales.

En las solteronas se presenta el desequilibrio sicológico como consecuencia del desprecio y la soledad a que la sociedad las somete. Sin embargo, Ramira, consciente de su realidad, encamina su vida a la lucha por la independencia y se coloca entre los personajes nobles. El problema de la soledad y de la represión sexual de las solteronas como Ramira y sus hermanas, es tratado por el narrador sin ni siquiera percatarse del sufrimiento de estas mujeres. Para Ignacio, Ramira sirvió para aliviar su soledad y su liviandad de adolescente. En la emigración, Ignacio decide ignorar las cartas de Ramira como un modo de romper con ese problema. Así mismo, la casualidad impide a Ignacio abusar de Ramira en un momento de excitación sexual. Pero no hay, en todo el relato, una nota de disculpa por esta conducta. Esta actitud de Ignacio contradice, un tanto, la postura de Loveira en cuanto al tratamiento de la mujer. Ciertamente, las Carbó, alegres y sin inhibiciones, representan el liberalismo femenino de influencia estadounidense. El comentario del abuelo de Ignacio, con relación a la conducta de Teresa, confirma este juicio. El dice de Teresa lo siguiente:

-Creo que ésta ha cogido la libertad americana con raíces y todo-. (234 GD)

La liberalidad de Teresa y Cuca durante su adolescencia, por la educación a la "americana", como la llama el narrador, causa el comportamiento de ellas como adultas. Cuca está casada con un militar rico y le es infiel. Teresa, aunque casada por compromiso social, con un hombre a quien no ama, no ha podido olvidar a Ignacio, y lo persigue por todas partes. Teresa es un personaje logrado. Su caracterización delimita su sicología de mujer persistente, que lucha por un amor no correspondido. La tenacidad y la franqueza de Teresa la convierten en un personaje verosímil y que no se denigra como Mercedes y Cuca. Otros personajes femeninos son Lola, madre de Ignacio, la abuela y Rosita, madre de Susana. Lola y Rosita representan la mujer de clase media del siglo XIX. Lola es sumisa, quieta, abnegada y entregada al recuerdo del marido muerto. Existe una relación de continuidad entre Susana y Lola. Susana es una repetición de los parámetros socioeducacionales de Lola. Ambas se dedican a tejer, a zurcir. Como madres son abnegadas y como mujeres han amado a un solo hombre. Es decir, Susana es el doble de Lola e Ignacio halla en ella un poco a la madre. Por su parte, la abuela es un personaje simpático y realista. Ella simboliza la Cuba del siglo XIX por sus afanes separatistas, por sus ideales nacionalistas que se expresan en su concepto de la familia, en el amor a sus hijos y nietos y, sobre todo, por sus ideas sobre el papel de la mujer. Para la Abuela, la opinión política y la participación de la mujer en la guerra, son importantes. Según la abuela, las mujeres deben ir a la guerra "aunque sea a curar a los enfermos".

Los personajes masculinos están mejor manejados que los femeninos pero, igualmente, se clasifican por su conducta: morales o inmorales. En la novela todos los hombres están definidos como una consecuencia del medio social y de la herencia, porque las condiciones existenciales provienen de un estado social deplorable que determina la conducta de los individuos. O sea que la tipificación, el significado común colectivo de los personajes sobre los que recae la ideología que trasmite el relato, es lo que permite dividirlos en personajes nobles y morales, y en inmorales. Así, sólo los individuos de ideales nobles y conducta moral están presentados como seres humanos -Rafael, el tío de Ignacio, quien casi no participa de la acción pero es de los primeros en integrarse a la manigua, don Efraín, el padre de Susana, el abuelo de Ignacio e Ignacio-. También en este grupo cabe mencionar la pluralidad de personajes que se integran a las filas revolucionarias, como son el farmacéutico y otros emigrantes. Los demás personajes son máscaras abominables de conducta repulsiva, con los que se demuestra la tesis central de la novela.

En ella se describe y se narra detallada y cronológicamente la realidad política, histórica y social de Cuba desde las guerras independentistas (el protagonista nace en 1878 cuando termina la guerra del 68), hasta los comienzos de la República, principios de 1900. Como República, Cuba seguía gobernada por los españoles de la antigua colonia, oportunistas y explotadores que, amparados en títulos -generales y doctores-, eran solidarios de la corrupción y el coloniaje. *Generales y doctores* es un grito contra el militarismo y la demagogia porque "[e]s la novela de esa vida pública, a la que es preciso ir con un título académico, que no se explota científicamente, o con un grado militar que sí se explota." (Gay Galbó 1921) Los grados militares y los títulos plagaban la vida nacional, lo que motiva a Emilio Bobadilla a indicar que en Cuba

> [l]os generales y doctores pululaban como las moscas. Todo el mundo era general cuando no doctor, o ambas cosas en una sola pieza, lo que no les

impedía ser horteras y mercachifles a la vez. (1982)

Esta nueva clase social, nacida a raíz de la declaración de la República, es responsable por la frustración que expresa el relato. La imposibilidad de destruir la institucionalización de títulos y grados de individuos que, como el general Valdés, alias el Nene, el doctor Pepe García y el doctor y general Cañizo, de quien dice el narrador "[c]omo los doctores sin clientes, éste es un general que no ha disparado un tiro," malogran las nobles intenciones de los veteranos mambises: reformar las leyes, democratizar las instituciones y acabar con el despotismo.

Ignacio -médico titular y veterano- es derrotado por el Nene en las elecciones para Representante a la Cámara por su pueblo, Placeres. El Nene, personaje esperpéntico, ingresó a la manigua no por conciencia revolucionaria sino para librarse de la cárcel y obtener grados militares que le permitieran explotar esa condición, enriquecerse y fomentar el militarismo. Irónicamente, los calificativos del Nene lo tipifican como un demonio humano, invencible, representación de la fuerza del medio, agreste y brutal. Al Nene debe Ignacio su desilusión, su desconfianza en la política y en su nación:

[E]l Nene, que además de general era rico improvisado, íntimo de vagos y matones, con los cuales bailaba rumba y parrandeaba, [hasta que yo] sufrí mi último desengaño en la política, y dejé de escribirle a mi tío, y me metí en mi casa a sacar muelas, a querer a mi madre, a dedicarme a la educación de mis hijos y a librar a Susana de las inquietudes y amarguras de las mujeres de hombres públicos en tierra de guapos y trepadores arrivistas y demás clasificados de la fauna tropical de los presupuestívoros. (344 *GD*)

Desde el ingreso a la manigua se nota el descontento del protagonista. La indiferencia de los jefes para con la verdadera situación de Cuba, es la causa del escepticismo de Ignacio. Esta condición del personaje aumenta a medida que trancurre el relato. El protagonista acusa a los revolucionarios de estoicos -"después de comprobar, una vez después de cien más, el estoicismo sin par de los libertadores, me fui al rancho con Cañizo"-, (318 *GD*) comenta Ignacio a la madre. Este desencanto se va convirtiendo en agonía, en desesperanza, pero el protagonista no cae, sigue firme.

La segunda parte de la novela se cierra con una carta de Ignacio a su madre, emotiva y evocativa en cuanto expresa el estado anímico del personaje en el momento (presente enunciativo) en que escribe:

[H]e sufrido aplastantes desengaños a causa de mil cosas que he visto y otras mil que he entrevisto. Me parece que no todos los libertadores son del temple de aquellos viejos, ilustrados y generosos de la Guerra Grande, que predicaron y encendieron la Revolución en plena conciencia de su responsabilidad . . . creo que hay mucha gente de ideas y aspiraciones mezquinas entre nosotros . . . . (344 *GD*)

El desengaño de Ignacio se acrecienta cuando se da cuenta de la mediatización que ha sufrido el proceso independentista por la nación aliada, los Estados Unidos. Valiéndose del discurso modalizante, expresa su pesimismo y declara a la madre su sentir:

De modo que lo de nuestra independencia absoluta es a largos días y, por consecuencia, nuestra gratitud y reconocimiento del puritanismo de nuestros poderosos aliados, debe quedar todavía en cuarentena por mucho tiempo. Estas y otras cosas me dan el pesimismo de que te he hecho constancia al principio. (337 *GD*)

Este pesimismo del protagonista se mezcla con notas de cinismo e ironía por un lado pero, por otro, Ignacio cree en la posibilidad de cambio, lo que se iguala a un sutil optimismo que aparece en la tercera parte de la novela. Don Pepe habla a Ignacio del perdón que merecen los que, como el Nene, sirven a la nación y también a sus intereses. Idea reprochada por Ignacio, quien ve en el Nene al oportunista y explotador que mantiene a la nación en estado de corrupción. Por consiguiente, las características del personaje Nene, señaladas en la narración, transportan al lector al ambiente en donde nace éste. Los adjetivos son precisos en la configuración del personaje y su ambiente, reafirmando la relación causal entre hombre y medio. Adviértase la descripción de este personaje:

Antes de la guerra timador, pendenciero, chulo, jugador. Después de la guerra, de la cual pudo salir lavado de toda culpa, como ha sido incapaz de comprender la grandeza que había en permanecer puro, en vivir en el corazón de un pueblo en perenne gloria, se ha enriquecido con el solo anhelo de satisfacer deseos innobles, y para hacerlo no ha tenido escrúpulos en contribuir a la corrupción del medio en que vive. (346 *GD*)

El medio, garantizador del comportamiento, sentencia al hombre a su condición sin ofrecerle oportunidad para cambiar. El Nene no transforma su estado de rufián, aun cuando ocupa una posición de importancia en la sociedad. El determinismo en las novelas loverianas es totalizante y destruye la nación. Así, la sumisión de los individuos, focalizada en personajes como Oña, Mercedes, en el plano sexual y emocional, y otros, corresponde a los patrones socio-históricos que han regido la nación desde sus inicios. El protagonista señala la posición socio-económica de Cuba, la situación de los obreros, y expone sus ideas al respecto. Las escenas dialogadas sirven, entre otras cosas, para caracterizar a los personajes en sus ambientes y delimitar su ideología. La contradicción ideológica se manifiesta, sarcásticamente, en el diálogo entre don Pepe e Ignacio. El elemento antagónico - carácter, ideología, condición social- conduce a Ignacio a decir, sobre la situación cubana y sobre los cubanos, lo siguiente:

> Pero, ¿qué quiere usted? unos venimos al mundo a una cosa, y otros a otra. Unos vienen a buscar pan, por vilipendiado que sea, y otros a rompernos la crisma con los molinos de viento. Usted me conoce desde muchacho, y no sé si, con todo y que es usted doctor, sabe lo que es determinismo. (349 *GD*)

Sin embargo, Ignacio intenta romper con ese determinismo agobiante y aniquilador, entregándose a la idea, por una parte esperanzadora, de la reforma social. Por tanto, describe la condición de Cuba después de la guerra y compara la vida de los llamados generales y doctores con la de los obreros y el resto de la población. Ignacio reflexiona sobre la incompatibilidad entre estas dos realidades que vive la nación. Este pensamiento del protagonista-narrador, que viene enfrentando una problemática casi desde su nacimiento, lo lleva a conclusiones generalizadas sobre una realidad y, a su vez, define su temperamento. En el cuarto de hotel, Ignacio, valiéndose de lo que Carlos Reis llama "discurso abstracto" o reflexiones sobre una verdad vivida, llega a la conclusión de que sí existe el problema social, pero está tamizado por otra realidad abstracta:

> [C]reer que en Cuba realmente no hay problema social; que toda la agitación obrera que nota en el país es obra de unos cuantos desesperados extranjeros; que cuando uno ha comido aquí, regiamente, todo el mundo ha comido; que . . ., bueno, llega uno a creer hasta que hay un dios; el dios de los ricos. (353 *GD*)

Esta conclusión de Ignacio es una idea casi generalizada en toda la novelística de Loveira, y se puntualiza en *Generales y doctores* porque aparece la imagen de un narrador autodiegético que enuncia y que vive la historia que narra. La alusión a la frase "el dios de los ricos" sirve para marcar la diferencia no sólo entre los dos dioses sino entre las dos problemáticas: la de los generales y doctores y la de los obreros y marginados. Por tanto, esta frase señala la generalización del problema social y de la verdad a la que se refiere el narrador en su discurso.

La clase trabajadora es una constante -código temático- en la novelística de Loveira, tema que no tratan ni Carrión ni Bobadilla. Como clase social es defendida por los naturalistas, pero dentro del marco de la justicia y la igualdad social. Sin embargo, como clase social aparece determinada por su condición, sin oportunidad de superación. Desde *Los inmorales*, el discurso narrativo plasma las ideas del autor, sus sentimientos y sus esperanzas con respecto a los obreros. Estas ideas ficcionalizadas no discrepan de las expuestas en sus ensayos *De los 26 a los 35: experiencia en la lucha obrera, El socialismo en Yucatán* y en su artículo publicado en la revista Cuba Contemporánea, *El problema obrero en Cuba*. Loveira rechaza la indiferencia con que se trata la causa obrera en Cuba. Por lo que, ficcionalmente, los protagonistas Ignacio, en *Generales y doctores*, Jacinto en *Los inmorales*, Juan Cabrera en *Juan Criollo* y Cuco y Alfonso Valdés en *Los ciegos*, son defensores de esta causa. Ignacio argumenta sobre el atraso de Cuba en cuanto al reconocimiento de los derechos y tratamiento de los obreros, y lo compara con otros países:

> [E]s una vergüenza que, en un país que vino a la independencia política con los albores del siglo veinte, y ello como resultado de una revolución inspirada en ideales regeneradores, viva el obrero sin los derechos que se le conceden hasta en . . . España. (348 *GD*)

Con la finalidad de enmendar la situación de este sector de la población, Ignacio llega a la Cámara de Representantes y su discurso es un alegato filosófico-moral en defensa de esta clase. Simbólicamente, sus discursos son rechazados pero se refugia en su propia determinación. Al final de su último discurso cuando, se cree apoyado por unos huelguistas que esperan afuera mientras él habla, sarcásticamente se encuentra solo. Ellos han desaparecido porque es noche de fiesta o "noche de frontón." Loveira, a través de la persona narrativa de Ignacio, mantiene la esperanza en el pueblo. Frente a la desolación y a la soledad, Ignacio se apresta a decir románticamente:

> Podré. Iré lenta, pero confiadamente con la esperanza puesta en las nuevas fuerzas que ya germinan en fatal subordinación al determinismo de las cosas. Soy optimista, por el pueblo; aunque en la dura senda a recorrer tengamos que detenernos a cantarle el más cerca de tí, Dios mío al primer ensayo de República, comida por un cáncer por la plaga de los generales y doctores. (408 *GD*)

El patriotismo, el nacionalismo, el separatismo, el pesimismo-optimista asociado con esperanzas reformadoras, deseos futuros en beneficio de Cuba y de la clase trabajadora, son inquietudes expuestas en la novela *Generales y doctores*, que la acercan al naturalismo zolesco sin incurrir en el fatalismo acuciante de las novelas del francés pero que, entre otras cosas, la definen como la expresión de los ideales socio-políticos de Carlos Loveira. Sin embargo, la causalidad determinista de los fenómenos y situaciones, tan marcados en la novela, no provocan en el protagonista ni en los demás personajes el pesimismo y el fatalismo propio de los personajes naturalistas, por lo que no se puede calificar *Generales y doctores* como novela naturalista aunque en ella converjan rasgos de esta corriente. El optimismo y la fuerza de Ignacio se expresan, en su totalidad, al final de la novela con el discurso que la cierra. Esta técnica caracteriza casi todas las novelas del autor en las que al final el narrador, convencido de haber desarrollado su tesis, hace un último intento para convencer al destinatario de la veracidad de su teoría. Ignacio reafirma el optimismo que mantiene hasta el final como exigencia de su convicción:

Soy optimista por el pueblo. (408)

Los ciegos

En Cuba el sistema de esclavitud fue abolido -por decreto- en 1879 pero entró en vigencia en 1886. Este sistema se ficcionaliza críticamente en novelas como *Cecilia Valdés* y *Sofía* en las que el escenario de acción es el ingenio. Empero, en 1922, con la publicación de *Los ciegos*, de Carlos Loveira, resurge nuevamente como tema el sistema de esclavitud. Sólo se ha logrado sustituir el sustantivo esclavos por el de obreros, y la fuerza laboral ya no depende, únicamente, de los negros sino de una masa cosmopolita: criollos, blancos, extranjeros y mulatos. Como sistema institucionalizado seguía vigente aún.

Los ciegos[5] es una defensa de la clase trabajadora, un alegato ideológico a favor del movimiento obrero cubano de principios del siglo XX, así como también una crítica a la errática educación socio-religiosa de las mujeres. Estos temas son congéneres de la corriente naturalista en su adversión religiosa y en su reivindicación de la clase trabajadora. La acción de la trama está dominada por la ceguera de tres personajes, quienes están, asimismo, sujetos a ciertos estados que el Naturalismo rechaza al determinar sus causas y consecuencias: la violencia del obrero EL León, el poderío y la jactancia irracional del patrón, Ricardo Caldererría, y la ignorancia, consecuencia de la formación religiosa de su mujer, Benigna. Estos seres, víctimas de la sujeción a estos estados, sucumben ante la realidad existencial.

La primera Guerra Mundial (1914-1917) dio el empuje necesario para la recuperación de la economía mundial. Hubo un incremento en la producción material y, consecuentemente, del mercado. Los precios alcanzaron el nivel más competitivo de los últimos años. En América, en el Caribe específicamente, el auge económico de estos años benefició, en gran medida, el mercado azucarero. Los dueños de los ingenios disfrutaron de excesivas ganancias debido al alza de los precios y a la competencia mercantil. En Cuba, la bonanza económica se manifestó en el esplendor físico y material de La Habana con la construcción de palacios y avenidas, en la llegada de automóviles de lujo, la ropa y los lujos que exhibía la nueva generación de ricos que, como Ricardo Caldarería, propietario del ingenio Dos Ríos, se acogieron a las ganancias inflacionarias y a la extravagancia del mercado, formando parte de lo que se conoció en Cuba por "la danza de los millones." Este momento de la vida cubana se representa a tres niveles: históricamente se entiende como

> [l]a fiebre del oro, encendida por los fabulosos precios post-guerra mundial.

materialmente se manifestó como la danza de los millones;

> el miliunanochesco brotar de joyas, palacios, automóviles, bancos desbordantes. (136 *Lc*)

y en lo político significó para los obreros cubanos

> el contagio bolchevique.

Este auge económico, sin embargo, no fue compartido por la clase trabajadora. Los obreros, en los ingenios, seguían sometidos a las viejas condiciones de trabajo. Por tanto, la propagación de las ideas de la Revolución Rusa (1917), la Mexicana (1910) y los abusos de los patrones ricos causaron la rebeldía, las demandas y la afiliación de los obreros a distintas doctrinas filosóficas y políticas -anarquismo, socialismo-, como medio de lucha por mejorar las condiciones de su existencia. El análisis de Cuco, el teórico de la historia, acerca de la militancia de los obreros en las diversas doctrinas políticas, concluye que las condiciones existenciales eran responsables por la actitud de ellos y no la imitación de ideologías extranjeras:

> Esos, aunque jamás hayan filosofado en socialista, tienen que haber sentido, y tienen que seguir sintiendo, más o menos concreto y definido el ideal de la emancipación; porque es segurísimo que todos, ante el cúmulo de sufrimientos que es el vivir del pobre, ante el lujo, la soberbia y la insolencia provocadora de los ricos, han experimentado y experimentarán

mientras pasen por este infierno de vida, los más encendidos y justificados arranques de rebeldía. (215 *Lc*)

Los ingenios, en este caso el ficcionalizado en la novela, remontan al lector a siglos pasados, a la época feudal. En el ingenio del siglo presente -Dos Ríos, por ejemplo- sólo se han enmendado los castigos inhumanos -el bocabajo, el fuete, etc.- cambiándolos por otros sicológicos, el terror político y el encarcelamiento. El término esclavo es sustituido por el de obrero, y el de amo, por el de patrón. El ingenio cubano de principios del siglo XX que mantenía las mismas características de los feudales -inhumanos, lúgubres, insalubres e infernales-, es motivo de la crítica de Loveira focalizada en la persona narrativa de Cuco Pedroso como filósofo, y de Alfonso Valdés como sindicalista. Otro personaje clave en la narración es Caín Romero, que aparece primeramente en *Los inmorales*. Tanto Alfonso como Caín sirven para traducir el mensaje político-ideológico plasmado en el discurso. Ambos son obreros del ingenio Dos Ríos: Alfonso un socialista moderado, que rechaza la violencia y cree que los estudios son el modo de lograr la justicia, ideario que no difiere del del autor; Caín es un pragmático padre de familia consciente de su condición obrera, cree en la justicia pero no quiere comprometer el bienestar de los suyos apoyando la violencia laboral. Para Alfonso la actitud de los dueños de los medios de producción es absurda. El bienestar económico del momento ha recrudecido los conflictos entre patrones y obreros, por la indiferencia de los primeros para con los últimos. Por lo que Alfonso llega a comparar las condiciones de los obreros con la de los esclavos del siglo pasado, en estos años de bonanza económica:

> mucho traer carros y máquinas; mucho convertir la vieja casa de vivienda en un chalet a todo meter; mucho instalar aparatos que cuestan un capital, para sacarle hasta la última gota de azúcar a la caña; en todo eso se puede gastar dinero y más dinero; pero a nosotros que nos coja un trueno; que sigamos siempre la misma vida, casi como los negros esclavos. (136 *Lc*)

La condición de los obreros era penosa en Cuba en los primeros años del siglo (1900-1919), por tanto se convirtió en una problemática social como materia novelística para el autor. Carlos Loveira, al igual que algunos de sus protagonistas, fue obrero y activista desde 1908 hasta 1917; sus ideas son el resultado de sus actividades como sindicalista. En Cuba la condición de los trabajadores no había cambiado como en otros países. El movimiento obrero no tenía el empuje, la fuerza popular necesaria para su total madurez; por consiguiente, los obreros cubanos seguían, entre otras cosas, con la imposición de "las doce horas de pega," es decir, doce horas laborales inexistentes en muchos países americanos, y en el ingenio se mantenían la fonda antihigiénica, las barracas inhabitables y el sistema de compra y venta de la libreta o el *over*. De ahí la comparación entre el ingenio feudal con el cubano del siglo XX: "estos ingenios cubanos no [son] otra cosa que un feudo rural." (137 *Lc*) La realidad de este grupo social halla sus causas en la política demagógica de los gobernantes nacionales. Irónicamente, la ideología independentista y democrática se cegaba ante esta realidad, considerándola inexistente en Cuba. Para los obreros, la toma de conciencia de su realidad social, les hace caer en el pesimismo determinista que, como clase, los caracteriza. También, reconocen que su vida está sujeta a los caprichos de unos dirigentes indiferentes a su realidad:

> ¡La vida que hacemos los trabajadores en los ingenios! Esto es algo . . . que pone en ridículo, con la elocuencia de una realidad innegable, a esos sociólogos nuestros, que sin haber salido nunca de sus chalets, sus casinos, sus automóviles y sus círculos aristocráticos, se atreven a afirmar que en este paradisíaco sitio de la tierra no existe el problema social. (137 *Lc*)

Efectivamente, los obreros y sus problemas eran ignorados. De ahí su rebelión contra el sistema establecido porque la independencia nacional se había convertido en una excusa, en un error insuperable, indefinido debido a que los ideales que la sostuvieron se habían desvanecido y los obreros ya no formaban parte del ideal independentista. Para el narrador, la ceguera es la causa de la insolubilidad de los problemas sociales y, en el régimen de la novela, se convierte en un símbolo. Sólo la desnudez de la realidad agobiante conducirá a su solución. Ricardo Calderería, un personaje instruído, que ha leído algunos autores modernos, con amplia comprensión de la vida, y que rompió con los modelos socio-morales abandonando a su esposa e hijas por la mujer a quien verdaderamente ama, está, sin embargo, corrompido por el dinero y el poder. La corrupción que ciega a Ricardo le impide reconocer la causa por la que los obreros van a la huelga; con su dinero y poder compra a las autoridades gubernamentales y destruye los ideales de los obreros -la huelga, los reclamos, etc.- así como la vida de muchos de ellos: el encarcelamiento de Caín Romero y de Milanés y la imposibilidad de Alfonso de obtener empleo. De igual modo, Ricardo se opone al amor entre su hija, Adolfina, y Alfonso argumentando las diferencias socio-raciales entre ellos. Por su parte, El León es un anarquista que concibe la violencia como el vehículo para solucionar los problemas entre patrones y obreros. La oftalmia ideológica mezcla de pasión, odio, dolor y egoísmo de los personajes imposibilita la reconciliación entre las ideologías en pugna. Ricardo cree en el poder y en la fuerza militar para la solución de los problemas; Alfonso, Cuco y Caín creen que la justicia y la tolerancia entre ambas fracciones es la solución. Independientemente, Alfonso cree que en el trabajo están los embriones de la consagración del ideal. Y, por su parte, El León acude a la violencia como solución ante una realidad injusta. Al igual que Alfonso y Cuco, para Loveira la violencia es repudiable, porque conduce a la destrucción. En la relación de los códigos ideológicos y actancial, y en la práctica, Alfonso representa la postura del narrador. Por tanto, cree en el éxito de la huelga si se reconcilian las tres facciones y si no se recurre a la violencia. Empero, la falta de visión de los anarquistas, Ricardo y El León, imposibilita la ecuanimidad, el equilibrio necesario para la reconciliación, y se condenan a muerte.

La narración de los hechos está sujeta al código de la heterodiégesis. El sujeto enunciador del discurso cuenta con obejetividad la historia de otros sujetos. La estructura del relato la forman diecinueve apartados, en los que abundan varios niveles narrativos: escenas dialogadas, largos discursos ideológicos y cartas. Diferente de las narraciones anteriores, son numerosas las alusiones del narrador al destinatario inmediato -tercera persona- de la narración. Estas alusiones se observan en frases como estas: "Piense el lector", "Insistamos, con todo, en lo de su connatural moralidad", "Si para el lector", "Se verá que lo anterior no es inverosímil", "Por ahora sépase que", "Tome el lector esos signos de admiración", que proyectan la imagen de un narrador doble. Sin embargo, al dirigirse directamente al lector como narrador heterodiegético, se perfila la crítica, el rechazo o la aceptación de las condiciones trasmitidas por el código actancial, a través de las posturas afectivas e ideológicas que rigen el discurso, de modo objetivo. También, se dirige muchas veces al lector para distanciarse de los hechos que narra y logra objetividad y veracidad narrativas. Las escenas dialogadas y los discursos, largos y abundantes, que detienen la acción narrativa y retardan la historia central, producen en el lector la sensación de que la historia ha sido reconstruida por los personajes y que el narrador abdica del conocimiento cabal de la fábula. Pero las constantes alusiones al lector, la focalización omnisciente, las apreciaciones absolutas y generales -discurso abstracto-, el uso del imperfecto desde el primer enunciado y el comportamiento anacrónico que verifica la distancia temporal entre historia y discurso, confirman la objetividad y la versosimilitud de la historia, y la impersonalidad heterodiegética u omnisciente del narrador.

"Terminada la Guerra, cuando la madre de Ricardo había muerto y el padre estaba a punto de seguirla, el joven regresó a Cuba, y un año después de firmada la Paz [la Paz del Sanjón] heredó la antigua casona." (8) En este párrafo, en el que se introduce a Ricardo, se justifica la heterodiégesis del narrador. El uso del participio pasado "terminada", del adverbio de tiempo "cuando" y la correlación de los tiempos pasado ("regresó") e imperfectos ("había muerto, estaba"), muestran el distanciamiento temporal -pasado en que ocurrieron los hechos y presente en que se cuentan- y afirma, al recurrir a estas expresiones, el subcódigo de la heterodiégesis. El código temporal, en la novela, expresado por la frase "cuando . . . regresó el joven", se verifica, en el discurso, por el signo analéptico o analepsis con el que se logra restablecer un suceso pasado en el presente y valorizar moral y materialmente los personajes, contrastando sucesos y acciones del pasado con el comportamiento del presente (Ricardo, Benigna y Cuco). En *Los ciegos*, la correlación entre el código temporal y la focalización omnisciente permite develar consecuencias de eventos y acciones pasadas en el presente -pasado, determinismo y causalismo- tal como lo concibe el naturalismo. En la novela naturalista, cuyos signos están asociados con el determinismo fatalista, la temporalidad referida se asocia con la omnisciencia. La narración sujeta a la omnisciencia permite que el narrador exprese los signos ideológicos y afectivos a que se inclina y que adopte un comportamiento cientificista y demiúrgico con respecto a la historia. En la narración, la relación y la caracterización de los personajes delimitan indicios ideológicos y temáticos. Por lo que la educación religiosa, la influencia del medio y del poder material, causante de la injusticia, son signos -naturalistas- que muestran el condicionamiento de los personajes -Benigna, Ricardo, El León- y su relación con el tema -ceguera, medianía, violencia-. De este modo, el discurso narrativo-descriptivo que configura etopéyica y prosopográficamente a los personajes, muestra los signos ideológicos del narrador decimonónico y, muy especialmente, de los escritores que se adhirieron a la corriente naturalista. La ideología que comunica el discurso narrativo no difiere de la del autor.

En la dinámica de la acción, la configuración de los personajes, aunque sujeta a la concepción loveriana de la antítesis, se logra por medio de una descripción física mínima seguida por una amplia demostración etopéyica (moral), signos destacados del naturalismo determinista, por lo que la caracterización se concibe en términos de su representación temática, ideológica y socio-cultural. En la novela, los personajes mantienen cierta jerarquía. En el primer apartado se narra el origen de Ricardo, su pasado y su condición de hombre que va hacia el triunfo (signos dados). También, la idiosincracia de Cuco Pedroso, su origen, su rebeldía y la vida y educación hermética de la hermana de Cuco, Benigna. Tres personajes que concretizan el referente, el código temático e ideológico propio del período y la corriente literaria. En el segundo capítulo, Adolfina, Carlota y Clara Herrera son descritas distintamente y en antagonismo en cuanto al mensaje que cada configuración proyecta. Cada una activa un código particular. Adolfina y Carlota, aunque proceden del mismo tronco genealógico, son personajes antagónicos. Adolfina y Clara son personificaciones de la ideología que defiende el narrador y de su temática - el libre albedrío, la mujer, los prejuicios socio-raciales, la injusticia y el amor verdadero-. Carlota tipifica el mensaje crítico que implica el discurso. De igual modo, los personajes masculinos -Ricardo, Cuco, Alfonso, El León, Milanés y Romero- están dotados de un simbolismo (códigos ideológico, temático) que los coloca en una determinada función literaria. Ricardo es el criollo que tuvo cierta conciencia y reconoció la injusticia pero, al llegar a ser rico y haber conquistado cierto poder, se ha convertido en un ser insensible, neurasténico y prejuiciado. El padre Zorrímez encarna la inmoralidad y la hipocresía de la religión católica. La actitud egoísta y oportunista con que explota a las mujeres beatas como Benigna y sus primas, es referente de la crítica anticlerical que expresa el discurso. Cuco es un personaje dotado de profundidad sicológica. Sus larguísimos discursos, responsables por la suspensión de la narración, son cargas semánticas en que se presenta la teoría que defiende el narrador y la ideología del autor. Semejante al autor, Cuco es autodidacta y trotamundos. La afición a la lectura, al conocimiento y la rebeldía excentricista es común en los protagonistas loverianos: Jacinto, Ignacio, Gustavo, Isabel, Elena, Juan. Cuco representa el idealismo, configurándose moralmente como la esperanza ante la injusticia, los abusos, la ignorancia, la falsa educación de la mujer y ante el poder de la iglesia. El contenido semántico de sus discursos sobre la moral, la religión, el comportamiento de sus seres queridos frente a la realidad del momento y el amor, lo convierten en la figura central de la historia. Es decir, parecería que Cuco fuera un personaje absoluto en la historia. Por contraposición a Ricardo, Cuco cree en la regeneración social, en la justicia y en la capacidad de los obreros, y se opone a la violencia. El anarquismo está representado en el personaje El León, un español no bien formado en la lucha obrera y cuyo extremismo causa la tragedia de Ricardo. Contrastado con El León, Alfonso es un obrero maquinista, aficionado a la lectura, de tendencias socialistas. El reconoce la injusticia que sufre su grupo social y lucha por reformarla por medio del estudio, la sensatez, la organización y la conciencia de clase, sin incurrir en la violencia. El comportamiento de Alfonso va de la mano con el pensamiento de Loveira en cuanto a lograr la igualdad y la justicia. De este modo, Alfonso entronca con otros personajes loverianos: Jacinto, Ignacio, Cuco y Juan, que representan la postura del propio autor. Es importante anotar que la lucha por la justicia, la igualdad, la honradez, la ética del trabajo, el estudio que conlleva a la superación son elementos básicos de la concepción loveriana del hombre. La descripción física de Alfonso es referente de su etnicidad y en la novela funciona como indicio del prejuicio racial que existía en Cuba. Su condición de mulato motiva el desprecio de Ricardo, lo que se observa en esta frase: "es un mulatico cualquiera". El diminutivo "mulatico" sirve para fortalecer el desprecio y aumentar el prejuicio del que lo expresa. Así se concluye que la fricción entre estos oponentes está basada no sólo en la condición socioeconómica sino en la racial.

Los personajes femeninos, en paridad, funcionan como destinadores de un fin ideológico, configurándose por medio del retrato físicomoral. Es decir, los personajes son transmitidos al lector de afuera hacia adentro. Ellos están más descritos que narrados, sin discrepar entre la prosopografía y la etopeya. En la jerarquía femenina, Benigna protagoniza la trama, representando la relación entre sujeto, medio social o destinador, y objeto que trasmite el discurso. Físicamente, ella no posee grandes atractivos pero es elegante y modesta. Representa a la mujer decimonónica que, casada con un hombre joven y rico, no puede retenerlo porque le han enseñado a esconder su sexo, a negarlo. Víctima de la educación religiosa, su relación con el medio tiene como destino la muerte. Opuesta a Benigna, aparece Clara Herrera, joven, atractiva y entregada al sexo. Clara acepta su realidad de amar a un hombre casado y vive con Ricardo fuera del matrimonio, como lo hizo Elena en *Los inmorales*. Esta decisión de Clara, sostenida por el amor tan defendido por el narrador, la redime ante las demás mujeres. Adolfina, es otro personaje de honda sicología. Sus decisiones, su rebeldía y su rechazo de las imposiciones la ponen entre las favoritas del autor por su afición a la lectura y su rechazo de la educación religiosa. Adolfina ha comprendido la realidad sociocultural y familiar que la rodea, enfrentándose a la injusticia de su padre Ricardo para defender su amor. La rebeldía, la formación literaria y la inteligencia de Adolfina son similares a las de Elena en *Los inmorales* e Isabel en *La última lección*. Pero, diferentemente, Adolfina es una niña rica, que no ha tenido experiencia sexual, por lo que su liberación se logra con la muerte de sus oponentes -sus padres Ricardo y Benigna-, y no con el sexo. Su hermana, Carlota, es la destinataria de la educación materna. A ella se la ve tejer, cocinar y vivir fuera de la realidad que la rodea. Como personaje representa la continuidad decadente de la educación social de la mujer y, al igual que su madre Benigna, está destinada a la mediocridad y a desaparecer por su sumisión y por su falta de objetividad. Es propio de los personajes femeninos, y aun de los masculinos, del cosmos loveriano, no tener defectos físicos. Todas las mujeres son, ciertamente, atractivas. El feísmo grotesco no es una caracteística de los personajes ni de los protagonistas loverianos como ya lo hemos precisado. Sin embargo, el feísmo aparece en algunos pasajes que describen la naturaleza tropical y sus efectos: paludismo, ñáñaras, pobreza, etc. En la novela naturalista, el ambiente y la naturaleza funcionan como personajes muchas veces y, otras, como indicios que anuncian un desenlace fatal o placentero. En *Los ciegos*, el ambiente del ingenio y la naturaleza del cañaveral, fea, caliente e insufrible, anuncian el desenlace del relato. En el pasaje siguiente hay indicios que auguran el fin de Ricardo:

> Del corte de caña cercano vienen las afalsetadas notas de un canto guajiro, cadencioso y melancólico; de los cañales, el rumoroso concierto de pajarillos, y de allá lejos, por encima del mar de verdura en la diafanidad del sereno y despacioso atardecer el sordo tronar con que las poderosas máquinas de Dos Ríos terminan (en este año de 1922) una remunerativa zafra. (446 *Lc*)

Los adjetivos cadencioso, melancólico, rumoroso, sereno y despacioso funcionam como signos augurales de la muerte. La imagen "sordo tronar" anticipa cómo será la muerte, violenta y rápida. Ricardo muere apuñaleado de súbito por El León. La escena es rápida y casi cinematográfica, pero espantosa. El discurso descriptivo de esta escena, es determinante del propósito naturalista y su visión de lo feo como realidad humana. La descripción del cuerpo preagónico de Ricardo bien corrobora esta idea:

> Don Ricardo, que está empapado en sangre con un tremendo tajo diagonal en el rostro, otro en una muñeca y otro que, por la densa hemorragia, adivínase debajo del corto y membrudo cuello. (447 *Lc*)

He subrayado todos los sintagmas que configuran el feísmo de la descripción. Estos elementos aparecen por primera vez en la narración y son fácilmente asimilados por el lector. En la novela no se ahonda en el feísmo como una consecuencia sico-fisiológica, ni como un estado degradante como en las novelas de Zola y en *Sin rumbo*, de Eugenio Cambacères.

En esta novela, el autor se acerca al naturalismo no por la defensa de los obreros y el anticatolicismo sino por la representación de la ignorancia, la sumisión y la negación de la justicia social y el individualismo, estadios del hombre negados como realidad. Ricardo impugna la vida abominable de los obreros, su derecho a la justicia, a la igualdad y al amor. Desgraciadamente, él se niega a recapacitar sobre su postura. Consecuentemente, la ofuscación -signo sicosociológico- de Ricardo es indicio de su muerte, funciona como una especie de informante que preanuncia la suerte del personaje. Ricardo, motivado por las condiciones ambientales -la frialdad e incomprensión de Benigna, el bienestar material, la bonanza económica y su ingreso a las altas esferas sociales habaneras-, se ha convertido en un objeto del capitalismo de la época, indiferente a los cambios sociales, a las crisis que se operan en las distintas sociedades. Tanto él como Benigna, enclaustrada en su catolicismo, desaparecen, paralelamente, por su ceguera y Cuco lo expresa con estas palabras:

> tú eres un ciego mucho más lamentable que otros: que uno de estos anarquistas que te amargan la vida, aquí en el ingenio; que mi misma hermana, que era otra ciega. Más lamentable, porque tú eres un hombre bueno, que tienes talento y tienes dinero: dos poderes mágicos que siempre deben servir para ir relativamente bien por la vida. (402 Lc)

Ricardo está relegado al pasado; no ha advertido la evolución socio-histórica de la sociedad mundial. Su dinero y su poder han contribuido a su destrucción -neurasténico, infeliz y solitario-, características que lo definen como personaje decadente. Simbología que predice la decadencia, según Cuco, del sistema capitalista por su ceguera ante la realidad social:

> [e]s indiscutible que estamos en un momento de precipitada transición de valores morales y materiales. El régimen capitalista está en el comienzo del cierre total de su ciclo histórico. (403 Lc)

El capitalismo, y las consecuencias funestas que precipita en la sociedad, focalizado en la persona de Ricardo, sufre la crítica mordaz del Naturalismo por su negatividad ante la realidad social, especialmente, la de la clase trabajadora que explota y margina. Benigna -encarnación del código socio-moral que rige la trama-, es la consecuencia de la educación socio-religiosa de la época que enajenaba a las mujeres de la realidad que las rodeaba. Ella vive entregada a las enseñanzas hipócritas del padre Zorrímez (el nombre es símbolo de su carácter) para quien es un objeto de explotación. Violada su individualidad y negada su condición de mujer, cae en el fanatismo religioso y se convierte en un ser adocenado, mediocre y destinado a morir tempranamente. Su mediocridad causa la destrucción de la familia: la medianía de su hija Carlota, la infelicidad de Adolfina y, también, el abandono de Ricardo, su marido.

A pesar de la decadencia, la destrucción, los abusos del poder y la explotación de los trabajadores, la gazmoñería socio-moral y religiosa y los excesos materiales expuestos en la novela, todos elementos condenados por la corriente naturalista, se observa el optimismo representado en la persona de Cuco Pedroso. El romanticismo reformista, entendido en la narración como socialismo moderado, utilizado por Cuco en su discurso en defensa de los obreros, responde al idealismo del autor. Para Cuco, como para Loveira, la visión clara y precisa de la realidad es el aniquilamiento de la ignorancia, de la ceguera que tanto afecta a los individuos. También, ambos reconocen la aportación de la Revolución Rusa en la clasificación de la nueva clase social, los obreros. Consecuentemente, negar la realidad, mantenerse al margen del proceso histórico mundial, es perecer. La aparición de Cuco, al regresar después de larga ausencia en los últimos capítulos, representa la esperanza, la consolidación de unos ideales que no mueren. Su argumento final expresa el por qué él y otros que, como él se han aferrado a un ideal, no sucumben:

> [ú]nicamente los medios bolcheviques -que habiendo vivido entre unos y otros tenemos ahora la serenidad precisa para formular nuestras verdades prudentemente eclécticas y para estudiar la gran cuestión buscándole justas y asequibles salidas dentro de esas verdades- estamos actualmente en condiciones de ver claro, y de dar un consejo práctico, oportuno y para todos salvador: a los bolcheviques completos, a los ciegos de la derecha y a los intelectuales suicidamente perezosos que viven al margen de su época. (450 *Lc*)

Esta videncia de Cuco es la causa del optimismo reformista en cuanto a la problemática político-social y económica de Cuba. El Naturalismo positivista al que se adhiere Loveira halla en el reformismo, y no en los cambios drásticos de las instituciones, la solución a la crisis nacional. De ahí, la muerte de los personajes -Ricardo, Benigna y El León- por su negativa o su incapacidad para superar una visión del mundo sostenida en la moral social, política y religiosa de la época.

NOTAS

1. Carlos Loveira, *Los inmorales* (La Habana: Editorial de Arte y Literatura, 1976) 206. Las citas se harán por esta edición.

2. Carlos Loveira, *Juan Criollo* (New York: Las Américas Publishing Co., 1964) 23. *Juan Criollo* se estudiará en capítulo aparte.
3. Carlos Loveira, *La última lección* (La Habana: Editorial Imprenta y Papelería de Rambla, Bauza y Ca. 1924) 148. Las citas se harán por esta edición.
4. Carlos Loveira, *Generales y Doctores* (La Habana: Editorial Letras Cubana as, 1984) 376. Todas las citas se harán por esta edición.
5. Carlos Loveira, *Los ciegos* (La Habana: Editorial Letras Cubanas, 19-) Citamos por esta edicion.

# Capítulo 8

Juan Criollo novela naturalista

Carlos Loveira fue un idealista. *Juan Criollo*, considerada su mejor novela, es, incontrastablemente, naturalista. Los hechos sociales e históricos que componen la narración son presentados en relación causal con el personaje. *Juan Criollo* es la expresión del determinismo y el pesimismo que sufrieron los cubanos durante los primeros años de la República (1900-1927). Es igualmente la novela que simboliza la derrota de los revolucionarios mambises. La tesis loveriana iniciada con *Los inmorales*: la pureza de los ideales impide la degradación del hombre y le permite superar las iniquidades del medio, sufre un revés en *Juan Criollo*. En esta novela publicada en 1927, el protagonista está sujeto a los designios del destino. Su vida y sus acciones están dominadas por las condiciones sociales e históricas que lo han formado. Estas condiciones lo convierten en un héroe degradado a consecuencia de su medio. Razón que lleva a Max Henríquez Ureña a calificarla como la novela de Loveira "más descarnadamente naturalista de todas las que escribió." (1963) La relación determinista que existe entre el personaje, sus acciones y los hechos narrados prueban la acogida de Loveira a la escuela naturalista zolesca. Por lo que Carlos Ripoll afirma que el Naturalismo "fue para

Loveira como un dogma absoluto que debía regir su producción."
(1964)

El determinismo domina el carácter y la vida del protagonista, Juan Cabrera. La historia de los infortunios de Juan, está objetivamente narrada desde el punto de vista heterodiegético u omnisciente. En la novela se introducen hechos reales de la historia de Cuba, que imparten al relato la veracidad necesaria para determinar el efecto inmediato, social o sicológico, de un fenómeno específico. Asimismo, el determinismo de que es víctima el personaje es efecto de la condición histórica de Cuba. El relato de episodios y la caracterización del personaje como signo de esos hechos, contribuyen a la objetividad y expansión del tema de la novela. La narración, objetiva y factual en tercera persona, está sometida al encadenamiento de los hechos, observados y presentados en toda su naturalidad. La observación concreta se logra por la impersonalidad del narrador que adopta una focalización omnisciente-heterodiegética con la que juzga y critica. Esta le permite definir las causas y los efectos de los fenómenos que se observan. El análisis objetivo de los hechos que van moldeando la vida de Juan hasta convertirlo en producto de su medio y de su herencia, contradice el idealismo y el reformismo que caracterizó el discurso loveriano de las primeras narraciones. La impersonalidad del narrador presenta al personaje por sí solo como producto de una realidad histórica. Por otro lado, se observa el intercambio de una focalización omnisciente por una focalización interna, con la cual se logra describir la interioridad del personaje.

Juan Criollo es obra de ruptura. Aunque en la novela aparecen todos los temas y subtemas característicos del Naturalismo -los obreros, la prostitución, los abusos, la degradación, la explotación, las clases bajas, el adulterio-. Los problemas sociales y políticos en todas sus dimensiones han sido tratados en las primeras novelas del autor. *Juan Criollo* expresa la derrota del optimismo e introduce el determinismo ambiental y el fatalismo básicos de la narración naturalista. Juan, a diferencia de sus otros personajes, es un desertor de los ideales que por años Loveira había defendido. La focalización omnisciente que distancia al narrador de los hechos que narra, revela la relación entre autor y personaje. Ada Ortúzar analiza la relación del protagonista loveriano con el autor y afirma que "el protagonista es la encarnación de Loveira."(1983) Lo que de cierto modo comprueba que, al igual que Juan, Loveira fue un desertor, un luchador que experimentó la derrota de sus ideales, de la causa que tanto defendió y que ficcionalizó. *Juan Criollo* es el climax de su novelística y, por tanto, expresa la frustración de los ideales del pueblo cubano. De ahí que "la condición de admirable documento histórico -no de novela histórica- da al último libro de Loveira un forzado carácter de obra de transición sufrido casi con dignidad (J. M.V. 1928).

La narración -sostenida por la analepsis que intenta conservar sucesos del pasado- se inicia con la niñez de Juan alrededor de 1880 y continúa con su desarrollo hasta convertirse en un hombre. La valorización de hechos pasados es determinante de la vida del personaje. En el momento en que se narran los hechos, han transcurrido cuarenta años desde la infancia de Juan. El presente histórico se concentra en esta primera frase:

> Los primeros recuerdos, con imágenes claras y firmes, que conserva él de su extraordinaria vida, son de hace cuarenta años, de cuando tenía seis años de edad. (1 *JC*)[1]

El primer capítulo presenta al lector la condición de vida de Juan y de su madre. Juan es huérfano de padre y su madre es una infeliz mujer que lucha contra las adversidades del destino para criar a su hijo. La miseria y los sufrimientos aplastan a la infeliz y al hijo, y los someten al determinismo de su clase. La condición económica y ambiental de Juan, provocada por la realidad nacional, se convierte en el foco del narrador, quien desarrolla una tesis según la cual "[l]a vida es azar: desde el inescogido germen, bueno o malo con que venimos a ella, hasta el cadalso o el pedestal adonde finalmente pueden encaramarnos algún día." (426 *JC*) El protagonista, así, se enfrenta con la sociedad que lo envilece porque su suerte o su miseria está determinada por la causalidad que rige su destino. El determinismo, como doctrina causalista, es responsable por la inseparabilidad entre hombre y medio. El narrador afirma la veracidad de la teoría al contrastar dos ambientes sociales:

> [u]n hogar decente, una niñez desahogada y varios años de universidad, pueden conducir a un sillón de fiscal; por el solar, la bodega y el cañaveral, fácilmente se llega al banquillo de los acusados. (426 *JC*)

La teoría determinista es válida en cuanto presenta a un personaje que desde su niñez está destinado al sufrimiento y a la vejación. La orfandad de Juan premoniza su desgracia futura, la que se presenta *in crescendo* desde el momento en que se enuncia. La persona de Juan es el centro de la narración. Sus movimientos y sus acciones están observadas en los cuatro momentos narrativos que forman la historia del protagonista: su orfandad paterna y la vida con su madre hasta la muerte de ella; la vida del huérfano en la casa de don Roberto, un rico propietario de ingenio que pretendía a la madre de Juan y fue la causa de su última desgracia; la cesantía, la vida en el ingenio y su fuga; la experiencia en México y su regreso a La Habana con el advenimiento de la República. En los cuatro momentos Juan aparece supeditado a la fuerza del medio, de modo tal que la resignación se vuelve realidad para estos seres. La madre de Juan, en su lucha diaria por conservarse honrada, desconoce su debilidad frente a la hostilidad del medio. Su humildad de madre pobre, desamparada, sin recursos la llevan a aceptar dos amantes. Pero, por sí sola " la animosa mujer luchaba por la vida, aferrándose al empeño de ser "honrada", de sostener sólo a fuerza de batea y plancha un hogar propio e independiente, con el único hijo por compañero." (2 *JC*) En su noble idea como todo ideal no realizable, es vencida por la miseria que, finalmente, la convierte en un ser determinado hasta destruirla espiritual y físicamente. Sólo la muerte la libera de su destino.

La miseria, los abusos, la explotación, las violaciones coartan la libertad y el derecho a la dignidad de las mujeres como Josefa y otras, en las sociedades patriarcales. Juan lucha por sobrevivir desde su infancia hasta su criollización, es decir hasta alcanzar un puesto dentro de la administración que le provea nombre, bienes y mujeres, olvidando sus ideales, su dignidad. De ahí que la relación antagónica de Juan con la sociedad que lo rechaza por huérfano, por pobre, constituye la ética de la novela. Es el enfrentamiento del héroe degradado con el medio. Juan se forma en un ambiente criollo, con todo tipo de inmoralidad. Por su condición socio-moral está predestinado al sufrimiento, a las injusticias, las que, acepta porque

> ten[ía] la connatural resignación del niño pobre, que sabe que ha de ser un hombre desde muy temprano. Y un hombre con carne de miseria y de sufrimiento. (138 *JC*)

Se observa cómo los hechos causan en él un estado agónico, de debilidad espiritual casi insuperable. Lo que da a entender que la existencia obedece a una relación causal porque "la vida es una interminable sucesión de consecuencias" (425 *JC*), señala el narrador. El encadenamiento de estas consecuencias, como lo plantea la narración, causa resignación y fatalismo en el personaje. El medio absorbe a los seres hasta aniquilarlos, imposibilitándolos de luchar según su libre albedrío y por su propia determinación. Josefa, resignada y sometida por los mandatos religiosos y sociales, exclama:

> ¡Qué le vamos a hacer, hijo! ¡Dios quiere que vivamos así! (23 *JC*)

Para Juan, atrapado en ese ambiente podrido desde niño, la liviandad de su vida adulta es un modo de rebelarse -roba, hiere a un ex-militar, se amanceba con una prostituta, abandona a dos mujeres y a sus hijos, va a la cárcel-. A pesar de esto, Juan tiene nobles sentimientos e ideales, mas las circunstancias lo llevan a actuar de ese modo. En casi todo el relato Juan lucha contra los designios de su destino para no caer. Se rebela contra las perversiones de que, en cierto momento, ha sido objeto. Tampoco se ha dejado convencer fácilmente por sus amigos para ingresar a las filas de los oportunistas y arrivistas de la época republicana. Este consejo del amigo Julián, prueba las intenciones nobles de Juan:

> Pero resucita de algún modo. Parece mentira que en este festín de botellas, de garrafones, de pedidos de fondos, de colecturías y negocios de todas clases, te estés quedando atrás. (420 *JC*)

Juan, casi por instinto, rechaza y critica al gobierno y la injusticia porque se reconoce víctima de los mismos. Por tanto, de niño se enfrenta al cura confesor que intenta, con manoseos, que Juan modifique el comportamiento de que lo acusa doña Juanita, una santurrona cruel y despótica. Juan la rechaza por tirana, por abusar de él y porque ve en ella a la responsable de la desgracia de su madre. Siendo adolescente, a Juan le repugna el comportamiento, las violaciones y ultrajes que comenten don Roberto, el rico propietario de ingenios, y sus hijos para con las mujeres en general y para con sus hijos bastardos. También Juan se enfrenta violentamente con el inicuo Robertico cuando éste le pide que lo masturbe. Al igual que otros protagonistas loverianos, Juan es idealista, noble, inteligente y cree en la justicia. Cuando mejora su condición económica, Juan mantiene a sus dos hijos. También siente gratitud y afecto por el abogado, hijo de don Roberto, quien lo ha defendido algunas veces; ha amado de verdad a dos mujeres y mantiene el recuerdo de su madre a quien no juzga, sino que la reconoce como víctima del medio y justifica la razón que la llevó al amancebamiento. En la cárcel de Yucatán, la carta de la mujer con quien contrajo matrimonio allí y la foto de su hija "le commovieron profundamente como hombre de nobles sentimientos básicos."(344 *JC*) En su afán por lograr ser alguien en la sociedad, Juan se aferra a la rectiud y a la justicia de los hombres. La respuesta dada a un amigo, cuando éste le reprocha su conducta honesta, es determinante de la postura inicial de Juan y de sus nobles aspiraciones:

> -Bueno. Es que luchaba, por abrirme paso de otro modo . . . sigo luchando. Yo he leído mucho desde que estuvimos en Peto, chico; y ahora

sé otras cosas. Creo que el camino recto es el más cómodo. (370 *JC*)

Parádojicamente, los sanos sentimientos y la lucha por lograr la reforma con honestidad no oscurecen la realidad del destino del protagonista, al que él mismo llama "perro destino" (132). El conocimiento de esta realidad y de su impotencia para vencerla, hacen que Juan se rebele contra el destino y la sociedad por tanta injusticia:

> [T]uvo Juan Cabrera sus primeras horas de rebelde y enconado análisis de su destino de ser no ligado al destino de otros seres; de cero humano, cuya existencia, y suerte y meta en la tierra, éranles indiferentes a toda la sociedad, a todo el mundo conocido y desconocido. (204 *JC*)

La frase "cero humano", símbolo de marginidad con respecto al cuerpo social, aumenta la rebeldía de Juan por las injusticias que sufre:

> ya había soportado excesos de abusos en la vida. Tenía que defenderse en ella, aunque fuese la suya una vida inmoral, curvilínea, censurable. Por ese camino le empujó el azar de su origen, de su educación, de su desvalidez en el mundo. (339 *JC*)

Juan es débil y sus acciones están determinadas por el medio, por tanto, cae en estado agónico de resignación y de derrota.

Simbólicamente, los últimos capítulos relatan los episodios que caracterizaron la lucha independentista: la vuelta de los emigrantes cubanos, la explosión del Maine, la proclamación de la República y la vida social, cultural y política de esos años. Juan regresa a Cuba después de haber pasado varios años encarcelado en Yucatán, México. El regreso a la patria, que cree libre, causa un choque emocional en el personaje:

> La llegada frente al Morro, donde las ilusiones de ingenuo patriota de poco más de veinte años, el sentimental optimismo político de un emigrado separatista, acabado de convertirse en hombre con voto, esperaba hallar, sola, ondeante y triunfadora, la bandera de la patria libre. (350-51 *JC*)

La libertad individual, el libre albedrío están cercenados por las condiciones existentes; asimismo, Cuba estaba dominada por un poder superior. El estado socio-político de Cuba determina la existencia de Juan a partir de ese momento, como también la de los demás personajes. La realidad de las dos banderas causa en el protagonista un sentimiento derrotista. Influido por el ambiente y, mayormente, por las injusticias de que es testigo; Juan sigue el consejo de su amigo Julián de que el triunfo del hombre cubano reside en su afiliación a la política: "en España el hombre pobre y emprendedor no tiene más camino que el teatro y los toros. Pues, en Cuba la política." (393 *JC*) Juan se inclina por la política. En principio lo hace para combatir a los verdugos que están en el poder, a sus enemigos. Es, en sí, un acto de rebeldía contra los responsables del mal nacional. La injusticia cometida contra el hijo bastardo de don Roberto, por un sistema basado en el prejuicio social y en el poder de los fuertes contra los débiles, es lo que conduce a Juan a la política. Los abusos del poder judicial al mando de sus enemigos lo llevan a exclamar:

> Desahogados! ¡Comediantes! ¡Fieras! Pero ya seremos iguales. Puesto que es condición de vida la de adaptarse al medio. (431 *JC*)

Juan, convencido de que la vida es una adaptación al medio, se adapta y triunfa "criollamente". Consecuentemente, los ideales y los sentimientos que lo habían caracterizado y que el protagonista había tratado de mantener, son aplastados por el cinismo, la corrupción y la hipocresía reinante en la República. Sólo han triunfado, en este medio, aquéllos que se han amparado en estos principios, que para Juan son sinónimos de degradación, de derrota, de disidencia. Juan Cabrera triunfa en este medio convirtiéndose así en Juan Criollo,

> seudónimo ajustado a su vida, a su sicología, hasta ahora. Y lo será, si al fin triunfa en la única y rápida carrera de la política: sensual, noblote, frívolo, imprevisor, escéptico, instintivo, dignidad siempre en guardia, rica mina cerebral gastada en salvas, incoherencia de ideas, de acción y propósitos, y alguna vez en la vida jugador, burócrata y político. Y en la política, de la nada a la opulencia, vertiginosamente. ¡Juan Criollo! (433-34 *JC*)

El triunfo de Juan es un triunfo al revés; es la caída, la derrota del héroe porque han sucumbido sus ideales. Es el símbolo de la destrucción de los ideales, de la esperanza del pueblo cubano representado en la persona de Juan.

La descripción objetiva de los lugares y la movilidad constante del personaje se logra por medio de contrastes entre espacios, lugares, personajes, clases sociales. Así, por ejemplo, el burdel, la iglesia, la clase baja y la alta, casuchas y mansiones. Todos estos elementos son referentes de la crítica social y de los elementos caracterizadores de la sociedad, implícitos en la novela, especialmente, en la novela naturalista. En el cosmos loveriano se han convertido en parte de la existencia de los personajes. Las descripciones de espacios y de situaciones crean la realidad del ambiente social, confieren objetividad narrativa y colocan al personaje en un ambiente propicio desde el cual se lo observa para determinar las causas y consecuencias de sus acciones. En la novela se describen situaciones escabrosas y repugnantes: violencia, enfermedades, el acto sexual brutalmente realizado, curaciones de enfermedades contagiosas. Las descripciones de condi-ciones repugnantes y groseras suspenden la acción narrativa pero realzan la realidad de la condición humana del personaje, definiéndolo como honesto aunque degradado, envilecido. Es decir, que las actitudes del individuo son respuestas de las condiciones propias de la sociedad y lo determinan. Por estas características del personaje o, por estas condiciones del hombre, Loveira acusa a la sociedad, porque los defectos del individuo nacen de la sociedad que lo forma.

Los personajes de Loveira, aparte de ser seres determinados social e históricamente, como caracterizaciones, son tipos sociales que responden a la finalidad teórica del narrador. Esa caracterización se logra mediante contrastes: honestos y corruptos, pobres y ricos, débiles y fuertes, religiosos y antirreligiosos. Pero todos determinados por las condiciones existenciales, reales del diario vivir -sexo, lujuria, corrupción- o sirven a la búsqueda del autor para expresar una realidad, una idea, un estado anímico acerca de un hecho actual -el divorcio en Cuba, los obreros, el arrivismo y el oportunismo político, la burocracia, el feminismo-. A diferencia de Miguel de Carrión, los personajes de Loveira no están caracterizados sicológicamente; ellos son representaciones de una ética, de una moral. Los protagonistas loverianos están hermanados en una ética: la lucha por mejorar las condiciones existentes en Cuba. Para lograr la veracidad ficcional, el narrador se vale de elementos autobiográficos que aplica a sus héroes, por lo que se convierten en "retratos morales" del autor. Como afirma Ortúzar Young: "El protagonista loveriano es una proyección del propio autor." (1983)

Los personajes femeninos están entregados, mayormente, por descripciones, convirtiéndose en personajes estáticos. Sus acciones son limitadas y carecen de espontaneidad. Isabel Machado en *La última lección*, Elena Blanco en *Los inmorales* y, un tanto, la abuela de Ignacio en *Generales y doctores*, son las mujeres más espontáneas y dinámicas de la ficción loveriana. Sin embargo ellas desaparecen al final del relato y quedan a merced del narrador y de las suposiciones del lector. Las acciones de Isabel y de Elena, al principio de la narración, determinan la postura del narrador en cuanto al papel de la mujer en la sociedad. También expresan la finalidad que, como personajes centrales, tienen en la narración. No obstante, la pasividad y la desaparición de estas mujeres al final del relato no empaña la visión ni la simpatía del autor por esos personajes femeninos, tal como se observa en el caso de Isabel Machado, una mujer liberada de las imposiciones socio-morales, que sabe cómo enfrentarse al medio, porque cree que el matrimonio convencional es el vehículo de su salvación moral y económica. Esta actitud de Isabel contradice su feminismo, su madurez intelectual y ella se convierte en un personaje débil, sin ética. Pero, al abandonar a Aguirre y volver con el hombre amado, se dignifica ante los ojos del narrador que no la ha juzgado. Otras mujeres importantes en la narración loveriana son Adolfina y Clara Herrera, en *Los ciegos*, Julia en *Juan Criollo*. Julia es un personaje logrado. Su condición de prostituta no la envilece ni degrada porque se imponen sus sentimientos. Su amor y sacrificios por Juan la colocan a la altura de otras féminas loverianas. Todas son símbolos de la rebeldía y de los ideales de la mujer moderna. Aunque aparecen otras mujeres en la narración, son apreciadas dentro de la dinámica social y cultural que rigió la sociedad cubana y que el autor ve con pena. En este grupo aparecen la madre de Elena, en *Los inmorales*, la madre de Juan en *Juan Criollo*, la madre de Isabel en *La última lección*, la madre de Ignacio en *Generales y doctores* y Benigna en *Los ciegos*, todas sometidas a los prejuicios sociales y religiosos. Innegablemente que el papel social de la mujer fue una preocupación para el autor, que veía en ellas la decadencia total de la sociedad cubana, y que culpaba a la sociedad por esta situación. Loveira sentía admiración y respeto por las mujeres, reconociendo que su victimización social y religiosa les impedía desarrollarse humanamente. El creyó en la capacidad y en la libertad de la mujer para decidir su destino (*Los inmorales*, *La última lección* y *Los ciegos*), y lo ejemplifica en la huida de Elena con Jacinto, en la convivencia fuera del matrimonio de Clara y Ricardo, en la rebelión de Adolfina para salvar su relación con Alfonso, en la entrega de Isabel a su novio y en el abandono de Gustavo.

En la caracterización de personajes Loveira sigue muy de cerca la técnica naturalista. Hemos ya señalado la creación de tipos, de imágenes y no de verdaderos personajes en sus novelas. En sí, cada tipo es la representación caricaturesca o el doble de un personaje del ambiente cubano, lo que permite que ellos mismos protagonicen la realidad diaria, que representen la ética y la estética a la que se ha acogido el autor y reflejen su estado anímico a causa de la realidad social que éste critica o aprueba. Los personajes, escépticos, sexistas, fatalistas, decadentistas y determinados por el medio y la historia, representan la sociedad cubana desde las luchas independentistas hasta el advenimiento de la República con toda su problemática. Esta surge del choque del hombre con su realidad, lo que, a su vez, logra que el personaje reconozca esa realidad y la enfrente aunque esto signifique sucumbir. La toma de conciencia de Juan, es decir, la conciencia de su problemática y su impotencia frente a ella, causan su caída.

Otros elementos notables en la novelística de Loveira que responden a las técnicas narrativas naturalistas, son la mención de autores y títulos de libros modernos. Muchos de estos autores y libros representan el ideario intelectual del autor y de la corriente estética que sigue. Autores como Galdós, Balzac, Zola, Blaco Ibañez y otros, están presentes en todas las novelas estudiadas. Se ha señalado el autodidactismo de los protagonistas -femeninos y masculinos-, su inclinación por ciertas lecturas y ciertos autores, lo que indica las preferencias del autor. También, en casi todas las narraciones, se usa el sustantivo "determinismo". En *Juan Criollo* se habla del "determinismo biológico" que afecta a los obreros; Ignacio García en *Generales y doctores* le dice al tío Pepe si no sabe lo que es "determinismo." Estas frases intercaladas en el relato informan al lector acerca del propósito y del movimiento literario al que se adscribe la obra.

La novelística de Carlos Loveira simboliza la realidad crítica de una época de la historia cubana. Sus protagonistas, cuyo comportamiento expresa la verdad de esa crisis, muestran la necesidad de reforma de unos parámetros de conducta que envilecieron la sociedad cubana en general. Consecuentemente, el Naturalismo, en estas novelas, expresa, estéticamente, la realidad de unos seres en un momento preciso. Pero, detrás de esa estética, está la ética como sostén de una esperanza reformadora. La problemática, los protagonistas y la aspiración ética -al amor, la justicia, la libertad y la igualdad-, son realidades que permanecen y que caracterizan la sociedad hispanoamericana y, en sí, la cubana. Si según Georg Luckás, la ética de un autor refleja la estética de su obra, es decir, la creación artística es el producto de experiencias internalizadas por los artistas, el Naturalismo de Carrión y de Loveira es la expresión de la crisis social, política y cultural cubana, de la que estos autores y otros fueron protagonistas. Su ética resulta de la experiencia vivida, de la perdurable condición socio-política de la Isla que, en verdad, determina el naturalismo cubano y, por ende, el de estos autores.

Un acercamiento a la concepción geno-textual de *Juan Criollo* permite demostrar los signos destacados que la valoran como novela naturalista y como la novela mejor lograda del autor. El signo temático responde a la ideología, consecuencia del determinismo adoptado por el autor para destacar los vicios y males de una sociedad en crisis. Esta relación determinista encara una fracción de la historia, responsable por la realidad que trasmite el discurso y la dinámica socio-cultural proyectada en los personajes. La génesis textual se desarrolla a partir de la concepción del personaje, Juan Cabrera y su relación con el mundo. Desde el primer capítulo se presenta a Juan en su medio, desarrollándose, adquiriendo de él las enseñanzas que lo convertirán en Juan Criollo, luchando contra él mismo y siendo vencido. Aunque las descripciones del paisaje (escasas) y del entorno ambiental funcionan como signos premonitores de una condición venidera, también sirven de apoyo a la tesis naturalista del hombre como producto del medio. Esta relación se ha desarrollado en las narraciones anteriores pero no se percibe, necesariamente, en los protagonistas. La causalidad corresponde a un comportamiento, a condicionamientos socio-culturales y de educación. Por ejemplo, la educación religiosa, la exageración moral y el hermetismo de Benigna, causan, finalmente, su destrucción. La inflexibilidad de Ricardo y el extremismo de El León, personajes de *Los ciegos*, como Benigna, los destruyen. En el caso de Juan, el medio es su herencia porque actúa, a su vez, como personaje que influye y que educa al protagonista, determinándolo como hombre sin arbitrio individual. No existen, en la narración, episodios aislados que neutralicen al protagonista, como ocurre en *Los inmorales*, en *Generales y doctores* y en *los ciegos*. El encadenamiento de episodios desarrolla la acción del relato simultáneamente con el desarrollo del personaje, porque éste no está sujeto a un espacio, a un tiempo ni a un evento. La narración es ace-lerada porque se corresponde con el desplazamiento del personaje a diversos lugares -del barrio marginado al centro de la ciudad, de la ciudad a la finca, de la finca a México, de Mérida a Yucatán y de México a Cuba-. En esta trayectoria, Juan ha convivido con todas las clases sociales y con mujeres de diferentes círculos sociales. La circularidad narrativa se corresponde con el patrón de conducta del personaje al final de la novela. Juan prepara el futuro de sus hijos, especialmente el del Nene, para que repita la hazaña del padre y disfrute del bienestar y la sobrevivencia de que éste hoy goza: "a los muchachos, sobre todo al Nene, me lo enseñas, si no puedo yo terminarlo, para vivir en esta tierra, y no en el cielo." (432 *JC*) Acogiéndose al positivismo utilitarista, que se observa en la cita anterior, Juan continúa teorizando sobre la realidad existencial y expresa lo siguiente: "remáchale en el cerebro la más grande, la más profunda máxima de todos los tiempos: haz dinero honradamente. Si no, haz dinero." (432). Particularmente, en *Juan Criollo*, el autor echa sobre el personaje la responsabilidad por la teoría que expresa el discurso. Todas las novelas se cierran con teorizaciones que se proponen convencer al destinatario de la tesis expuesta, y que entran a formar parte de los ideales y del tema central. En la novela, Juan es el teórico porque lo es todo. Postura que se da parcialmente en *Generales y doctores*, en la que el narrador se acoge a la autodiégesis. Así, la visión positivista utilitarista del personaje no se aprecia en ninguna otra narración. Juan ha aprendido a vivir y a triunfar en el medio como no lo hicieron sus predecesores -Jacinto, Ignacio, Isabel, Alfonso, Cuco-.

Paradójicamente, la realidad existencial condena a Juan a la esclavitud del dinero y del sexo. Juan posee su mujer pero también varias amantes a quienes mantiene. Para Juan no existen mujeres impuras o puras, la mujer vale por ser mujer y humana. Pero, más aún, por estar determinada por el medio a la injusticia, al dolor y a la humillación, como fue el caso de su propia madre. Observando la cronología narrativa loveriana, se aprecia que los personajes y, particularmente, los protagonistas, comparten un denominador común: el sexo. Pobres y ricos, protagonistas y personajes secundarios se afanan por el placer erótico, el que funciona como código cultural cubano y de liberalidad. Pero la poligamia de Juan contrasta con la monogamia del resto de los protagonistas loverianos. Ciertamente, casi todos los protagonistas han tenido experiencias sexuales anteriores -caso Isabel- o han estado casados -Elena, Jacinto, Gustavo, Ricardo-, o se han dado al flirt, mas todos terminan realizando su amor -Isabel, Jacinto, Ricardo, Adolfina, Ignacio- como simbología de la ideología del autor y de su teoría del amor. Juan, en cambio, al realizarse dentro de la corrupción, es polígamo.

En las novelas anteriores, la configuración de los personajes corresponde al concurso de hechos que el narrador dispone a su modo hasta lograr el producto final. En *Juan Criollo* estamos frente a un personaje más independiente. Aunque la fluidez narrativa comunique la influencia del medio sobre él, el personaje se percibe libre. Juan es un personaje desarrollado sicológicamente. Sus monólogos muestran su interioridad y sus acciones lo complementan. A diferencia de Ignacio, en *Generales y doctores*, cuyos alegatos en defensa de los trabajadores apoyan la tesis de la novela, y de Cuco, en *Los ciegos*, cuyos discursos reflejan el signo destacado de la ideología y del tema central, los monólogos de Juan le sirven para interiorizarse, reflexivamente, sobre la moralidad de la sociedad y sobre su papel como individuo. Adviértase que Juan vive en dos sociedades, la mexicana y la cubana, y en ambas ha experimentado la injusticia, los abusos. También ha visto las diferencias sociales, la discriminación contra los indios y los negros, la corrupción en general, y reflexiona sobre ello. Juan es un personaje real que sufre, que llora, que siente el dolor propio y el ajeno y que ama. El recuerdo de su madre y de Nena, la niña que despertó el primer sentimiento en él, lo acompaña siempre. Es el vínculo entre lo que fue, es y sigue siendo su pasado y sus efectos en el presente.

La realidad político-social queda definida por el discurso naturalista que relata la trama. Se ha determinado que *Juan Criollo* es novela de ruptura, por la postura del autor y por la del narrador expresada en su discurso. Este discurso está dirigido a mostrar la realidad y a persuadir al lector a cambiarla. Es decir que el discurso ficcional concreta la realidad del hombre cubano de principios de siglo XX. En la dinámica del relato, el signo explícito corresponde a la simbiosis naturalista de hombre y medio. Estos signos -la orfandad, la historia del padre, el oficio de la madre, el ambiente social y lo popular- permiten desarrollar al personaje en y como consecuencia del medio y auguran su futuro. En la novelística loveriana, el elemento popular -el vocabulario, las diversiones, los piropos, los juegos, las costumbres- define la idiosincracia del cubano, su realidad de época, revelada en una apreciación erótica y sensual de la vida. Así, Juan Cabrera es producto de su medio y, como tal, su destino está determinado por él. El enfrentamiento del protagonista con el sistema establecido, con el *milieu*, lo reduce hasta conformarlo. Finalmente, Juan acepta ser parte de la burocracia partidista, lo que es igual al triunfo del criollo. En este caso se observa la relación entre realidad y ficción. El medio parece ceder -ficción- a las demandas del hombre y éste acepta -realidad-. Pero, para el hombre, este triunfo simboliza su vencimiento absoluto. Juan Cabrera termina siendo parte de la burocracia, de la corrupción y del partidismo establecido. El triunfo del protagonista es su derrota, su caída, el anquilosamiento del hombre y de sus ideales. La incidencia del medio sobre la vida del hombre, sin importar sus condiciones humanas, sustenta la tesis de Loveira y es la razón del pesimismo fatalista ausente en las primeras novelas, pero observado en esta novela y focalizado en el protagonista, Juan Cabrera.

Juan Criollo sintetiza el pesimismo, el determinismo, la herencia y el fatalismo específicos del naturalismo y la realidad idiosincrásica del cubano de principios de siglo. La realidad del carácter del personaje se proyecta al lector como una autocrítica por la responsabilidad social a la que se niega el cubano. Tanto el fatalismo como el pesimismo de la época y, por ende, del autor resultan de la deformidad, de la anormalidad social en que vive el pueblo cubano.

NOTAS

1. Carlos Loveira, *Juan Criollo* (New York: Las Américas Publishing Co. 1964) 1. Las citas se harán por esta edición.

Capítulo 9

El naturalismo y los escritores cubanos

El Naturalismo dio a los escritores hispanoamericanos la fuerza necesaria para la ficcionalización de una ética que ayudó a definir un carácter y una realidad socio-cultural, aunque se los considerara absurdo o abominables.

La corriente naturalista triunfa en Hispanoamérica no por novedad sino por la ética que expresa: sirvió para identificar la realidad hispanoamericana en un momento de crisis nacional (1800-1900).

En Cuba hay tanteos naturalistas, que no se reconocieron como tal, desde las primeras décadas del siglo XIX (1840-1850) con la publicación de *Cecilia Valdés*, de Cirilo Villaverde.

A diferencia del Naturalismo sudamericano, el cubano tiene su base tanto en lo político-social como en lo económico y en lo racial. Lo racial-económico, anotado con precisión en los primeros tanteos naturalistas de la narrativa cubana, es un elemento único en Hispanoamérica.

Cecilia Valdés introduce una disposición narrativa similar a la de la novela naturalista zolesca; estructura formal que resulta de la circunstancia histórica. No obstante, hacia principios de siglo XX los escritores jóvenes, sin alejarse completamente del patrón de Villaverde, del estilo y de la forma, se adhieren con más fuerza al modelo francés con el que pueden canalizar sus inquietudes y expresar sus preocupaciones.

Un análisis de las novelas pre-naturalistas –Meza, Morúa-, partiendo de los primeros ensayos, permite dilucidar el trasfondo político, histórico y la motivación de los escritores más jóvenes, Carlos Loveira y Miguel de Carrión, en cuanto al tratamiento de temas, acogiéndose al naturalismo zolesco, entrado ya el siglo XX.

En Cuba los movimientos literarios surgen como exigencias de problemas políticos y sociales. Y como la identidad nacional parece no definirse todavía, a finales del siglo XIX, los escritores intentan delimitar el concepto por medio del arte. La literatura cumple su función social porque responde a los problemas del hombre en su medio y, en lo estético, desarrolla los temas que surgen de las condiciones reinantes.

En las novelas estudiadas se han subrayado los matices naturalistas que las caracterizan; se ha definido cuáles se pueden considerar precursoras o naturalistas, y se ha determinado la inclinación de sus autores por los postulados del naturalismo francés en la era republicana de la historia cubana -1902-1930-.

Los escritores cubanos, respondiendo a las exigencias del momento histórico, han creado una novela en la que los seres y el medio interaccionan. Escritores cubanos realistas y naturalistas comprometidos política y moralmente con la causa de su país, describen la realidad de Cuba pre y postrepublicana con propósitos de denuncia y de reforma. Para los naturalistas cubanos, como para los naturalistas hispanoamericanos, el fundamento reformista y de denuncia que introdujo el Naturalismo en la literatura no se limitó sólamente a lo social. El reformismo significó la crítica de un sistema de pensamiento que regía la conducta, el lenguaje y la cultura en general. Se introduce una nueva estructura que expresa la realidad tópica de la sociedad cubana de principios de siglo XX: temas, personajes, ambiente y lenguaje. En las novelas se retrata el ambiente urbano (La Habana de finales del siglo XIX y principios del XX), y los personajes como consecuencias de sus circunstancias. Son por lo tanto, novelas de ciudad que se han convertido en documentos de época.

En el ambiente criollo descrito se advierte la crisis socio-cultural y política provocada por el colonialismo y por la mediatización de la República: desigualdad económica, social y racial, el problema de la mujer, las condiciones de los obreros y la corrupción. En síntesis, la difícil sobrevivencia de las gentes en las zonas urbanas de Cuba.

El estigma de decadente que se ha atribuido a la novela naturalista por la reiteración de su mensaje del determinismo, del fatalismo, las condiciones socio-ambientales, la educación y el personaje antihéroe, no se advierte en estas novelas en forma absoluta. Ofrecen, dentro de la corriente naturalista, unicidad e innovación en el contexto temático e ideológico por estar inspiradas, sobre todo, en la realidad local cubana pero sin perder universalidad. La dialéctica de la esclavitud, el tema de la mulatería, la convivencia entre negros y blancos y la cultura que esta relación desarrolla, analizadas en las primeras novelas, son aportaciones de la literatura cubana a la corriente naturalista.

En estas novelas, la acción encadenada de los hechos está sujeta a la causalidad por lo que los elementos contextuales de la trama no sorprenden al destinatario. Si bien es cierto que el desconocimiento de la realidad cubana puede limitar la comprensión de ciertas alusiones, por otra parte hay elementos suficientes como para que los textos sean accesibles. Además, el análisis de los códigos temáticos e ideológicos dentro del contexto socio-cultural de la época, dilucida las innovaciones aportadas al Naturalismo por estas novelas. Ciertos temas universales como el del hijo bastardo, están tratados como resultado de la relación de diversos códigos: económico, social, cultural y étnico. El mestizaje, sus causas y consecuencias, es estudiado como tema desde *Cecilia Valdés*, que es una de las aportaciones significativas del Naturalismo cubano a la literatura hispánica. Villaverde trata temas como el mestizaje, la bastardía, las violaciones sexuales de los patrones blancos contra las negras, el incesto como consecuencia de la bastardía, los problemas urbanos de los negros y de los blancos, las diferencias socio-raciales antes de la aparición "oficial" del Naturalismo. La temática racial es un aporte de Villaverde a la estructura formal de la novela naturalista y está analizada en su relación causal con las circunstancias históricas.

Cecilia Valdés representa la génesis temática e ideológica de la novelística cubana. En ella, los autores jóvenes buscan el realismo de sus temas, de sus personajes, inspirados en las costumbres y en el pasado para definir una realidad presente.

Otros elementos estructurales se relacionan con los códigos narrativos en los que un narrador testigo, en primera persona –*Mi tío el empleado, Las honradas, Generales y doctores*- narra su historia.

Las novelas pre-naturalistas documentan la condición colonial y post colonial de Cuba y sus efectos en los individuos. En *Mi tío el empleado* el código narrativo, un tanto semejante al del narrador picaresco, trasmite la ideología con que se enfrenta una realidad dolorosa. A esto se agrega la técnica del absurdo, otra aportación de la literatura cubana. *Mi tío el empleado* es la novela de la explotación y el despilfarro en Cuba. Cada personaje representa un símbolo: usura, desmesura, la explotación de un poder por otro. El discurso narrativo en el que el narrador, haciendo uso del discurso abstracto expresa su juicio sobre la realidad, invita al lector a que participe, a que se comprometa en la guerra contra lo español.

Carmela, Sofía, La familia Unzúazu, y *Leonela* son fieles a la técnica estructural de Villaverde. Sin embargo, en *Carmela* aparece, en el siglo XIX, la peculiaridad del inmigrante asiático y su adaptabilidad a la sociedad cubana. La escritura se muestra como el compromiso de Meza para con el pueblo cubano: el escritor considera que su responsabilidad es mostrar los efectos del colonialismo.

Sofía y *La familia Unzúazu* son los primeros intentos naturalistas declarados en la narrativa cubana. Pero como novelas naturalistas quedaron en la intención de su autor. La ausencia de fatalismo y de cientificismo les impide ser novelas auténticamente naturalistas. Hay en ellas una visión positiva del negro, de su espíritu de superación, inteligencia y contribución al desarrollo del país como en la novela *Sab y Francisco* (1841), de Gertrudis Gómez de Avellaneda. En *Sofía*, se observa por primera vez cómo el hijo bastardo es esclavizado no por negro sino por bastardo. Siguiendo los postulados naturalistas, se examina la tara hereditaria que afecta a la familia Unzúazu, incluyendo a la hija bastarda. Morúa presta atención especial a la relación entre los dos grupos raciales -negros y blancos-, estudiándolos por separado. El antagonismo entre negros y blancos muestra el espíritu de superación del negro: su esfuerzo, su ansia de lucha, mientras el blanco está en decadencia por su corrupción, y por su incomprensión del proceso histórico que lo ha mantenido enclaustrado socialmente. Morúa intenta establecer científicamente la capacidad de superación de los negros, reconociendo su importancia dentro del proceso histórico de la nación. También puntualiza que la esclavitud no se limita a los negros, sino que afecta, también, a los blancos, determinados por la ceguera histórica.

En *Leonela* se nota, por primera vez, el simbolismo de la fuerza natural salvaje e indomable del trópico. Se descubre la naturaleza tropical cubana como un personaje que domina a los demás. Heredia halla en la naturaleza la génesis de la configuración de Leonela. El código narrativo sujeto a la descripción detallada y objetiva forma un cuerpo narrativo estático, en el que no hay alternancia ni flexibilidad. La narración está dominada por una linealidad inexorable, semejante a la fuerza natural que domina a los personajes.

La trama está centrada en el antagonismo de los personajes, del ambiente y de las condiciones sociales. El contraste domina toda la narración. El conflicto entre la naturaleza tropical cubana y la ciencia, y la modernización del mundo norteamericano opuesto al ambiente tropical se personifica en John Valdespina y en el campesino que lo acompaña en la selva. La relación entre las gemelas, Leonela y Clara, la sostiene la condición natural de su fisiología. En *A fuego lento* se introducen elementos distintos en la novela naturalista. Valiéndose de códigos lingüísticos y actanciales, Bobadilla hacia 1903 introduce, en el contexto de la novela cientificista-naturalista, el esperpento y el absurdo. Manteniendo un punto de vista omnisciente, el narrador presenta los hechos de modo objetivo y acusa al pasado por la condición existente. Este pasado queda expresado en los personajes a quienes el autor considera iguales. El habla cotidiana y gráfica no sólo identifica el espacio cubano sino que introduce giros lingüísticos propios del habla del campesino de la zona norte de la República Dominicana, como "meicao" por mercado, "cuarto" por dinero. Mediante ese recurso lingüístico se restringe el ámbito del relato a la zona del Caribe. Se podría decir que el lenguaje va creando temas y subtemas, definiendo la función y el simbolismo de cada personaje, del espacio, del tiempo. Los personajes son como máscaras deshumanizantes que avergüenzan al narrador, quien se adhiere al código irónico para ocultar su rabia y se refiriere a la realidad burlescamente. La naturaleza, determinante del ser humano, obstaculiza su desarrollo y la modernización tecnológica y científica de la sociedad. También el espacio tropical funciona como un personaje en la primera parte. El narrador parece acogerse a la objetividad descriptiva, pero esa objetividad paradójicamente se configura como otra problematización social.

A fuego lento inicia el Naturalismo al estilo de Zola en la literatura cubana ya entrado el siglo XX.

Las generaciones son productos de cambios que resultan de ideas, de inquietudes, de actitudes comunes. Apoyándonos en este principio, quisiéramos abstenernos de enmarcar a los escritores, Loveira y Carrión, dentro de generación alguna y llamarlos escritores naturalistas del 1900 por la relación que guardan con los pre-naturalistas -Meza, Bobadilla, Morúa Delgado y Villaverde-. A ellos se les ha denominado "generación agonizante" y "generación republicana"; sin embargo, no difieren de los novelistas del siglo anterior.

En sí, las novelas de Loveira y Carrión ejemplifican la crisis nacional causada por la proclamación de la República en 1902.

En las novelas *Las honradas* y *Las impuras*, de Miguel de Carrión, se examina la crisis de los valores de la cultura nacional. Para él los relatos se detienen en las condiciones socio-culturales y políticas que determinaron esos valores. En *Las honradas* la narradora decadente, marginada y débil escribe una novela femenina, en la que se analiza la problemática socio-sicológica de una mujer que intenta romper con los valores que la han formado. El logro de este objetivo la conduce al adulterio y al infanticidio. El tratamiento de ambos temas no causa una conducta reprochable por parte de la narradora sino una autocrítica a la sociedad que la ha empujado hacia ese estado, y que es indiferente para con la realidad de la mujer. Sin embargo, la protagonista consciente de su función colectiva rompe con el hermetismo y la sumisión y, a modo de autodefensa, denuncia la verdad con intención reformista. Como si no hallaran solución a esta problemática, las protagonistas terminan vencidas. El significado de la historia deja al lector la responsabilidad de buscar la solución. Para Carrión la solución está en manos de las mujeres mismas y no en la sociedad, de la cual desconfía. Estos referentes funcionan como oponentes de las protagonistas en su realización humana. Así, los problemas socio-sicológicos, culturales y sexuales sirven para identificar a unos seres castrados por la educación y el ambiente.

Si en *Las honradas* se observa la valentía de Victoria, la protagonista sumisa por condicionamiento del medio y no por condición biológica, en la segunda novela, *Las impuras*, la protagonista es la antítesis de Victoria. Teresa muestra desde niña su rebeldía, su inteligencia, su libre albedrío, pero cae en la prostitución como un acto consciente, convirtiéndose en una heroína al revés. Su caída resulta estéticamente forzada. Sin embargo, la caída es una metáfora del antagonismo entre el personaje y el medio. Además, para Carrión, es la base de su teoría en cuanto a que sólo la disposición individual ayudaría a salvar a la mujer y a solucionar sus problemas. Estructuralmente, la caída de Teresa provee de objetividad al relato y define el tema como naturalista.

Por otra parte, a través de la omnisciencia se responsabiliza a la sociedad por las condiciones existentes. Para Carrión el problema social es general y afecta a todos los personajes. En la mujer, por su formación social, el daño llega hasta su siquis, interponiéndose en sus relaciones humanas. El determinismo histórico-social, la corrupción, la prostitución, las enfermedades de la mujer y la deformación moral que caracterizan a los personajes, son temas naturalistas. Esos temas ponen de relieve el fatalismo, la causalidad y la fuerza del medio en el desarrollo de las relaciones entre los seres humanos. Estas condiciones no se señalaron en las novelas anteriores pero estos escritores las consideraban importantes.

Los temas de Loveira y Carrión nacen de las experiencias de seres que han vivido y participado en el mundo y que entendieron el momento histórico como un proceso de cambio y de contradicciones. Los temas ideológicos caracterizan la novelística de ambos: la mujer, los obreros, la injusticia, los hijos bastardos, la ignorancia, la corrupción.

En las cinco novelas de Loveira se observa, ascendentemente, la repetición de temas, de hechos históricos, la misma preocupación y la misma finalidad. Aunque la repetición limita la creación imaginaria, la tensión narrativa y la realización estética pero, como técnica, sirve para mantener unidas las novelas y acentuar el significado de cada una. Loveira, por la repetición de temas y la estructuración de sus historias, se acerca al estilo panfletario-propagandístico, lo que no sucede con Carrión. El geno-texto loveriano parte de una anécdota - muy al estilo costumbrista- que encierra una problemática, sus causas y sus soluciones. La estructura discursiva se aprecia como el metadiscurso (explicitado al final de cada novela en la que un personaje teoriza), en el que se plantea la ecuación de problemas y soluciones y en el que los significados están sometidos a la didáctica moral.

Ambos autores utilizan el antagonismo entre temas, personajes y situaciones. Asimismo, el sexo se manifiesta como determinante de una conducta, de un temperamento, de una formación no necesariamente negativa o degradante. El coito perjudica cuando se degrada y se abusa; pero es primordial en las relaciones humanas, por lo que ningún personaje es castigado por su libertad sexual. Asumiendo una actitud moderna, los autores han expuesto los temas y los hechos sin reservas ni tabúes. Esta apertura a la modernidad es responsable por la significación total tanto de las historias, que han introducido varios niveles narrativos como de la importancia de estas novelas en los primeros años del siglo XX.

El código actancial, sometido al ideológico, no logra que se individualicen los personajes. En Loveira, desde *Los inmorales*, los personajes parecen repetirse, proceden del mismo denominador y, aunque estén dotados de motivaciones y pasiones, éstas proceden de la misma problemática. No obstante la poca cantidad de creaciones, todas responden a una misma preocupación.

En *Juan Criollo*, la novela mejor lograda, estética y estructuralmente, se repiten los mismos motivos temáticos pero sujetos al desarrollo del personaje Juan Cabrera.

Este, en su movilidad, descubre los principales problemas sociales y humanos no sólo de Cuba sino del continente y expresa su repudio. El referente social en el contexto de la teoría causalista, unido asimismo al pesimismo, al fatalismo dan materia para los temas que caracterizan la novela como naturalista. Para el personaje la solución está en el sexo, en la violencia y en la resignación. Juan es el único protagonista loveriano resignado, vencido por el medio. Los demás, Jacinto, Ignacio, Alfonso y Cuco y las mujeres, Elena, Isabel, Adolfina, Clara, triunfan porque no se amedrentan ante la fuerza ambiental y hallan refugio en sus ideales.

Loveira y Carrión se adhieren al Naturalismo-positivista y en las novelas los personajes y sus acciones, y toda la vida social, están determinados por la herencia y el ambiente.

Carrión, de modo más científico que Loveira, analiza el carácter, la sicología de los personajes, dentro de su medio social. Como resultado de este experimento, el personaje es hechura y consecuencia de su medio, el cual, de cierto modo determina el estado biológico y sicológico del individuo.

Loveira halla en el optimismo reservado, ecuánime, la limitación de su propia ideología. Su naturalismo es evolucionista. Aborda y estudia los temas específicos de la corriente naturalista. Existe una marcada cronología en sus obras en cuanto a temática y a su definición como escritor naturalista. Sus primeras novelas no son, homogéneamente, naturalistas, pero tienen características similares a las de las novelas naturalistas. Su última novela publicada, *Juan Criollo*, es verdaderamente naturalista. En ella se encuentran todos los elementos caracterizadores del Naturalismo, el elemento científico inclusive, ausente de las primeras narraciones.

A diferencia de la literatura de otras zonas del Caribe, desde la Colonización hasta el siglo XIX -me refiero a la literatura dominicana y a la puertorriqueña en las que los escritores seguían aferrados a los modelos españoles, aunque estuvieran desarrollando la literatura nacional-, la literatura cubana de ese período muestra un marcado desdén por lo español. Esta actitud responde a las características del desarrollo histórico-social de la Isla. Artísticamente, se manifiesta en la intensidad de la crisis y en la conciencia ideológica que expresan las obras estudiadas. Haberlas analizado dentro de la cronología propuesta en este libro, ha permitido enmarcar y definir el Naturalismo en Cuba en el siglo XX como respuesta a la evolución de la ética, la estética y la ideología que dominaron la tradición literaria cubana. El estudio de todas estas novelas evidencia que el Naturalismo en Cuba no es uniforme, y que no se ajusta a una sola problemática. Eso sí, pone al descubierto los distintos problemas -sociales, políticos, económicos- que afectaron a los individuos en la sociedad cubana.

Bibliografía

Aguirre, Mirta. 1965. *Las novelas de Carlos Loveira*. La Habana: Revolución.

Alba-Bufill, Elio. 1973-74. "El Naturalismo en la obra de Carlos Loveira." *Círculo Revista de Cultura* 4: 106-17.

Allot, Miriam. 1966. *Los novelistas y las novelas*. Barcelona: Seix Barral.

---. 1954. *Estudios sobre escritores de América*. Buenos Aires: Raigal.

Anderson, Charles R. 1983. "James and Zola: The Question of Naturalism." *RLC* 57: 343-357.

Apter, Emily S. 1986. "Stigma Indelebile: Gide's Parodies of Zola and The Displacement of Realism." *MLN* 101: 857-70.

Ara, Guillermo. 1965. *La novela naturalista hispanoamericana*. Buenos Aires: Ed. Universitaria de Buenos Aires.

Aramburu, J. M. "Carlos Loveira." *Baturrillo. Diario de la Marina* (La Habana), 26 de oct. de 1920.

Arrón, Juan José. 1950. *Estudios de la literatura hispanoamericana*. La Habana.

Bacardí, Emilio. 1979. *Vía crucis*. La Habana: Ed. Letras Cubanas.

Bachiller y Morales, A. 1859-1961. *Letras y Apuntes para la his-*

toria de las instrucción en la isla de Cuba. 3 vols. La Habana.

Baquero Goyanes, M. 1954. "La novela naturalista española." *EPH* XIII: 551.

Barroso, Fernando. J. 1973. *El naturalismo en la Pardo-Bazán.* Madrid: Playor.

Bastos, María Luisa. 1971. "Introducción" en Eugenio Cambacères *Sin rumbo.* Madrid-New York: Anaya, 29.

---. 1983. "El Naturalismo de Eugenio Cambacères, falacias, indicios." *CHASQUI* 12: 50-62.

Beauchat, Charles. 1949. *Histoire du Naturalisme Français.* 2 vols. París: Ed. Correa.

Becker, George. 1963. *Documents of Modern Literary Realism.* New Jersey: Princeton University Press.

Bernard, Claude. 1964. "La medicina experimental." *Cien grandes científicos.* Comp. Jay E. Green. México: Ed. Diana, 232-37.

Bertachini, Renato. 1970. "Naturalismo, Positivismo e Verismo: Aggiornamenté e problemi." *Studium* 66: 405-18.

Berthoff, Warner. 1965. *The Ferment of Realism.* New York: Harper Row Inc.

Binni, Francesco. 1967. "Per una poetica del Naturalismo." *Studi Americani* 13: 299-324.

Block, Haskell, M. 1972. *Naturalistic Triptych: The Fictive and The Real in Zola, Mann and Dreiser.* New York: Randon House.

Bobadilla, Emilio. 1952. *Artículos periodísticos de Emilio Bobadilla.* eds. D. Mesa y Surama Ferrer. La Habana: Dirección General de Cultura del Ministerio de Educación. Ediciones del Cincuentenario.

Borrero, Dulce María. 1914. "El matrimonio en Cuba." *Cuba Contemporánea* II. V. 1: 198-211.

Bravo Villasante, Carmen. 1987. "Costumbristas cubanos del siglo XX." *Cuadernos Hispanoamericanos* 442: 147-151.

Brown, Donal F. 1968. "Germinal's Progeny: Changing Views of The Strike Among Latin American Descendent of Zola." *Hispania* 51: 424-32.

Bueno, Salvador. 1961. "Los temas de la novela cubana." *Asomante* 16.4: 39-48.

---. 1968. "Surgimiento de la crítica literaria en Cuba." *CHA* 75: 552-64.

---. 1964. *Temas y personajes de la literatura cubana.* La Habana: Ediciones Unión.

---. 1988. "La narrativa antiesclavista en Cuba." *CHA* 451-52: 169-186.

---. "Lo que se sabe de Carlos Loveira." *El Mundo* (La Habana), 6 de nov. de 1963.

Brushwood, John S. 1981. *Genteel Barbarism: Experiments in Analysis of Nineteenth-Century Spanish American Novels*. Lincoln and London: U de Nebraska Press.

Cambacères, Eugenio. 1971. *Sin rumbo*. Madrid-N.Y.: Anaya.

Campo, Jorge. 1965. "El Naturalismo mejicano: Federico Gamboa." *Revista de Letras y Ciencias Humanas*. 20: 228-39.

Carpentier, Alejo. 1979. *La música en Cuba*. México: Fondo de Cultura Económica.

Carrión, Miguel de. 1927. "El desenvolvimiento de Cuba en los últimos veinte años." *Cuba Contemporánea* XXVII: 2-27.

Castellanos, Jesús. 1916. *La conjura*. Madrid: Editorial América.

---. 1916. *Los argonautas. La manigua sentimental. Colección Póstuma*. La Habana: Academia Nacional de Artes y Letras, El siglo XX.

Catalá, Ramón A. 1926. "Divagaciones sobre la novela." Discurso de contestación de ingreso del señor Carlos Loveira. *Anales de la Academia Nacional de Artes y Letras*. X: 60-93.

Corbitt, Dubon Clough. 1971. *A Study of The Chinese in Cuba 1848-1947*. Lexington: Kentucky UP.

Cornforth, Maurice. 1975. *Materialism and The Dialectical Method*. New York: International Publishers.

Cortina, José Manuel. 1927. *Caracteres de Cuba*. La Habana: Editorial Cultural.

Cragnolino Apter, Aída. 1987. "Naturalismo y decadencia en *Sin rumbo* de Eugenio Cambacères." *Revista de Crítica Literaria Latinoamericana* 26: 55-65.

Chacón y Calvo, José M. 1922. *Ensayos de literatura cubana*. Madrid.

Chapman, Charles. 1969. *A History of The Cuban Republic. A Study in Hispanic American Politics*. New York: The Mcmillan Co.

Chilcote, Ronald H., and Joel C. Edelstein, eds. 1974. *Latin American: The Struggle with Dependency and Beyond*. New York: John Wiley and Son.

Devlin, John. 1966. *Spanish Anticlericalism*. New York: Harper.

Directorio de Revistas y Periódicos de Cuba. La Habana, *Anuario Bibliográfico*, 1942.

Eames, Samuel Morris. 1977. *Pragmatic Naturalism: An Introduction*. Carbondale (Ill.): Southern Illinois University Press.

Eberenz, Rolf. , 1989. *Semiótica y morfología textual del cuento naturalista: E. Pardo Bazán, L. Alas "Clarín", V. Blasco Ibáñez*. Madrid: Editorial Gredos.

Elú de Lenero, María del Carmen. 1976. *Perspectivas femeninas*

en América Latina. México: Sepsetentas.
    Epple, Juan A. 1980. "Hacia una evaluación del naturalismo francés." *Cuadernos Universitarios* 6: 153-179.
    ---. 1980. "Eugenio Cambacères y el Naturalismo en Argentina." *Ideologies and Literature*: 3: 16-50.
    Espinosa, Ciro. 1940. *Novelistas cubanos*. La Habana: Ed. Cultural.
    Esteban Soler, Hipólito., 1981. *El realismo en la novela*. Madrid: Cincel.
    Esténger, Rafael. 1954. *Caracteres constantes en las letras cubanas*. La Habana.
    Feal Deibe, Carlos. 1971. "Naturalismo y antinaturalismo en *Los pazos de Ulloa*." *Bullentin of Hispanic Studies* 48: 314-27.
    Fernádez Retamar, Roberto. 1975. *Para una teoría de la literatura hispanoamericana y otras aproximaciones*. La Habana: Ed. Casa de las Américas.
    Fernández de Castro, José A. *Larra y algunos románticos de América*. La Habana: sin fecha.
    ---. 1949. *Esquema histórico de las letras de Cuba, 1548-1902*. La Habana.
    Ferreira, Jaime M. 1986. *Scepticism and Reasonable Doubts*. New York: Oxford University Press.
    Figarola-Caneda, Domingo. 1909. *El Dr. Ramón Meza y Suárez Inclán*. La Habana: Imprenta de la Biblioteca Nacional.
    Franco, Jean. 1981. *Historia de la literatura hispanoamericana*. Barcelona: Ed. Ariel.
    Fuentes, Víctor. 1982. "Los límites del Naturalismo de Clarín en *La Regenta*." *Arbor: Ciencia, Pensamiento y Cultura III*: 29-36.
    Furst, Lilian. 1971. *Naturalism*. London: Mathwen.
    Furtado, Celso. 1974. *La economía cubana desde la conquista ibérica hasta la Revolución cubana*. México: Siglo XXI Editores, S. A.
    Galeano, Eduardo. 1980. *Las venas abiertas de América Latina*. Madrid: Siglo XXI Editores, S. A.
    Gamboa, Federico. 1979. *Santa*. México: Editorial Grijalbo.
    García Godoy, Federico. 1919. "Carlos Loveira." *Letras*. Santo Domingo.
    Gay Calbó, Enrique. 1921. *"Generales y doctores."* *Cuba Contemporánea* XXXVI 26: 183-185.
    González, Eduardo. 1990. "American Theriomorphia: The Presence of Mulatez in Cirilo Villaverde and Beyond Americ." Literature Do They Have a Common? Comp. Gustavo Pérez Firmat. Durham and London: Duke Univerity Press. 177-197.

González, Pedro Manuel. 1929. "La vida literaria en Cuba." *Revista de Estudios Hispánicos* 11.1:75-82.

González, Mirza L. 1979. *La novela y el cuento psicológico de Miguel de Carrión (estudio psico-social cubano)*. Miami: Ed. Universal.

González, Reynaldo. 1981. "Para una lectura historicista de *Cecilia Valdés*." *CASA* 129: 74-83.

Graham, Don. 1982. "Naturalism in American Fiction: A Status Report." *SAF* 10: 1-16.

Grant, Damian. 1970. *Realism*. Great Britain: Methwen and Co. Ltd.

Grant, Eliott. 1966. *Emile Zola*. New York: Twayne Publishers.

Guerra Sánchez, Ramiro. 1952. *Historia de la nación cubana*. vols. 9-10. La Habana: Editorial Historia de la Nación Cubana.

Guirol Moreno, Mario. 1914. "Nuestros problemas políticos, económicos y sociales." *Cuba Contemporánea* V: 401-24.

Gutiérrez de la Solana, Alberto. 1974. "Ideas morales, políticas y sociales en dos novelas cubanas del siglo XIX." *La literatura iberoamericana del siglo XIX*. Renato Rosaldo y Robert Anderson eds. Memoria de XV Congreso del IILI. Tucson: Universidad de Arizona: 191-201.

Guzmán, Julia María. 1960. *Realismo y Naturalismo en Puerto Rico*. Puerto Rico: Instituto de Cultura Puertorriqueña.

---. 1960. *Apuntes sobre la novelística puertorriqueña. Manuel Zeno Gandía: del Romanticismo al Naturalismo*. París: Universidad de París.

Hans Jorg, Neuschafer. 1978. "Apuntes para una historia social del Naturalismo español: la imagen del pueblo desde Galdós hasta Blasco Ibáñez." *Iberoromania* 7: 28-34.

Hemmings, F. W. J., ed. 1978. *The Age of Realism*. Atlantic Highlands: Humanity Press.

---. 1954. "The Origen of The Terms Naturalisme, Naturaliste." *French Studies* 2.8: 109-121.

Henríquez Ureña, Max. 1963. *Panorama histórico de la literatura cubana*. 1a ed. Puerto Rico: Ed. Mirador.

Henríquez Ureña, Pedro. 1975. *Historia de la cultura en la América Hispana*. México: Fondo de Cultura Económica.

Hernádez Catá, Alfonso. 1929. "Qué debe ser el arte americano?" *Revista de Avance* IV. 30: 24.

---. 1922. *Pelayo González*. Barcelona: R. Sopena.

---. 1914. *La juventud de Aurelio Zaldívar*. Barcelona: R. Sopena.

Herrera, Lourdes. 1983. *La novelística de Carlos Loveira*. New York: Las Américas.

Herrera-McElroy, Oneyria. 1983. "Martín Morúa Delgado precursor del afro-cubanismo." *AHR* 2-1: 19-24.

Hewit, Nicholas. 1984. "Victor Marguerite and The Reception of La Garçonme: Naturalism, The Family and The Order Moral." *NFS* 23: 37-50.

Inclán, Josefina. 1970. "*Generales y doctores.*" *Diario de las Américas*, junio 3.

Kaye, Jackeline. 1981. "La esclavitud en América: *Cecilia Valdés* y *La cabaña del tío Tom.*" *CASA* 129: 74-83.

Knight, Franklyn W. 1970. *Slave Society in Cuba During The Nineteenth Century*. Wisconsin: University of Wisconsin Press.

Lazo, Raimundo. 1965. *La literatura cubana. Esquema histórico desde sus orígenes hasta 1964*. México.

---. 1954. *La teoría de las generaciones y su aplicación al estudio histórico de la literatura cubana*. La Habana: Academia Nacional de Artes y Letras.

Leante, César. 1976. "*Cecilia Valdés*, espejo de la esclavitud." *CASA* 89: 19-25.

Levin, Harry. 1963. *The Gate of Horns*. New York: Oxford University Press.

Leyva, Armando. 1928. "Carlos Loveira, el ilustre autor *de Juan Criollo* nos habla de sus luchas de ayer, de sus actuales empeños y de sus propósitos para mañana." *El País* [entrevista]. La Habana: 6 de febrero. 1928.

Lissorges, Iván. Comp. 1988. *Realismo y Naturalismo en España en la segunda mitad del siglo XIX*. Barcelona: Ed. Antrophos.

Lizazo, Félix. 1949. *Panorama de la cultura en Cuba*. México: Fondo de Cultura Económica.

López Jiménez, Luis. 1977. *El Naturalismo y España: Valera frente a Zola*. Madrid: Ed. Alhambra, S. A.

López, Mariano. 1981. "A propósito de *La Madre naturaleza* de Emilia Pardo-Bazán." *BH* 83: 79-108.

---. 1984. "Emilia Pardo-Bazán: criterio estético y práctica novelística." *Arbor* 119: 51-64.

López Sáinz, Mariano. 1985. *Naturalismo y espiritualismo en la novelística de Galdós y Pardo-Bazán*. Madrid: Ed. Pliegos.

---. 1980. "El naturalismo galdosiano de *La desheredada.*" *Anales Galdosianos* (Feb.): 13-26.

---. 1980. "Naturalismo y humanismo en *Misericordia.*" *Sin Nombre* 11: 57-68.

---. 1979. "Sobre aspecto y fondo del Naturalismo galdosiano." *Cuadernos Americanos* 351: 489-99.

---. 1978. "Puntualizaciones en torno al Naturalismo literario español." *CA*. 26: 209-25.

---. 1978. "Naturalismo y espiritualismo en *Los pazos de Ulloa*." *REH* 12: 353-71.

Losada, Alejandro. 1979. "Rasgos específicos del realismo social en la América Hispánica." *Revista Iberoamericana* 108-109: 413-32.

Loveira, Carlos. 1926. "Un gran ensayista cubano: Fernando Lles." *Anales de la Academia de Artes y Letras* X. 1-4: 42-59.

Llerena, Mario. 1950. "Función del personaje en la novela cubana." *Revista Hispánica Moderna* XVI: 113-22.

Lloris, Manuel. 1971. "Valera y el Naturalismo." *Symposium* 25: 27-38.

Madariaga, Salvador de. 1955. *El auge del Imperio Español en América*. Buenos Aires.

Mañach, Jorge. 1941. *La crisis de la alta cultura en Cuba*. La Habana.

---. "Las glosas de Miguel de Carrión." La Habana: *El País* 20 de agosto de 1961.

Marinelo, Juan. 1928. "*Juan Criollo* y Carlos Loveira." *Revista de Avance* 22: 127-131.

Martí, José. 1946. "*Mi tío el empleado*." en Obras completas. Edición Conmemorativa del Cincuentenario de su Muerte. Vol. I. La Habana: Ed. Lexi.

---. 1894. "Hombres de Cuba." *Cuadernos de Cultura* Serie 2. 30 de octubre.

Martínez, Miguel. 1976. "Causa, tesis y tema en la novela de Carlos Loveira." *Hispania* 54: 43-54.

Martínez Terrón, Diego. 1982. "El Naturalismo de *La Regenta*." *CHA* 380: 257-97.

Mena, Francisco. 1976. "Federico Gamboa y el Naturalismo como expresión ideológica y social." *Explicación de Textos Literarios* 5: 207-214.

Méndez Rodena, Adriana. 1990. "Este sexo que no es uno: mujeres deseantes en *Las honradas* y *Las impuras* de Miguel de Carrión." *Revista Iberoamericana* 56.152-53: 1009-1025.

Menocal, Raimundo. 1946. "Origen y desarrollo del pensamiento cubano." *Revista Cubana* XXI: 160-67.

Michaels, Walter Ben. 1987. *The Gold Standard and The Logic of Naturalism*. Los Angeles: University of California Press.

Monsiváis, Carlos. 1979. "Cultura urbana y creación intelectual." *Texto Crítico* 14: 12-24.

Montes Huidobro, Matías. 1976. "Miró: Naturalismo estético y romántico." *Hispania* 59: 449-56.

Montori, Arturo. 1919. "La obra literaria de Miguel de Carrión."

Cuba Contemporánea XXI: 337-352.

---. 1922. "Las novelas de Carlos Loveira." *Cuba Contemporánea* 119: 213-239.

Morales, Angel Luis. 1962. "El Naturalismo en los cuentos de Rómulo Gallegos." *Duquesen Hispanic Review* 1:25-40.

Moraña, Mabel. 1984. "Literatura y cultura nacional en Hispanoamérica (1910-1940)." *Ideología y Literatura* Edición Especial: 1-95.

Morúa Delgado, Martín. 1882. *Impresiones literarias.* La Habana: Imprenta de Alvárez y Compañía.

Nelson, Brian, ed., 1992. *Naturalism in The European Novel: New Critical Perspectives.* New York: Berg Publishers Inc.

Obay, Alicia, Gloria Barredo, y Yolanda Ricardo. 1978. *Valoraciones sobre temas y problemas de la literatura cubana.* La Habana: Editorial Pueblo y Educación.

Ocampo López, Javier. 1986. "Escepticismo y naturalismo: dos etapas en la penetración del pensamiento ilustrado en Hispanoamérica." *Boletín de Historia y Antigüedades* 73: 1079-1105.

Oleza, Juan. 1984. *La novela del siglo XIX: del parto a la crisis de una ideología.* Barcelona: Ed. Laía.

Ortúzar-Young, Ada. 1983. "La evolución del protagonista en la novelística de Carlos Loveira." *Círculo Revista de Cultura* 12: 83-88.

Owre, J. Riis. 1968. "Carlos Loveira's *Los inmorales.*" *Journal of Inter-American Studies* VIII: 321-332.

---. 1966. "*Generales y doctores* After Forty Five Years." *Journal of Inter-American Studies* VIII. 3: 283-385.

---. 1967. "*Juan Criollo* After Forty Five Years." *Journal of Inter-American Studies* IX.3: 397-412.

Palls, Byron P. 1972. "El Naturalismo de *La Regenta.*" *NRFH* 20: 23-39.

Pardo-Bazán, Emilia. 1970. *La cuestión palpitante.* 2 ed. Salamanca: Ed. Anaya, S. A.

---. 1976. *Los pazos de Ulloa.* México: Editorial Porrúa, S. A.

Pattison T., Walter. 1969. *Naturalismo español: historia externa de un movimiento literario.* Madrid: Ed. Gredos, S. A.

Pereira Torres, María de las Mercedes. 1987. "Valoraciones sobre *Las honradas.*" *UDLH* 229: 173-80.

Pezer, Donald. 1984. "Recent Studies on Nineteenth Century American Realism and Naturalism." *ESQ* 30: 193-99.

Portuondo, Aleida. 1980. "Vigencia política y literaria de Martín Morúa Delgado." *Círculo* 9: 101-111.

Portuondo, José Antonio. 1962. *Bosquejo histórico de las letras cubanas.* Cuba: Ed. Nacional de Cuba.

---. 1967. "Corrientes literarias en Cuba." *CA* 553: 39-48.

---. 1981. *Capítulos de literatura cubana*. La Habana: Editorial Letras Cubanas.

---. 1958. "José A. Ramos y la primera generación republicana de escritores cubanos." *Revista Bimestre Cubana* LXII: 56-68.

Primelles, León. 1955. *Crónicas cubanas, 1915-1918*. 2 vols. La Habana: Editorial Lex.

Rama, Angel. 1981. "Founding the Latin American Community." trad., Pamela Pye. *Review* 30: 10-13.

Ramos, José A. 1976. *Las impurezas de la realidad*. La Habana: Editorial Arte y Literatura.

---. 1936. *Caniquí*, Trinidad, 1830. La Habana: Ed. Cultural, S. A.

---. 1908. *Humberto Fabra*. 2 vols. París: Garnier Hermanos, Libreros-Editores.

Rexach, Rosario. 1990. "La segunda generación republicana en Cuba y sus figuras principales." *Revista Iberoamericana* 56.152-53: 1291-1311.

Roig Leuchsering, Emilio. 1959. *Males y vicios de Cuba republicana. Sus causas y remedios*. La Habana: Oficina del Historiador de la Ciudad.

Rodríguez Almodóvar, Antonio. 1976. *La estructura de la novela burguesa*. Madrid: Taller de ediciones J. Betancor.

Rodríguez, Ileana. 1980. "La literatura del Caribe: una perspectiva unitaria." *Ideología y Literatura* 12.3 3-15.

Rosemberg, Millard S. L. 1934. "El naturalismo en México y don Federico Gamboa." *Bulletin Hispanique* XXXVI: 472-87.

Rosen, Charles. 1984. *Romanticism and Realism*. New York: Ann Arbor.

Salazar, Salvador. 1934. "La novela en Cuba: sus manifestaciones, ideales y posibilidades." *Academia Nacional de Artes y Letras*. 36:8-37.

Salper, Roberta L. 1986. "La economía del latifundio y el nacimiento de la literatura nacional en el caribe." *CHA* 429: 101-13.

Sánchez, Julio C. 1973. *La obra novelística de Cirilo Villaverde*. Madrid: De Orbe Novo.

Sánchez, Julio. 1971. "La sociedad cubana del siglo XIX a través de *Cecilia Valdés*." *CA* 175: 123-34.

Sánchez, Luis Alberto. 1968. *Proceso y contenido de la novela hispanoamericana*. Madrid: Ed. Gredos, S.A.

Sánchez, Reynaldo. 1984. "Jesús Castellanos y la narrativa cubana del 900." *Círculo* 13: 87-95.

Scari, Robert. 1974. "Insolación y el naturalismo." *Sin Nombre* 5: 80-89.

Schulman, Ivan A. 1981. "Reflections on Cuba on Its Antislavery

Literature." *SECOLASA* 7: 59-67.

Serpa, Enrique. 1982. *Contrabando*. 2da. Ed. La Habana: Editorial Letras Cubanas.

---. 1951. *Noche de fiesta*. La Habana: Ed. Selecta.

---. 1937. *Felisa y yo*. La Habana: Ediciones Alvarez Pita.

Shiff, Richard. 1984. *Cezanne and The Era of Impressionism*. Chicago: University of Chicago Press.

Sosa, Enrique. 1978. *La economía en la novela cubana del siglo XIX*. La Habana : Editorial Letras Cubanas.

Speirs, Dorothy E. 1985. "Il Naturalismo Americano e la sue relazioni con il Naturalismo europeo." *Periodico Quadrimestrale di Cultura* 73: 180-89.

Stone, Edward, ed. 1959. *What Was Naturalism? Materials for an Answer*. New York: Appleton, Inc.

Stromberg, Roland, ed. 1968. *Realism, Naturalism and Symbolism: Modes of Thought and Expression in Europe, 1848-1914*. New York: Harper and Row.

Subercaseaux, Bernardo. 1979. "Nacionalismo literario, realismo y novela en Chile." *RCLL* 5: 21-32.

---. 1980. "Liberalismo positivista y Naturalismo en Chile." *RCLL* 6: 7-27.

Summers, David. 1941. *The Judgment of Sense: Renaissance, Naturalism and The Rise of The Aesthetics*. London: Cambridge University Press.

Toledo Sande, Luis. 1980. *Tres narradores agonizantes*. La Habana: Editorial Letras Cubanas.

Tolman, J. L. 1967. *Romanticism and Revolt: Europe 1815-1848*. London: Harcourt, Brace and World Inc.

Torriente, Loló de la. 1963. "La política cultural y los escritores y artistas cubanos." *CA* 130: 78-89.

Trelles, Carlos M. 1923. *El progreso (1902-1905) y el retroceso (1906-1922) de la República de Cuba*. La Habana: Imprenta de T. González.

Trenc Ballester, Eliseo. 1988. "Costumbrismo, Realismo y Naturalismo en la pintura catalana de la Restauración (1880-1893)." *Realismo y Naturalismo en España en la segunda mitad del siglo XIX*. comp. Ivan Lissorgues. Barcelona: Ed. Antrophos. 299-310.

Turner, John R. 1919. *Introduction to Economics*. New York: Charles Scribner's and Son.

Uslar Pietri, Arturo. *Breve historia de la novela hispanoamericana*. Madrid: Ed. Mediterráneo, 1974.

Valdivieso, Jaime. 1965. *Realidad y Ficción en Latinoamérica*. México: Ed. Joaquín Mortiz.

Van Deventir, Susan. 1983. "Color in Zola." *PROM* 5: 65-83.

Varona, Enrique. 1919. *De la Colonia a la República. Selección de trabajos políticos*. La Habana: Sociedad Editorial Cuba Contemporánea.

Vidal, Hernán. 1976. *Literatura hispanoamericana e ideología liberal: surgimiento y crisis*. Buenos Aires: Ed. Hispanoamericana.

---. 1970. "El Naturalismo historicista en *Caminos de la muerte* de Manuel Galves." *Hispanófila* 38: 59-67.

Villalona, Manuel. 1983. "Mestizaje y marginación: el laberinto de la identidad en la América Latina." *CHA* 320-21: 285-99.

Villanueva, Darío. 1984. "*Los pazos de Ulloa*, el Naturalismo y Henry James." *Hispanic Review* 52: 121-39.

Villaverde, Cirilo. 1979. *Cecilia Valdés: novela de costumbres cubanas*. México: Ed. Porrúa, S. A.

Vitier, Medardo. 1938. *Las ideas en Cuba*. 2 vols. La Habana: Editorial Trópico.

Walcutt, Charles Ch. 1974. *Seven Novelists in The American Naturalist Tradition*. Minnesota: University of Minnesota Press.

William, Luis. "*Cecilia Valdés* el nacimiento de una novela antiesclavista en Cuba." *CHA* 451-52 (1988): 187-193.

Zeno Gandía, Manuel. 1975. *La Charca*. San Juan: Instituto de Cultura Puertorriqueña.

Zola, Emile. 1985. *Naná*. Barcelona: Ed. Planeta.

---. 1973. "The Experimental Novel." *Documents of Modern Literary Realism*. ed. George J. Becker. 2nd ed. Princeton (NJ): Princeton University Press, 162-196.

---. 1985. *Germinal*. Madrid: Ediciones de La Torre.

---. 1985. *La taberna*. Madrid: Ed. Cátedra, S. A.

---. 1972. "El Naturalismo en el teatro." *El Naturalismo*. comp. Laureano Bodet. Barcelona: Ed. Península.

---. 1982. *El vientre de París*. Madrid: Alianza Editorial.

Libros de Consulta

Aguiar e Silva, Víctor Manuel de. 1979. *Teoría de la literature*. Madrid: Gredos, S. A.

Anderson Imbert, Enrique. 1979. *Teoría y técnica del cuento*. Buenos Aires: Ediciones Marymar.

Castagnino, Raúl H. 1970. *El análisis literario*. 6a ed. Buenos Aires: Editorial Nova.

Cesare, Segre. 1970. *Crítica bajo control*. Barcelona: Editorial Planeta.

Eagleton, Terry. 1976. *Criticism and Ideology*. London: New Left

Books.

---. 1978. *Literatura y crítica marxista*. Madrid: Editorial Zero.

Ferreras, Juan Ignacio. 1973. *Introducción a una sociología de la novela española del siglo XIX*. Madrid: Ed. Edicusa, S. A.

Forster, E. M. 1927. *Aspects of the Novel*. London: Editorial Arnold.

Freud, Sigmund. 1964. "Feminity." *The Complete Psychological works of Sigmund Freud*. London: The Hogarth Press and The Institute of Psychological Analysis, 112-135.

Genette, Gerard. 1970. *Figuras: retórica y estructuralismo*. Ediciones Nagelkop.

Goldman, Lucien. 1967. *Para una sociología de la novela*. Madrid: Ed. Ciencia Nueva.

Guiraud, Pierre. 1971. *La semiología*. Madrid: Siglo XXI Editores.

Littré, Emile. 1957. *Dictionnaire de la langue Francaise*. Paris: Gallimard-Hachette.

Luckás, Georg. 1972. *Studies in European Realism: A Sociological Survey of the Writing of Balzac, Stendhal, Zola, Tolstoy, Gorky and Others*. London: the Merlin Press.

---. 1971. *Teoría de la novela*. México: Ediciones Era, S. A.

Marx, Carl and F. Engels. 1971. *El manifiesto comunista*. Pekín: Ediciones en Lenguas Extranjeras.

Méndez, José Luis. 1982. *Introducción a la sociología de la literatura*. Río Piedras: Editorial de la Universidad de Puerto Rico.

Moi, Toril. 1988. *Teoría literaria feminista*. Trad. Amaina Bárcena. Madrid: Ed. Gredos, S. A.

Reis, Carlos. 1985. *Fundamentos y técnicas del análisis literario*. Madrid: Ed. Gredos, S. A.

Tacca, Oscar. 1973. *Las voces de la novela*. Madrid: Editorial Gredos, S. A.

Van Rees, C. J. 1983. "How a Literary Work Becomes a Masterpiece: On the Threefold Selection Practiced by Literary Criticism." *Poetics* 12: 397-417.

Wellek, René y Warren, Austin. 1959. *Teoría literaria*. Madrid: Ed. Gredos, S. A.

Bibliografía de autores estudiados

Emilio Bobadilla

---. 1982. *A fuego lento*. Ed. Letras Cubanas.

---. 1952. *Artículos periodísticos de Emilio Bobadilla*. eds. D. Mesa y Surama Ferrer. La Habana: Dirección General de Cultura del Ministerio de Educación. Ediciones del Cincuentenario.

Miguel de Carrión
---. 1975. *La última voluntad y otros relatos*. Cuba: Editorial Arte y Literatura.
---. 1978. *Las honradas*. La Habana: Ed. Arte y Literatura.
---. 1917. *Las honradas*. La Habana: Librería Nueva.
---. 1978. *Las impuras*. La Habana: Ed. Arte y Literatura.
---. 1919. *Las Impuras*. Ed. Popular de Cuba y el Caribe.
---. 1903. *El milagro*. La Habana: Imprenta de la Revista Azul y Rojo.
---. 1961. *La esfinge*. La Habana: Cuba en la UNESCO.

Nicolás Heredia y Mota
---. 1972. *Leonela*. Biblioteca de Autores Cubanos.
---. 1930. *Leonela, narración cubana*. Prólogo de Enrique J. Varona. La Habana: Ed. Cultural.

Carlos Loveira
---. 1976. *Los inmorales*. La Habana: Ed. Arte y Literatura.
---. 1984. *Generales y doctores*. La Habana: Ed. Letras Cubanas.
---. 1969. *Los ciegos*. Miami: Mnemossyne Publishing Inc.
---. 1924. *La última lección*. La Habana: Imprenta y Papelería de Rambla, Bauza y Ca.
---. 1964. *Juan Criollo*. New York: Las Américas.
---. 1917. *De los 26 a los 35: lecciones de la experiencia en la lucha obrera*. Washington: The Law Reporter Printing Company.
---. 1923. *El socialismo en Yucatán. Estudio informativo y someramente crítico a base de observación directa de los hechos*. La Habana: Imprenta El Siglo XX.

Ramón Meza y Suárez
---. 1978. *Carmela*. La Habana: Ed. Letras Cubanas.
---. 1960. *Mi tío el empleado*. La Habana: Departamento Nacional de Cultura, Ministerio de educación.
---. 1887. *Mi tío el empleado*. 2 vols. Barcelona: L. Tasso Serra.
---. 1886. *El duelo de mi vecino: flores y calabazas*. La Habana: La propaganda Literaria.

Martín Morúa Delgado
---. 1972. *Sofía: cosas de mi tierra*. La Habana: Instituto Cubano del Libro.
---. 1923. *Cosas de mi tierra, Sofía, novela cubana*. La Habana: Alvarez y Co.
---. 1901. *La familia Unzúazu*. La Habana: Imprenta La Prosperi-

dad.

Cirilo Villaverde
---. 1979. *Cecilia Valdés: novela de costumbres cubanas*. México: Ed. Porrúa, S. A.

A

A fuego lento, xii, 78, 79, 81, 85, 86, 90, 91, 92, 171
Alas, Leopoldo, 78
Ara, Guillermo, 40
Aristóteles, 4, 5

B

Balzac, 12, 162
Baranda, 79, 81-90
Bellas Artes, 2, 4-6
Bernard, Claude, 18, 19
  Vea. La novela experimental
Blanco, Elena, 114-17, 120-25, 127, 134, 147, 148, 160, 164, 173
Block, Haskell M., 2
Bobadilla, Emilio, xii, 78-83, 86, 87, 91, 136, 140, 171
Bohemia, 112

C

Cabrera, Juan, 144, 160, 164, 165, 169, 171, 179
Caldererría, Ricardo, 140, 154, 158, 159, 163, 165, 173
Carlos III, 24
Carmela, xii, 48, 49, 51, 170
Carrión, Miguel del, xiii, 14, 78, 91, 94, 95, 98, 99, 100, 104-13, 115, 119, 127, 140, 160, 162, 168, 171-74   Vea. Las hondras
Carta a la juventud, 7, 8
Catalá, Ramón A., 129
Catellanos, Jesús, 91
Céspedes, Carlos Manuel de, 26, 27, 130
Cézanne, 5
Cientificismo, 15
Conte, Augusto, 18
Copérnico, Nicolás, 16
Costumbrismo, 30, 33, 34

Criollo, Juan, xiii, 14, 116, 118, 119, 122, 123, 126, 130, 140, 147, 153, 154, 159-62, 164, 165, 167-71, 173, 174, 179, 180
Cuba, xi-xiii, 21-31, 33-35, 37-41, 43-47, 50, 51, 53, 54, 57, 58, 60, 64, 66-69, 72, 77, 78, 91, 95, 98, 100, 110, 112-14, 118, 119, 129, 130, 132, 133, 136, 137, 139, 40-44, 146, 148, 151, 154, 160, 167-69, 173, 174

D

Darwin, Charles, 16-18
Delgado, Martín Morúa, xii, 39, 46, 58-67, 69, 70, 168, 170, 171
Descent of Man, 16
Don Quijote, 71   Vea. Quijote
Dr. Risco, 101

E

El Grito de Baire, 27
El milagro, 94
El Papel Periódico de La Habana, 28-30
El Periquillo Sarniento, 8
El Progreso, 62
El Señor Presidente, 86
El socialismo en Yucatán, 140
Enimienda Platt, 77
España, 22, 23, 24, 25, 26, 27, 33, 51, 78, 117, 140, 159
Estados Unidos, 23-26, 39, 43, 71, 72, 95, 122, 130, 138
  Vea. Los Estados Unidos

F

Felipe, Luis, 9, 14
Flaubert, Gustave, 10, 12
Franco, Jean, 34
Freud, Sigmund, 106
Furst, Lilian, 3

G

Galdós, 162
Galileo, 16
Gamboa, Leonardo, 4, 34, 36, 37, 40-42, 45, 59
Gamboa, Don Cándido, 35, 36, 40
Gamboa, Doña Rosa, 36
García, Ignacio, 129-41, 147, 160, 162, 164, 173
Generales y doctores, , xiii, 91, 121, 129, 130, 132, 134, 136, 139, 140, 141, 160, 162-64, 169
Germinal, 13, 14   Vea. Zola
Gómez de Avellaneda, Gertrudis, 58, 170
González, Manuel Pedro, 77
Grafómanos de América y Al través de Mis nervios, 83
Gran Bretaña, 25
Guerra de los Diez Años (1868-1878), 25, 26, 49
Guerra Mundial (1914-1917), 141
Gustavo, 122-25, 127, 128, 147, 161, 164

H

Haití, 23, 24
Heredia, Nicolás, xii, 70, 71, 74, 170

I

Ibañez, Blaco, 162
Inglaterra y de Norteamérica, 13

J

Jacinto, 114, 115, 117, 118, 119, 120, 121, 123, 124, 125, 140, 147, 161, 164, 173

K

Kepler, 16

Knight, Franklin, 26

L

La bolsa, 14   Vea. Martel
La Edad Media, 3, 4, 9
La esfinge, 94
La familia Unzúazu, xii, 58, 62, 65, 70, 170
La Habana, 23, 24, 27, 30, 31, 42, 45, 46, 51, 52, 54, 57, 98, 107, 112, 156, 168
La industrialización, 13, 43
La medicina experimental, 18, 19   Vea. Bernard
La novela experimental, 18, 78   Vea. Bernard
La Paz del Zanjón, 26
La Picaresca, 53
La República (1917-1927), 91
La República, 91, 156, 159
La Revolución de 1848, 9
La Revolución Francesa de 1789, 13, 15, 19
La Revolución Industrial del siglo XIX, 13-15
La Revolución Industrial, 13-15, 22, 37, 43
La Revolución Mexicana (1910), 142
La Sociedad Económica Amigos del País, 28
La última lección, xiii, 114, 121, 126, 127, 148, 160
La Universidad Nacional, 112
Lamarck, 16, 17
Lamartine, 9
L'Argent, 14   Vea. Zola
Larra, Mariano José de, 30
Las honradas, xiii, 14, 94-96, 98, 100, 104, 108-10, 112, 169, 171, 172
Leonela, xi, 72, 74, 76, 79, 176, 177

Les misérables, 9
Levin, Harry, 10, 11
Lizardi, 8
Los ciegos, xiii, 14, 117, 121, 140, 141, 146, 149, 161, 163, 164
Los Estados Unidos, 23-26, 39 Vea. Estados Unidos
Los inmorales, , xiii, 14, 113, 114, 116, 118-24, 126, 127, 140, 143, 148, 153, 160, 163, 173
Louverture, Toussaint, 23
Loveira, Carlos, , xiii, 14, 91, 113, 114, 115, 117-19, 121, 124, 126, 127, 130, 134, 135, 139, 140, 141, 143, 145, 148, 151, 154, 160-62, 165, 168, 171-74 Vea. Los ciegos, Los inmorales
Lukás, Georg, 12, 162

M

Machado, Isabel, 37, 43, 44, 64, 122-29, 134, 147, 148, 160, 164, 173
Madame Bovary, 10
Manifiesto comunista, 14
Martel, Julián, 14 Vea. La bolsa
Martí, José, 27, 50, 53, 79
Marx, Carl, 14, 15, 19
Marxismo, 12
Mérida a Yucatán, 163
Meza, Ramón, xii, 48-53, 57, 58, 168, 170, 171
Mi tío el empleado, xii, 48, 51, 58, 169
Misceláneas filosóficas y Lecciones De filosofía, 28
Modus vivendi, 77, 80
Monet, 5
Montes, 36
Montori, Arturo, 110, 112
Morro, 158

N

Naturalismo, , xi-xiii, 1, 2, 3, 5-10, 12, 15, 19, 22, 35-37, 46, 62, 64, 70, 80, 90, 91, 93, 94, 99, 110, 113, 117, 125, 134, 141, 150, 151, 153, 154, 162, 167-69, 171, 173, 174
Nueva York, 89, 114

O

Origin of Species by Means of Natural Selection, 16
Origin of Species, 16, 17

P

Pacto de Zanjón, 62
Panamá, 114

Q

Quijote, 53, 71   Vea. Don Quijote

R

Rama, Angel, 92
Realismo, xi, 2, 8- 11, 19, 21, 47
Renacimiento, 3-5
República (1900-1927), 153
República Dominicana, 171
Revolución Rusa (1917), 142, 151
Ripoll, Carlos, 153
Romanos, Mesonero, 30
Romanticismo, xi, 2, 6-9, 19, 21, 30

S

Sab y Francisco (1841), 170
Saint-Simon, 9
Saturnino, Don, 115-17
Sauvegeot, David, 3
Siglo XIX, xi, xii, 1-10, 13-16, 19, 21, 22, 25, 27, 28, 31, 35, 37, 39,

42, 44, 46, 47, 49, 50, 53, 59, 61,
  93, 111, 114, 135, 168, 170, 174
Siglo XVIII, 7, 13, 16, 22, 23, 28,
  44, 60
Siglo XX, xi, xii, 94, 141, 144,
  165, 168, 171, 173
Siglos XVI, XVII y XVIII, 3
Sofía, xii, 39, 46, 58-62, 65, 69,
  141, 170
Sosa, Enrique, 38-40
Stromberg, Roland, 2, 13
Summers, David, 4

Yucatán, 157, 158

Z

Zola, Emile, 2-5, 7, 8, 12-14,
  17-19, 37, 46, 59, 61, 70, 78, 91,
  107, 108, 131, 149, 162, 171
  Vea. *Germinal, L'argent*

T

Tacca, Oscar, 83, 101
Taine, Hipólito, 17
Teresa, 94, 97, 98, 102, 104, 106,
  107, 108, 109, 110, 111, 115,
  134, 135, 172
Tirano Banderas, 91

U

Ureña, Max Henríquez, 58, 153

V

Valdés, Cecilia, xii, 31, 33-37, 40,
  42, 43, 46, 48, 49, 59, 74, 116,
  141, 167, 169
Valle Inclán, Ramón del, 91
Valoraciones sobre temas y
  Problemas de la literatura cubana,
  34
Varela, Félix, 28
Victoria, 94,-98, 100-11, 167, 172
Villaverde,Cirilo, xii, 33-35,
  44-46, 59, 167
Vinci, Leonardo de, 4
Vives, Francisco Dionisio, 41

Y

Young, Ada Ortúzar, 154, 160